Televisión y vida cotidiana

Televisión y vida cotidiana

Roger Silverstone

Amorrortu editores
Buenos Aires

Director de la biblioteca de comunicación, cultura y medios,
Aníbal Ford
Television and Everyday Life, Roger Silverstone
© Routledge, Londres, 1994 (publicado simultáneamente
por Routledge en EE.UU. y Canadá)
Traducción, Alcira Bixio

Industria argentina. Made in Argentina

ISBN 950-518-645-2
ISBN 0-415-01647-9, Londres, edición original

A Jennifer

Indice general

11 Prefacio
15 Agradecimientos

17 1. Televisión, ontología y objeto transicional

22 Televisión y seguridad ontológica
27 Televisión, espacio potencial y objetos transicionales
36 El espacio cultural en general y la televisión en
    particular
42 Rutinas, ritos, tradiciones, mitos

51 2. La televisión y un lugar donde nos sentimos «en
    casa»

54 El hogar
63 La familia
71 Televisión y familia
76 Textos familiares
81 La casa
91 Lo doméstico

95 3. La suburbanización de la esfera pública

103 Pasados suburbanos y presencia suburbana
110 Los suburbios y la comunicación
115 La suburbanización de la esfera pública
125 Los textos suburbanos
131 La política del suburbio

137 4. El sistema tele-tecnológico

140 La cuestión de la tecnología
145 La televisión como sistema sociotécnico

152 Convergencias, textualidades y controles
159 Determinaciones tecnológicas
167 La domesticación del medio salvaje

179 5. Televisión y consumo

180 Temas y tensiones
187 La industria
191 Las «tecnologías»
195 Los gustos
198 Las identidades
200 Las recontextualizaciones
202 El poder
206 La dinámica del consumo
209 La mercantilización
210 La imaginación
212 La apropiación
214 La objetivación
216 La incorporación
218 La conversión

221 6. Sobre la audiencia

224 Mediación
224 Tecnología
227 Ideología
230 Cultura
234 Texto
239 Recepción
241 Lo individual y lo social
253 Versiones de actividad

263 7. Televisión, tecnología y vida cotidiana

273 El hacer creador
280 La modernidad, etcétera
287 Domesticidad

293 Referencias bibliográficas

Prefacio

Este es un trabajo sobre teoría de los medios. Pero no se trata de una teoría desencarnada. Aplico la lente a la investigación empírica y a través de ella considero la importancia que ha adquirido la televisión *en* y *para* nuestra vida cotidiana. Tengo la esperanza de que este libro sea la primera de una serie de obras que nazcan de una investigación predominantemente cualitativa que hoy se conduce bajo los auspicios del Economic and Social Research Council, dentro de un programa sobre información y tecnologías de la comunicación, y cuyo asunto es el papel de las tecnologías de los medios y de la información en la vida de todos los días.[1] Como el primer producto sustantivo de esa investigación es un libro teórico y sobre teoría, acaso deba explicar ese hecho y la razón por la cual no he integrado —en la mejor tradición sociológica— en un solo texto teoría y datos empíricos. La respuesta no es sencilla. La conveniencia, mi propia incapacidad, las circunstancias (soy un teórico inveterado), fueron factores que contaron en el nivel personal. Pero desde un punto de vista más sustancial, la respuesta no puede ser sino esta: como lo señalaron Tom Lindlof y Timothy Meyer (1987), una investigación social cualitativa se destaca precisamente por su capacidad para generar teoría y, en particular, una teoría basada en el proceso social y dirigida a explicar este, a comprender la densidad de las relaciones vividas.

La teoría que nace es, también ella, parte del proceso. Crea su propia dinámica y se alimenta del análisis de los datos, que a su vez la cuestionan y van modificándola. En este sentido y por estas razones, el presente libro sólo puede ser una enunciación provisional de una posición emergente.

---

[1] Estrictamente hablando, este es el segundo, puesto que en 1992 se publicó, en Routledge, *Consuming Technologies: Media and Information in Domestic Spaces*, compilado por Roger Silverstone y Eric Hirsch.

Sin embargo, esto no necesariamente lo invalida. Espero que sea una contribución más al debate sobre la televisión y su papel en el mundo moderno.

Evidentemente, la televisión es un medio que ejerce considerable poder en nuestra vida de todos los días y que adquiere gran significación en y para ella, pero ese poder y esa significación no se pueden entender si no se toman en consideración las interrelaciones de sobredeterminación y subdeterminación en las que este medio entra en los diferentes niveles de la realidad social donde interviene. Tenemos que concebir la televisión no sólo como una forma económica y política, sino también cultural, social y psicológica. Concebiremos este medio como algo más que una mera fuente de influencia, simplemente benéfica o maléfica. Tenemos que considerar la televisión como un medio inserto en los múltiples discursos de la vida cotidiana. Y tenemos que entender qué son esos discursos, cómo se determinan, cómo se entrelazan y, lo que es más importante, cómo se los debe distinguir desde el punto de vista de su mutua influencia relativa. Esta tarea de descripción y análisis exige tanto la atención teórica como la empírica. Precisamente, en este libro sostengo que el camino más provechoso se encuentra aunando, por un lado, el análisis detallado de la dinámica de la vida diaria y, por el otro, el examen teórico de la política (en el sentido más amplio).

Hay puntos de contacto entre este libro y mis primeros intentos (especialmente Silverstone, 1981) de abordar este problema —aunque el problema mismo parecía diferente entonces—, y una lectura atenta reconocerá continuidades temáticas que tienen comienzo en aquella obra aunque con una orientación metodológica muy distinta. Pero también hay diferencias que indican, según espero, una comprensión más sensible para las contradicciones que la televisión muestra tener en el mundo moderno. En realidad, el problema sigue siendo el mismo aunque hoy aparezca construido de un modo diferente (y yo mismo lo haya construido diversamente en otras ocasiones). Es —con toda su complejidad social— el problema del poder y la resonancia de los medios en nuestra vida: ellos expresan (aunque de manera desigual) su cosmovisión y limitan nuestra capacidad de influir y controlar los sentidos que trasmiten, pero nos ofrecen la tela con la cual podemos construir (y de hecho construimos) nuestras propios sentidos, para generar así (aunque también de manera desigual) la materia prima de la crítica, la trascendencia y el cambio.

Recorre las discusiones que siguen, casi con vida propia, la frase: «tensiones esenciales». La frase se me ocurrió casi involuntariamente cuando trataba de dar forma a lo que yo quería decir. Se refiere, por supuesto, a una dialéctica situada en el corazón de la realidad social. Es la dialéctica del juego y del papel de los medios en la vida social. Es una dialéctica de libertad y de restricción, de actividad y de pasividad, de lo público y lo privado, reelaborada en la interfase de fuerzas institucionales y acciones individuales, históricamente situada e inserta en los discursos contrarios de la vida cotidiana. En este contexto se debe entender toda declaración esencialista. Y ese esencialismo no implica una apelación a una realidad social o política inmutable, ni es una forma de reduccionismo. Sólo implica reconocer —y no tengo que disculparme por ello— que la vida social, en todas sus manifestaciones, *esencialmente*, está en una tensión constante y productiva (véase Murphy, 1972).

Mis argumentos intentan especificar algunos de los elementos de esta precaria pero urgente tensión. La pluralidad de esos argumentos no debe tomarse por debilidad, porque la teoría debe ser plural y abierta si pretende sobrevivir a los cuestionamientos de lo real y si aspira, más en particular, a adaptarse al mundo contradictorio y fragmentante del capitalismo tardío. En este libro intento ofrecer un análisis estratificado de la estructura y el proceso de una serie de relaciones complejas y en permanente cambio: la televisión como medio, la televisión como tecnología y la televisión construida y restringida por las reglas, los roles y los ritos de ese mundo cotidiano que se da por sentado y que sin embargo insiste siempre. Mi idea sobre estas interrelaciones adquiere la forma de una especie de matriz, articulada por capas de ontología y psicología individual, por espacios domésticos y suburbanos, y por estructuras industriales y tecnológicas: la dinámica del consumo las relaciona en su colusión y su contradicción. Sostengo que la televisión se debe entender en relación con todos estos aspectos porque la vida cotidiana se va conformando con todos ellos.

No obstante, hay una sola posible contradicción en mis argumentos, que debo identificar de manera más precisa. Y se refiere al hecho de poner el acento en la televisión misma. Actualmente la investigación que mencioné al comienzo se enmarca como un estudio de las tecnologías hogareñas de la información y la comunicación. Yo mismo sostuve que la televisión ya no es una tecnología mediática aislada (si alguna vez lo fue), sino que se inserta cada vez más en una cultura donde relaciones tecnológicas y mediáticas convergen, y que incluye también la computación y las telecomunicaciones. En ese sentido, este libro ofrece un enfoque de transición desde el punto de vista histórico. Toma como foco la televisión, lo cual ciertamente se justifica porque la televisión sigue siendo nuestro centro de interés: el de tantas preocupaciones sobre su poder y su influencia, y sobre su papel en nuestra vida cotidiana.

Pero me doy cuenta de que los argumentos que expongo en este libro pueden llegar a ser, demasiado rápido, una curiosidad histórica; y de que los notables cambios de la tecnología de la televisión y sus circunstancias, así como su regulación, restan pertinencia y exactitud a buena parte de lo que digo. Es posible. Es posible si creemos que todos los sistemas de trasmisión presentes y futuros —individualizantes, desintegradores y alienantes como verosímilmente serán— afectarán realmente a la sociedad como un *napalm* cultural que incendiará los delicados y vulnerables tejidos de un mundo vivo, humano. Pero sostengo que nuevas formas tecnológicas no se reciben pasivamente ni permanecen inmutables en su confrontación con lo cotidiano. Por eso hace falta, para los medios, una política que admita que la seguridad y la creatividad son posibles y deseables en un ambiente mediático cada vez más diversificado e invasor, aunque parezca cada vez más difícil alcanzarlas.

Agradecimientos

Este libro tuvo una larga gestación, pero espero que ello no le haya hecho daño. Sharon Macdonald, Anthony Giddens, Marilyn Strathern, James Donald, Andy Medhurst, Janice Winship y Nancy Wood hicieron una primera lectura de varios capítulos y les agradezco sus sugerencias y comentarios. También agradezco muchísimo a todos mis alumnos, asistentes a los cursos regulares y a los de posgrado de las universidades de Brunel y de Sussex, ante quienes expuse algunas de las ideas que elaboro aquí, y que me formularon preguntas difíciles e hicieron críticas inteligentes. Vaya también mi agradecimiento a quienes participaron en el proyecto HICT de Brunel: Eric Hirsch, David Morley y Sonia Livingstone, y a Leslie Haddon, investigador en Sussex de la segunda fase de ese proyecto. Finalmente, no puedo dejar de mencionar a Jane Armstrong, quien gestionó la publicación del libro en Routledge, y a Rebecca Barden, que lo esperó pacientemente. Y gracias a Nathan Field.

El primer capítulo, «Televisión, ontología y objeto transicional», apareció en *Media, Culture and Society*, vol. 15, nº 4. Agradezco a los compiladores y editores de esa publicación por permitirme reproducirlo.

1. Televisión, ontología y objeto transicional

*«[El hombre] puede llegar a adaptarse a lo que su imagina-
ción tolere, pero no puede tolerar el caos (. . .) Por eso nuestro
principal tesoro serán siempre los símbolos de nuestra orientación general en la naturaleza, sobre la Tierra, en la sociedad y en lo que hacemos».*

Langer, 1951, pág. 287

«En mi corazón llevaré mi televisor conmigo. Te amo». (Nota
suicida de un niño de escuela de Nueva York, Genaro Gar-
cía, que se disparó un tiro después de que su padre le pro-
hibió ver televisión).

Sunday Times, Londres, 20 de febrero de 1983

En teorizaciones recientes (y no tan recientes) sobre la
naturaleza de la vida social vemos que lo social se concibe
como una defensa contra la angustia. Se podría considerar
que este tipo de defensa es precisamente la solución al problema del orden en su definición clásica, aunque no siempre
se lo construya de este modo. Y se trata de una defensa elaborada, necesariamente, en los niveles individual, institucional y societal de la realidad. Se argumenta que la vida
cotidiana no se sostiene sin un orden —un orden que se manifiesta en nuestros diversos ritos, tradiciones, rutinas y actividades que se dan por sentados— en el que, paradójicamente, invertimos muchísima energía, muchísimo esfuerzo
y recursos cognitivos y emocionales. Con el ordenamiento
de nuestra vida diaria evitamos el pánico, construimos y
mantenemos nuestra identidad, gobernamos nuestras relaciones sociales en el tiempo y en el espacio, compartimos

sentidos, cumplimos con nuestras responsabilidades, experimentamos placer y dolor, con un grado mayor o menor de satisfacción y control, pero sobre todo eludimos el vago y paralizante horror de la amenaza del caos. Las instituciones que heredamos y por las cuales seguimos luchando: la familia, la casa, el vecindario, la comunidad, la nación (cada vez más vulnerable quizá, y expuesta a los desafíos del cambio social y tecnológico) son precisamente las instituciones que históricamente fueron el continente de nuestra aptitud para mantener esa defensa y las que nos suministraron los recursos para realizarla. Y a su vez esa aptitud se basa en la que tenemos para preservar, dentro de las actividades de nuestra vida cotidiana, una creencia en la continuidad y la confiabilidad de las cosas, y determinar, en la medida de lo posible, la necesaria distancia entre nosotros y los diversos peligros que amenazan esa continuidad, sea negándolos por completo sea absorbiéndolos, de un modo u otro, en la trama de nuestra vida.

Se suele argumentar que, en el mundo moderno, las amenazas de caos, y nuestra capacidad para defendernos de ellas, se han visto potenciadas por los cambios industriales y tecnológicos. Este mundo moderno, el mundo del «distanciamiento espaciotemporal», según los términos de Anthony Giddens (véase *infra*), es el mundo de la disolución de las relaciones premodernas basadas en lo que Alfred Schutz (1973) llamaría «el presente vivido»: la experiencia de las interacciones cara-a-cara en un espacio y un tiempo familiares, manejables y relativamente inmutables. Es un mundo que ha sufrido una trasformación masiva por las amenazas del holocausto nuclear, del desastre ambiental, pero también por nuestra vulnerabilidad ante las exigencias de la política nacional e internacional y por las paradojas de un sistema de comunicación planetario que nos conecta con un mundo (y casi al instante nos desconecta de él) que en otro sentido está por completo fuera de nuestro alcance.

Y están los que sostienen que este mundo moderno experimenta una trasformación radical, pero esta vez justamente por la combinación de cambios producidos en las tecnologías mediáticas y de la información que tienen expresión en la política (la aparición simultánea de la «globalización» y del renacimiento de los localismos y los regionalismos), la economía (la reestructuración de la producción en masa y el

18

creciente poder del consumidor) y la cultura (la dominación ejercida por los medios masivos de comunicación y la creación de una fusión autorreferencial de fantasía y realidad, que no es ni una cosa ni la otra: lo hiperreal).

En este capítulo intento examinar los fundamentos del papel de la televisión en la sociedad moderna (o posmoderna). Trato de analizar la televisión como realidad ontológica y fenomenológica, y mi intención es que esto surja como resultado de dos observaciones relacionadas entre sí.

La primera se refiere a la verdadera cotidianidad de la televisión. ¿Cómo logró esta tecnología penetrar tan profunda e íntimamente en el tejido de nuestra vida diaria? ¿Cómo permaneció? Creo que la respuesta a estas dos preguntas depende sobre todo de la manera en que entendamos la naturaleza de la vida cotidiana; y para comprender esa vida de todos los días debemos averiguar primero, aunque sólo sea de manera imperfecta, las condiciones de su propia posibilidad, es decir: explicar las condiciones previas necesarias para que pueda existir una vida social como un todo. La fenomenología, la sociología, el psicoanálisis y la antropología son todas disciplinas que, con arreglo a su especificidad, han abordado estas cuestiones; y yo, cuando retomo sus explicaciones diversas, y en cierta medida trato de alcanzar una síntesis, quiero formular una interpretación de lo que llamaré la *experiencia* televisiva: la experiencia de la televisión en toda su cotidianidad, en toda su factualidad.

La segunda se refiere al reconocimiento de que existe un grave hueco en la investigación. Reseñas recientes de estudios sobre los medios masivos de comunicación han indicado no sólo la necesidad sino también la dificultad de comprender los factores complejos y entretejidos que más probablemente intervienen en los procesos de mediación masiva en general y de recepción mediática en particular. Entre tales factores se han mencionado circunstancias sociales y disposiciones psicológicas, hábitos generales para el uso de los medios, creencias o expectaciones sobre los beneficios que puede brindar su uso, consiguientes actos de elección y evaluación de los medios, y el nexo de todo ello con otros aspectos de la vida de las personas (McQuail, 1987, pág. 25). Pero el problema no está tanto en averiguar esos factores o aun en estudiarlos como fenómenos aislados, sino en proporcionar un marco donde se los pueda integrar.

Las mencionadas reseñas tienden a separar la dinámica de la recepción mediática del ambiente social donde ocurre. Buena parte de las investigaciones a que se refieren obran de ese modo. Aun las que toman seriamente en cuenta el ambiente social fracasan en ofrecer una explicación teórica de la integración de los medios en la fábrica de la vida cotidiana. Fracasan en tratar convenientemente la significación de los medios en general, y de la televisión en particular, en lo que Stephen Heath llama «su equivalencia continua con la vida social» (Heath, 1990, pág. 267). Lo cotidiano se escapa, y en esa evasión se escapa también la televisión.

En este capítulo quiero abordar la televisión en un nivel todo lo elemental que parezca posible y razonable. Mirar televisión, hablar y leer sobre televisión se ajustan a horarios: son el resultado de una atención enfocada o desenfocada, consciente o inconsciente. La televisión nos acompaña cuando nos levantamos, tomamos el desayuno, bebemos un té o vamos a un bar. Nos reconforta cuando estamos solos. Nos ayuda a dormir. Nos brinda placer, nos aburre y a veces nos cuestiona. Nos da la oportunidad de ser sociables y también solitarios. Hoy la televisión nos parece natural, aunque desde luego no siempre haya sido así y tuvimos que aprender a incorporar este medio a nuestra vida (Spigel, 1990, 1992). La televisión nos parece hoy natural como nos lo parece la vida cotidiana. Queremos algo más de ella (algunos de nosotros); nos quejamos de ella (pero de todos modos la miramos); pero no comprendemos muy bien (ni sentimos la necesidad de comprender) cómo opera ni desde el punto de vista mecánico ni desde el punto de vista ideológico (Hall, 1977, pág. 325). Nuestra experiencia de la televisión es como nuestra experiencia del mundo: no esperamos ni imaginamos que pudiera ser significativamente diferente (Schutz, 1973, pág. 229).

La integración vivencial de la televisión en nuestra vida diaria: su significación emocional como perturbadora y confortadora; su significación cognitiva como informadora y desinformadora; su significación espacial y temporal, incorporada a las rutinas de nuestra vida cotidiana; su visibilidad, no sólo como objeto —la caja que está en el rincón— sino en una multitud de textos que se refieren a ella —periódicos, revistas, secciones de los diarios, carteleras publicitarias, libros como este—; su impacto, tanto recordado como olvidado; su significación política, por tratarse de una institución esencial del Estado moderno: esa integración es total y es fundamental.

Lo total de esa integración se puede explicar en parte por un examen de los escritos de quienes han analizado la estructura y la dinámica de la vida cotidiana, aun si esos autores no estudiaron en especial el papel de los medios masivos en esa dinámica. En lo que resta de este capítulo me basaré en parte en esa bibliografía, sobre todo en lo referido a las que considero tres contribuciones esenciales e interrelacionadas con el estudio de la fenomenología del mundo social en cuanto a su influencia en la experiencia televisiva. La primera es el relato de Anthony Giddens sobre la relaciones entre conciencia, propio-ser y encuentros sociales cuando él intenta caracterizar la estructuración de la vida cotidiana. Me centraré en particular en sus diversos análisis sobre lo que llama «seguridad ontológica». La segunda es el relato psicoanalítico de D. W. Winnicott sobre la emergencia del individuo y, en particular, su análisis de los fenómenos transicionales y el espacio potencial. En tercer lugar, en un intento de síntesis, analizaré trabajos referidos a diversos aspectos de la «rutinización» de la vida social, específicamente en relación con la tradición, el rito y el mito.

Se impone una advertencia. Comenzar así un argumento sobre la condición de la televisión en la vida cotidiana, a saber, atendiendo a lo que ya expuse como los niveles básicos o fundamentales de la realidad social, trae un serio riesgo de reduccionismo y esencialismo. Se podría entender que para nosotros todos los aspectos del fenómeno de la televisión se relacionarían (se deberían relacionar) con cierto nivel de realidad social. También se podría entender que para nosotros una explicación de un fenómeno social e histórico complejo no se apoya en la esfera de la acción y la variación cultural, sino en las turbias aguas de la necesidad física o biológica. Y no habría más que un paso de ahí a hablar de la televisión como si satisficiera ciertas necesidades humanas fundamentales (lo que evidentemente hasta cierto punto hace) y ciertas funciones sociales (lo que también hace, sin duda). Pero esto implicaría que sólo podríamos considerar la televisión en su inmutabilidad: estaríamos condenados a verla invulnerable a la crítica y, por su entrelazamiento tan profundo con el mundo social, inmutable e inmodificable.

21

No es lo que intento o espero lograr en este capítulo ni en todo el libro. Desde luego que no hago sino rendir cuenta de las hipótesis sobre la naturaleza humana que mi argumentación supone, y que también se dan por supuestos en las explicaciones sobre casi todos los fenómenos sociales, aunque normalmente estén bien escondidos y no explícitos. Sostengo, con respecto a la televisión, que, precisamente por haber ella colonizado esos niveles básicos de realidad social, necesitamos entenderla mejor. Si no obtenemos esa comprensión, desconoceremos los fundamentos de su poder y apreciaremos mal las dificultades que traería el intento de cambiarla o controlarla. Pero un interés por esos niveles fundamentales de la realidad social nace, y creo que se justifica, precisamente por las condiciones sociales e históricas que —se puede sostener— los amenazan. No quiero decir que por estar la televisión integrada a tanta profundidad no se pueda hacer nada para cambiarla, o que factores sociales, económicos y políticos harto tangibles no tengan igual importancia para llegar a comprender su significación. Al contrario. Por estar integrada hasta ese punto, y por el íntimo entrelazamiento de esos factores sociales, económicos y políticos en la existencia misma de la televisión, necesitamos prestar una atención aun mayor al medio en tanto es —para mejor y para peor— una fuerza compleja y multideterminada en la sociedad moderna. Volveré sobre estas cuestiones en el último capítulo del libro.

Televisión y seguridad ontológica

La discusión planteada por Anthony Giddens sobre lo que él denomina «seguridad ontológica» es un componente esencial de todo su proyecto destinado a proporcionar una base teórica para comprender la vida social del mundo moderno. Esa teoría, que Giddens llama «teoría de estructuración», comienza y termina remitiéndose al problema central, familiar pero insoluble, de la sociología: el problema de estructura y acción. No pretendo analizar aquí lo que resultó ser un extenso e intenso corpus. Pero al extraer de él un elemento, debo reconocer que puedo cometer el error de descontextualizar el concepto, con lo cual desvirtuaría o traicionaría lo que Giddens escribió. De modo que citaré textualmente el párrafo en el que Giddens define la seguridad ontológica.

«[La seguridad ontológica] denota la fe que la mayor parte de los seres humanos tiene en la continuidad de su identidad propia y en la constancia de los medios circundantes de acción, social y material. Una creencia en la fiabilidad de personas y cosas —tan esencial a la noción de confianza— es fundamental para los sentimientos de seguridad ontológica; de ahí que ambas estén relacionadas desde el punto de vista psicológico. La seguridad ontológica concierne al "ser" o, en los términos de la fenomenología, al "ser en el mundo". Pero se trata de un fenómeno más emocional que cognitivo que tiene sus raíces en el inconsciente», Giddens, 1990, pág. 92.

Hay muchos elementos diferentes, pero todos importantes, en lo que Giddens llama el «proyecto» (1989, pág. 279) de la seguridad ontológica. Consideremos sólo algunos.

El primero es la necesaria interrelación entre la seguridad ontológica y la confianza, como aspectos individuales y sociales del mismo fenómeno básico y universal. Giddens dice que antes de que yo pueda tener confianza en el otro, tengo que tener confianza en mí mismo. Pero, como veremos, tener fe en mí mismo me exige un proceso evolutivo donde yo haya aprendido a confiar en los demás. Este proceso mutuamente reflexivo de las relaciones yo-me-tú es fundamental para *la constitución de la sociedad* (el título de uno de los libros recientes de Giddens) y, más aun, de todas las sociedades, y ha sido bien estudiado en la teoría social clásica, en la teoría de la psicología social y en la teoría psicoanalítica (Mead, Cooley, Erickson, Laing, Winnicott, etc.). Pero la versión en que lo presenta Giddens no es una simple abstracción, y sus pretensiones ontológicas no pueden confinarse a la esfera de las visiones etéreas de la gran teoría social. Porque, como sostiene el propio Giddens, tanto la confianza como la seguridad ontológica son el producto de un compromiso activo con el mundo, de un compromiso activo con los sucesos, las configuraciones y las relaciones de la vida cotidiana. Ese compromiso activo es físico; exige presencia corporal, interacciones cara-a-cara, comunicación y lenguaje. También es cognitivo; exige comprensión, memoria, reflexión, una conciencia de la posición que se ocupa en el tiempo y en el espacio. Y también es un compromiso afectivo: nuestra relación con objetos materiales, con otras personas y con símbolos se basa en procesos inconscientes, pero sólo puede mantenerse en virtud de una fe, nacida de la experiencia, en la certeza del mundo, es decir, en virtud de una especie de dogma. Es una especie de dogma porque la confianza, para sostenerse, tiene que depender, particularmente en la sociedad moderna, de «una sensación de seguridad en la respuestas de otros distantes en el tiempo y en el espacio» (Giddens, 1989, pág. 278).

Giddens define así la confianza, esa condición previa para la seguridad ontológica y para nuestra capacidad de mantener un compromiso activo que controle la angustia en nuestro mundo cotidiano: «fe en la fiabilidad de una persona o un sistema, respecto de un conjunto dado de resultados o sucesos donde esa fe expresa la creencia en la probidad o el amor de otro o en la corrección de unos principios abstractos (conocimiento técnico)» (Giddens, 1990, pág. 34). A su vez, esa fe implica la capacidad de afrontar, contrarrestar o reducir al mínimo los diversos peligros y amenazas que parecen desafiarnos, tanto en nuestra condición de individuos como en nuestra condición de miembros de colectividades. Y este es el requisito *sine qua non* de la vida social.

Nuestra capacidad individual y colectiva para confiar es una consecuencia de la crianza recibida (véase *infra*). Pero también es algo que debemos mantener en las actividades rutinarias de nuestra vida diaria; actividades que exigen de nosotros una atención constante y elaboradas habilidades, por más que estas últimas suelan darse por sentadas:

«Este trabajo y el de otros, dedicados a examinar las minucias de la charla y la interacción cotidianas, sugieren decididamente que en la formación de la confianza básica no se aprende sólo la correlación de rutina, integridad y recompensa; se llega a dominar también una metodología en extremo elaborada de conciencia práctica, que es un permanente artificio protector (aunque plagado de posibilidades de fractura y descomposición) frente a las angustias que el más casual encuentro con otros puede potencialmente provocar», Giddens, 1990, pág. 99.

24

Giddens sostiene que, en las sociedades modernas, las circunstancias en las cuales se mantiene nuestra seguridad ontológica son de un orden significativamente diferente de las circunstancias propias de las sociedades premodernas. Impulsada por el cambio social y el cambio tecnológico, que, juntos, trajeron por consecuencia que muchos de nuestros vínculos significativos (si no ya la mayor parte de ellos) perdieran su carácter de encuentros cara-a-cara para dar paso a los mediados por señales abstractas o la pericia de otros, la creación de la seguridad ontológica es una función del distanciamiento espaciotemporal. En las sociedades modernas, basadas cada vez menos en las relaciones de parentesco, y en las cuales la localidad (el vecindario, la comunidad) ya no tiene la misma significación como fuente y sostén de la rutina diaria, cada vez nos apoyamos más en redes y mecanismos de relación cuyo funcionamiento no podemos ver o palpar como parte de nuestras pautas de vida diaria físicamente localizadas. El dinero, los viajes en avión, el contenido de los medios, son todas cosas en las cuales, de diferente modo, confiamos. Evidentemente, sólo funcionan porque confiamos en ellas. Giddens sostiene que hemos aprendido a «confiar a distancia» (por así decir) como resultado de nuestras primerísimas experiencias infantiles, pero que nuestra capacidad para hacerlo es siempre vulnerable a una amenaza que cada vez menos proviene del azar natural sino que proviene de un riesgo de origen social. Giddens sostiene también que nuestra fe en estos nuevos mecanismos de confianza «abstracta» y atenuada es «en gran medida insatisfactoria psicológicamente» (Giddens, 1989, pág. 279).

El modelo de Giddens del mundo social vivenciado consiste, entonces, en una dialéctica de tiempo y espacio, de presencia y ausencia, y en las rutinas que se crean y se sustentan para mantener unidos los diferentes elementos de esa dialéctica; rutinas que existen para proteger a los individuos y las sociedades de angustias ingobernables, que acompañan —más bien definen— a situaciones de crisis.

Al proponer su relato sobre los nexos que existen entre procesos inconscientes, acciones conscientes y las rutinas sustentables de la vida cotidiana, Giddens se inspira en un vasto espectro de teoría social y psicoanalítica. Aquí hacen falta algunas aclaraciones. La primera sería que es perfectamente posible interpretar que el trabajo de Giddens ofrece un modelo de la vida social ultraordenado, ultrarracional y, paradójicamente, ultraamenazado. Cada una de estas interpretaciones tiene alguna justificación. Su modelo de lo social es el de un orden social rutinizado, defendido. En su modelo del inconsciente triunfa la razón sobre los complejos e irresolubles conflictos de la psique. En su modelo de sociedad moderna, el nivel de riesgo e incertidumbre es una amenaza palpable y siempre presente. Su juicio sobre la fragilidad de la seguridad ontológica bajo las condiciones de la modernidad, comparadas con las de la época premoderna, parece exagerado. Su evaluación sobre la calidad de la vida contemporánea parece contradictoria y poco justificada. Pero si cada una de estas objeciones es en parte cierta, no debemos dejar que disimulen lo que a mi juicio constituye el valor de la teoría de Giddens —al menos en atención al tema que tratamos—: pues esta nos suministra los primeros pasos de un enfoque analítico antes que descriptivo de la estructura de la vida cotidiana.

Desde luego, el mundo como lo experimentamos y como lo experimentan los demás no coincide punto por punto con la caracterización que hace Giddens. En realidad, con frecuencia vivimos, como el propio Giddens lo reconoce (1984, pág. 50), en un mundo de pautas violadas, de acciones irracionales y tramposas, de conflictos irresolubles y de sucesos impredecibles, tanto en los ambientes seguros como en los fronterizos. No obstante, aquellos de nosotros que nos valemos (o que nos valemos la mayor parte del tiempo) a pesar de los desafíos y riesgos de la vida diaria lo hacemos porque contamos, como individuos y como miembros de grupos sociales, con los recursos —nuestro sentimiento de confianza y de seguridad— suministrados por nuestras experiencias de rutinas predecibles en el tiempo y en el espacio.

La posición de Giddens, ciertamente, tiene este aspecto curioso: sólo tardíamente él admitió que los medios son factores significativos en la creación de la modernidad (Giddens, 1991, págs. 23-7) y apenas empieza a reconocer ahora que su propia teoría interesa para llegar a comprenderlos. Es lo que me importará aquí, para lo cual consideraré y ampliaré con algo más de detalle dos puntos de la argumentación de Giddens.

Mi argumento seguirá dos direcciones. La primera retrocede, por así decirlo, hacia las condiciones psicodinámicas para que se establezca un sentido básico de confianza en el niño en desarrollo. Pero al considerar las circunstancias de esos primeros años, me propongo ampliar la perspectiva de Giddens para atender no sólo al desarrollo de la seguridad ontológica en la experiencia de una confianza básica, sino también al desarrollo de un sentir de lo simbólico que comprobadamente la acompaña. Y sostendré que en las teorías del psicoanalista inglés D. W. Winnicott, y en general en la orientación psicoanalítica conocida como teoría de las relaciones objetales, hallamos la semilla de una explicación potencialmente poderosa del espacio que ocupa la televisión en la cultura y en la psique del individuo.

La otra dirección también ha sido indicada por Giddens, pero esta vez se trata de una idea que, aunque desarrollada en sustancia en su análisis de los constreñimientos pautados de la vida cotidiana, no roza la significación esencial de los medios y de la televisión para la vida cotidiana bajo las condiciones de la modernidad. Y esto concierne al papel central de la rutina en la vida cotidiana; hábito, serialidad, encuadre y, por supuesto, el papel de los medios en definir y mantener esas rutinas.

Televisión, espacio potencial y objetos transicionales

D. W. Winnicott ofrece una teoría del individuo y de la psique basada en un rechazo del clásico modelo freudiano de la psicología del yo. En lugar de considerar al individuo como un conjunto estructurado de procesos inconscientes e instintos cuya explicación y análisis exige una profunda inmersión en las operaciones interiores de la mente, Winnicott sostiene que el individuo es un producto del ambiente facilitador de sus primeros años; los primeros años en los que el niño en desarrollo debe aprender, mediante la experiencia y mediante sus relaciones con los demás, un sentir de su propio ser. La narrativa de estos primeros años propuesta por Winnicott suministra las bases de lo que se llamó la «teoría de las relaciones objetales». Lo que ante todo esta teoría viene a sostener en el psicoanálisis es que el individuo no se debe considerar una mónada, o aislado de otros, sino, al contrario, precisamente como el producto y a la vez el productor de actos de comunicación simbólica. En el presente contexto, viene a sostener lo mismo. Winnicott y otros autores de lo que ha llegado a constituir la escuela inglesa de psicoanálisis (Kohon, 1986) abrieron una puerta en el psicoanálisis para considerar lo social, y desde luego que al mismo tiempo abrieron una puerta en el estudio de lo social para considerar procesos psicoanalíticos y psicodinámicos.

En la raíz de la tesis de Winnicott sobre el desarrollo del individuo está el vínculo del bebé con su madre, un vínculo cuyo foco es, literal y simbólicamente, el pecho de la madre. Según Winnicott, la clave para la emergencia lograda del individuo es la aptitud de ese niño para separarse de la madre. Y esta aptitud dependerá a su vez de la calidad de los cuidados que se le brinden, particularmente por la fiabilidad y la consistencia de estos (y también por su intensidad). El niño se puede separar de la madre si en el vínculo existen confianza y seguridad suficientes para que él lo haga sin riesgo. Pero esa separación no es un proceso sencillo ni insignificante.

La separación, en realidad, también incluye conexión. La aptitud de un individuo de verse a sí mismo separado de otro se basa en una predisposición para reconocer al mismo tiempo los lazos que lo unen a ese otro. Independencia supone dependencia. La emergencia de un individuo ontológicamente seguro exige tanto distanciamiento como proximidad en sus vínculos con los demás y requiere que la seguridad interior se complemente con la seguridad exterior. Interior y exterior, los mundos de la realidad subjetiva y de la realidad objetiva, deben distinguirse pero también relacionarse entre sí. ¿Cómo se logra esto? ¿Qué implicaciones tiene?

Winnicott sostiene que la emergencia del individuo es un proceso que tiene una dimensión social y una dimensión simbólica; ese proceso se basa sustancialmente en la experiencia de un espacio y un tiempo, y su importancia es esencial para comprender el surgimiento de la cultura. La separación del individuo, la creación del individuo como sujeto social, supone la emergencia de un espacio, un espacio potencial (quizá sea más exacto decir: espacio para lo potencial) donde se pueda realizar la tarea de separación, la separación entre «a mí» y «no a mí». Este espacio potencial es un espacio transicional en una multiplicidad de sentidos. Como veremos, es un espacio donde los primeros objetos emergen para la percepción del niño. Los primeros objetos son los primeros símbolos. Los primeros símbolos son el producto de los primeros actos creativos. Y los primeros actos creativos son los primeros encuentros con la cultura. Este espacio consiste, pues, en el área intermedia entre infante y madre, entre sujeto y objeto. Es el espacio dentro del cual el infante pone a prueba la realidad y empieza a adquirir la capacidad de fantasear, de imaginar, de soñar y de jugar.

La clave para desentrañar este proceso y los diversos elementos que lo hacen engañosamente sencillo se encuentra en el análisis de Winnicott sobre la primera posesión. La primera posesión comienza cuando el bebé empieza a mordisquearse los puños, y conduce eventualmente a la afición por un osito, una muñeca, una manta; es decir, lo que Winnicott llama el «objeto transicional». Este objeto llega a constituir el foco de una gran actividad emocional y cognitiva. Es la primera señal de que el niño reconoce que de algún modo está separado de la madre. Es el foco de todos los poderosos deseos, energías emocionales y fantasías que adherían a la madre como extensión del infante, pero que se hacen cada vez más vulnerables porque la madre se aleja. Este objeto llega a ser de vital importancia para el niño en el momento de ir a dormir y como una defensa frente a la angustia. Se convierte en consuelo y en chupete. El niño lo lleva consigo a todas partes, lo quiere porque le resulta familiar, porque llega a ser un objeto mágico que encarna la continuidad entre los cuidados maternos y la creatividad emergente del bebé. Si se piensa en una simple sustitución metafórica —que en efecto lo es—, el objeto transicional hace las veces del pecho (así como el pecho «hizo las veces de la madre» en los primeros días de vida), pero, en el espacio creado por la metáfora, es el objeto en virtud del cual el bebé comienza a hacer una distinción entre sí mismo y su madre (o, como dice Winnicott, entre «extensiones a mí y no a mí») y, lo que es igualmente importante, entre fantasía y realidad. El espacio es el espacio de ilusión: la aptitud de imaginar; en realidad, la aptitud de crear sentido, significación. Como sugiere Winnicott:

«Desde el nacimiento (. . .) el ser humano se interesa por el problema de la relación entre lo que es percibido objetivamente y lo que es concebido subjetivamente, y en la solución de este problema no halla salud el ser humano que no ha sido iniciado por la madre lo bastante bien. *El área intermedia a la que me refiero es el área consentida al infante entre creatividad primaria y percepción objetiva basada en el examen de realidad.* Los fenómenos transicionales representan los primeros estadios del uso de la ilusión, sin la cual el ser humano no encuentra sentido en la idea de una relación con un objeto que los demás perciben como exterior a ese ser», Winnicott, 1975, pág. 239, las bastardillas son del original.

Winnicott identifica esta zona intermedia de experiencia con la posterior aptitud del individuo para llegar a realizar cualquier actividad creativa; en las artes, en la religión, «vivir de manera imaginativa (. . .) realizar un trabajo científico creativo» (*ibid.*, pág. 242).

En su análisis del nexo entre los fenómenos u objetos transicionales, el individuo emergente y la cultura, Winnicott sostiene, entonces, una serie de tesis interrelacionadas (1974, pág. 118). La primera de ellas es que la experiencia cultural se sitúa en el espacio potencial entre el individuo y el ambiente (originalmente, el objeto). Esto es igualmente aplicable al juego, la primera expresión de la experiencia cultural. La segunda es que la aptitud de cada individuo para usar ese espacio está determinada por las experiencias de vida más tempranas de su existencia. Desde el comienzo mismo de sus días, el bebé tiene experiencias intensas en el espacio potencial situado entre el objeto subjetivo (su propio ser emergente) y el objeto percibido subjetivamente (lo no a-mí o el otro). Este espacio potencial está en la interfase entre «no hay nada para experimentar *más que a-mí* y hay otros objetos y fenómenos que están fuera de mi control». Todos los bebés tienen, dentro de ese espacio potencial, experiencias buenas y malas, favorables y desfavorables. Al comienzo, la dependencia es absoluta. El espacio potencial sólo se crea «en relación con un sentimiento de fe» del bebé —por su capacidad para confiar, o para que se lo aliente a confiar— y por la fe que generan una figura materna segura o elementos del ambiente. La fe (confianza) consiste en la introyección (la interiorización) de pruebas de esa fiabilidad. Finalmente, Winnicott sostiene que, para estudiar el juego y luego la vida cultural del individuo, «se debe estudiar el destino del espacio potencial que existe entre un bebé y la figura materna humana (y por lo tanto falible) que es esencialmente adaptativa en virtud del amor» (*ibid.*).

Deseo aplicar algunos de estos argumentos a la televisión, pero antes de hacerlo extraeré algunos apuntes de lo expuesto hasta ahora; espero que estos apuntes establezcan conexiones con mi análisis anterior sobre la seguridad ontológica.

El primer apunte se puede considerar un comentario sobre el tipo de argumento presentado por Winnicott. Quizá no sea necesario destacar (acaso lo sea después) que los dichos de Winnicott sobre madres y pechos se pueden considerar literales (hay madres reales y pechos reales y ambos son objetos de intensa emoción) o metafóricos; es decir, la persona que brinda cuidados al bebé puede no ser una «madre» como tal y el pecho bien puede ser un biberón. De manera semejante, podemos decir que no hace falta tomar demasiado literalmente el manifiesto interés de Winnicott por la materialidad del objeto transicional. No todos nosotros hemos arrastrado la mantita por toda la casa como el personaje Linus de la historieta de Schultz; el espacio creado por la figura materna —si fue creado— se puede ocupar de múltiples modos. Winnicott puede haber creído o no en la necesidad de una madre auténtica o de un pecho auténtico: la caracterización que hace de una madre «lo bastante buena» es suficientemente ambigua para dejar abierta la cuestión. Pero este es un aspecto que no interesa a su argumentación. Lo que desde luego interesa es la consistencia del cuidado y el tipo de cuidado que un infante recibe, y la necesidad de comprender el nexo entre ese cuidado y la aptitud del niño en desarrollo para establecer su individualidad, separarse de la figura materna y empezar a ser un agente independiente en el mundo.

El segundo apunte quizá sea más difícil de exponer. Concierne al evidente interés clínico de Winnicott por la patología y la salud. También aquí creo que es posible tomar distancia de la autoridad de la mirada clínica sin sacrificar por ello el peso principal del análisis. Quiero decir: lo que Winnicott señala —y luego volveré sobre esta cuestión— es la delgadísima línea que separa patología de salud en materia de creatividad, cultura e individualidad. Dependencia e independencia están separadas por una línea tan delgada como un cabello y sin embargo son totalmente interdependientes: creatividad y adicción son expresiones de esa relación recíproca. De manera semejante, el límite que separa al individuo de quienes lo rodean es igualmente frágil y vulnerable. El límite entre una madre (o figura materna) lo bastante buena y una madre que parece haber fracasado es igualmente delgado y discutible. No obstante, una vez más el mérito de la posición de Winnicott para la presente discusión no es tanto el juicio clínico sino el hecho de reconocer que el ambiente constituye un factor esencial para comprender el desarrollo fundamental del individuo como agente social y cultural y, lo que es más importante, como agente psicodinámico.

Esto abre paso a un tercer apunte. El desafío que lanza Winnicott a la sociología es real, aunque con un foco diferente y menos tangible que el planteado por el psicoanálisis freudiano y, de otro modo, por la teoría lacaniana (véase Giddens, 1991). Porque Winnicott presenta un relato descriptivo y analítico de la creación del sujeto como unidad social y simbólica (no, a despecho de Lacan, como un sujeto fragmentado por y a través de lo simbólico) que por supuesto puede resultar dañado y destruido, pero que tiene la posibilidad de llegar a ser (y las más veces llega a serlo) un actor social viable. Winnicott presenta además un relato que exige *tomar en cuenta* sobre todo lo social. Pero no en una simple relación de causa y efecto.

Los espacios potenciales, los fenómenos transicionales, son precisamente eso: potenciales y transicionales. En ambos casos atañen a la dialéctica de la dependencia y la libertad, de la confianza y la inseguridad, de la creatividad y la esterilidad, de la impotencia y la omnipotencia, que señalan la particular problemática de la acción en la vida cotidiana. Dentro de este espacio y a través de estos fenómenos —en última instancia culturales—, los individuos llegan de algún modo a entenderse con lo percibido subjetivamente, con las circunstancias objetivas, primero de su ambiente temprano y luego del ambiente que los va circundando. Por lo tanto, la teoría psicodinámica de Winnicott es también una teoría sociológica. Que nos la apropiemos aquí no nos hace caer en un reduccionismo; supone sólo un desafío para tratar de entender la sociedad y la cultura atendiendo a la construcción que hacen de ellas individuos en ambientes que con frecuencia les son ajenos.

La ecuación que ofrecemos aquí ya fue propuesta por Giddens aunque en un registro diferente. Es la ecuación entre confianza, seguridad, y la capacidad de actuar, tanto individual como socialmente. A estas, Winnicott agrega explícitamente la capacidad de crear. Principalmente se refiere a la cultura pero, al analizar los objetos transicionales, también se refiere a los medios.

«Utilicé la expresión experiencia cultural como una extensión de la idea de fenómenos transicionales y de juego sin estar seguro de poder definir la palabra "cultura". Pongo el acento en la experiencia. Al emplear la palabra cultura, pienso en la tradición heredada. Pienso en algo que está en el caudal común de la humanidad, a lo cual pueden contribuir individuos y grupos de personas y en lo cual todos podemos inspirarnos *si tenemos dónde colocar lo que encontramos*», Winnicott, 1974, pág. 116, las bastardillas son del original.

Simpatizo con la dificultad en que se ve Winnicott para definir la cultura. Sin embargo, su última observación nos ofrece una vigorosa metáfora que ayuda a entender la cultura como algo de lo que todos participamos aunque con diversos grados de competencia y con diferentes grados de libertad. Del mismo modo, la frase «si tenemos dónde colocar lo que encontramos» implica que necesitamos comprender la dinámica de esa participación.

Y para esa participación es esencial el fenómeno transicional, el objeto transicional. Aquí quiero señalar lo que sigue: Winnicott llama la atención sobre el rol central que corresponde al objeto transicional tanto para el desarrollo del niño como para la creación, en el nuevo individuo separado, de un sentimiento de identidad y de seguridad dentro de un mundo desafiante de propio ser y otros. En el proyecto normal de las cosas, la significación emocional del primer objeto intensamente catectizado se reduce finalmente a la insignificancia. El espacio que ocupaba se llena con otras actividades y formas culturales que continúan la tarea de proporcionar alivio a la urgencia de trasijar realidad interior y realidad exterior (aunque la tarea de aceptar la realidad nunca se completa, como lo señala el propio Winnicott, 1975, pág. 240). Este trabajo cultural continúa, con sus satisfacciones y frustraciones consiguientes, y la continuada dependencia de objetos y de medios que lo faciliten. Quiero indicar con esto que nuestros medios, quizá sobre todo la televisión, ocupan el espacio potencial que dejaron las mantitas, los osos de paño y el pecho materno (Young, 1986), y funcionan, desde el punto de vista cultural y catéctico, como objetos transicionales. Como tales, los medios son, desde luego, vulnerables a las exigencias de nuestra propia crianza individual así como a los requisitos de los ambientes donde se los produce y se los consume. E igualmente son vulnerables al precario equilibrio entre patología y salud al que Winnicott se manifestaba tan sensible clínicamente y al que también yo debo volver la atención aunque sólo sea brevemente.

Puede resultar útil ilustrar el nexo entre los argumentos de Winnicott y los míos, y la condición de los medios como objetos transicionales, tomando uno de los estudios de casos del propio Winnicott: el caso de la cuerda (1965). Era un niño de siete años obsesionado por las cuerdas. Constantemente ataba las sillas a las mesas, los cojines a la chimenea, y antes de que lo viera Winnicott, se lo había encontrado atando una soga alrededor del cuello de su hermana. Winnicott interpretó la conducta del niño como un intento de superar el temor de separarse de la madre (en más de una ocasión la madre había permanecido separada del chico durante períodos considerables): «Trata de negar la separación utilizando una cuerda, como uno podría negar la separación de un amigo utilizando el teléfono» (*ibid.*, pág. 154). Los síntomas se aliviaron cuando la madre fue capaz de hablar de las angustias de su hijo con él.

Winnicott comenta la significación simbólica de la cuerda como una extensión de todas las demás técnicas de comunicación. La cuerda, simbólica y materialmente, sirve para mantener las cosas unidas: «sirve para envolver objetos y para unir algún material desintegrado». Esta es su significación corriente, pero en el caso de ese niño su significación se había exagerado y el uso que hacía de ella resultaba anormal. Ese uso se asociaba con un sentimiento de inseguridad y con la idea de una falta de comunicación. La cuerda había llegado a ser no tanto un medio de unión como un medio de negar la separación. «En su carácter de negación de la separación, la cuerda se convierte en una cosa en sí misma, algo que tiene propiedades peligrosas y que debe ser dominado». A Winnicott este caso le sirvió no sólo para indagar la patología en relación con los fenómenos transicionales, sino también como un ejemplo del desarrollo de una perversión potencial. En comentarios posteriores (1974), Winnicott observa que el muchacho no se curó y desarrolló nuevas adicciones, incluso adicción a las drogas durante la adolescencia.

¿De qué modo puede contribuir este caso a comprender los medios? En sus últimos comentarios, Winnicott se pregunta si un investigador que estudia la adicción a las drogas prestaría la correspondiente atención a la psicopatología manifestada en la esfera de los fenómenos transicionales. Mi argumento, en relación con el empleo de la televisión, patológico y no patológico, creativo y adictivo, es explícitamente el mismo. Pero sostengo que en ese uso hay mucho más que una cuestión de patología, aunque tal cuestión aparezca hoy y siempre magnificada en las discusiones sobre la televisión. Aquí es posible hacer una serie de observaciones. La primera es una observación sociológica general antes que psicoanalítica, y se refiere a la adicción. La adicción a las cuerdas puede ser una excepción (y en realidad Winnicott no explica por qué la relación del niño con las cuerdas es en sí misma adictiva o conduce a adicciones posteriores), pero es harto evidente que el ciclo regular de pánico moral vinculado con la introducción de los nuevos medios se asocia las más veces con el miedo a la adicción (véanse Shotton, 1989; Spigel, 1992, sobre la televisión). Verosímilmente la adicción sea, como lo ha sugerido Giddens, una patología particularmente moderna si surge de las demandas a menudo inmanejables de autonomía del yo creadas por la vida de la sociedad moderna. La adicción y la obsesión son trasferibles (se vinculan con múltiples objetos y prácticas), pero parece que son más incisivas (y con frecuencia también más perturbadoras) cuando los medios les suministran su foco. Lo que ilustra más en particular el caso de la cuerda es que el mismo objeto puede emplearse tanto positiva como negativamente y que adicción y creación están estrechamente relacionadas entre sí. Pero también ilustra sobre la posibilidad, para comprender el uso de un medio como una cuerda, de descubrir su raíz en las primeras experiencias infantiles, precisamente en relación con cuestiones tales como la seguridad, la separación y el deseo de comunicación. Si bien la cuerda es un medio muy simple, la televisión, por supuesto, es otra historia.

El espacio cultural en general y la televisión en particular

El espacio potencial —el espacio en el que se forman las identidades con o sin la participación de objetos transicionales, en un ambiente de confianza o de falta de confianza— es el sitio en el que se siembran las semillas de la cultura. Pero Winnicott reconoce que las semillas se siembran en una tierra paradójica:

«el rasgo principal en el concepto de objetos y fenómenos transicionales (. . .) es *la paradoja y la aceptación de la paradoja*: el bebé crea el objeto, pero el objeto estaba allí a la espera de ser creado y de pasar a ser un objeto catectizado (. . .) nunca desafiaremos al niño a responder la pregunta: ¿creaste eso o lo encontraste?», Winnicott, 1974, pág. 104, las bastardillas son del original.

En verdad esta es una paradoja fundamental. Una paradoja que se impone en toda discusión sobre la cultura o la creatividad. Y también se impone con fuerza en todo análisis del papel de la televisión y de la audiencia televisiva. Volveremos sobre esto en el último capítulo. Pero, por el momento, es importante señalar que, aunque no queramos interrogar al niño, debemos interrogarnos sobre lo que trae consigo esa paradoja en tanto trabaja la experiencia de la cultura y especialmente la experiencia de la televisión (véase Hodge y Tripp, 1986, cap. 3; aunque nótese que su análisis es en esencia un análisis cognitivo-piagetiano).

No obstante, la pregunta ahora es: ¿qué hace de la televisión un objeto transicional potencialmente tan significativo? La pregunta es razonable porque la televisión, como la cuerda, no es objeto infinitamente maleable ni neutro. Al relacionarse patológicamente con la cuerda, el muchachito del caso estudiado por Winnicott utilizaba algo que ya tenía tanto una significación práctica como una significación simbólica. La televisión también nos llega «preempaquetada», por así decir: nos ofrece una compleja comunicación de sonido e imagen que ya trae una vigorosa realidad y demandas emocionales.

Quizá lo primero que haya que señalar es que la televisión se trasformará en objeto transicional en aquellas circunstancias en las que ya está permanentemente disponible o en las que es usada consciente (o semiconscientemente) por la persona materna como *baby sitter*; es decir, como remplazo mientras el/la encargado/a de cuidar al niño prepara la comida o atiende, durante un lapso indeterminado, alguna otra cosa en algún otro lugar. Las continuidades de sonido y de imagen, de voces o de música, pueden convertirse fácilmente en un elemento reconfortante que brinde seguridad por mera presencia. La disponibilidad de la televisión, entonces, es un aspecto, pero además hay otro.

Según explica Winnicott, la creación del objeto transicional depende de una especie de examen de realidad que el niño hace siguiendo supuestamente cierta secuencia. Esta comienza cuando el niño se allega al objeto, continúa con el acto repetido de «encontrarlo» y culmina cuando —por lo menos en su fantasía— lo destruye; pero, puesto que el objeto sobrevive a la destrucción (existe a pesar de todos mis esfuerzos por negarlo), puede ser usado y adorado y hasta se puede depender de él. La televisión sobrevive a todos los esfuerzos por destruirla. Según las palabras de Williams (1974), está en constante fluir, y el hecho de que uno la apague (por ira, por frustración o por aburrimiento) no la destruye. Podemos volver a encenderla y eso demuestra que es invulnerable y confiable. Y me interesa observar aquí que todo cuestionamiento que podamos hacer de su contenido, todo rechazo y toda aprobación de sus mensajes se basan en ese primer nivel de aceptación y confianza. Como muchos observadores lo han señalado, la televisión tiene presencia constante. Es eterna. Esta cualidad del medio es tal que le garantiza también su condición potencial de objeto transicional incluso para los que han crecido sin un televisor en su hogar. Evidentemente no quiero decir que la televisión encuentre su lugar en la infancia. Por el contrario, creo que puede continuar y que continúa ocupando ese espacio potencial a lo largo de toda la vida del individuo, aunque evidentemente lo hace con diferentes grados de intensidad y de significación.

Pero esa capacidad de proporcionar una presencia permanente —y, así, una colonización del espacio potencial— no es función simplemente de la calidad de la tecnología. En efecto, muchas tecnologías, en particular las que comunican e informan (Young, 1986; Turkle, 1986), tienen la capacidad de generar un grado de dependencia, seguridad y apego similar al de la televisión; y cada una de ellas es potencialmente creadora y también adictiva. Pero esos apegos están sobredeterminados por el contenido de los medios y, en el caso de la televisión, por sus horarios, géneros y narrativas. La televisión es un fenómeno cíclico. Sus programas se disponen en diversos horarios siguiendo la regularidad que dicta el consumo. Las telenovelas, los informes sobre el tiempo y los noticiarios quizá sean los programas que más participen en esta planificación de las horas, los días y las semanas del año (Scannell, 1988).

Entra en juego lo que podríamos llamar un círculo ontológico. A menudo se justifica la regularidad y la secuencialidad de la programación televisiva aduciendo razones de orden económico (Smith, 1976), y si bien se ha demostrado que es raro que un individuo mire todos los episodios de una serie (Goodhardt, Ehrenberg y Collins, 1975) o todos los noticiarios, una programación constante permite hacer profundas economías de escala y de alcance. Esas economías pueden considerarse desde luego una respuesta a un raigal afán de continuidad por parte de audiencias y televidentes; más apremiante, quizás, a causa de las crecientes tensiones o amenazas del mundo en que vivimos; un mundo que, por supuesto, la mayor parte de nosotros sólo ve por televisión. De modo que masajean o refuerzan ese afán los mismos programas que casi siempre intervienen en la creación y la mediación de la angustia y su resolución. Por ejemplo, los informes sobre el estado del tiempo son los programas vistos con mayor constancia (Mellencamp, 1990) quizá porque brindan cierta tranquilidad (incluso cuando anuncian mal tiempo) por la capacidad de dominar los elementos (aunque sólo sea a través de la charla y los gráficos y, particularmente, en los programas sobre el clima de los Estados Unidos, a través de informadores que rivalizan con las azafatas de avión en sus pretensiones de propiedad sobre el objeto, «Hoy tengo algunas nubes para usted», así como en la capacidad de trasmitir confianza) y también porque convencen al espectador de que al día siguiente todo estará (básicamente) bien. Algo parecido ocurre con las telenovelas, que han sido consideradas por algunos como constantes masticadores de realidades sociales; ellas irritan y tranquilizan dentro de una narrativa compleja y a través de poderosas y definibles pretensiones de realidad (Livingstone, 1990).

Pero creo que el género de los noticiarios es el que nos permite ver, más claramente que ningún otro, la articulación dialéctica de angustia y seguridad —y la creación de confianza— que sobredetermina que la televisión llegue a constituir un objeto transicional, particularmente para los televidentes adultos.

Ya hace tiempo que se ha visto en los noticiarios (Wright, 1968, 1974) un género cuya función es tranquilizar y al mismo tiempo vigilar. En un fascinante estudio sobre una fascinante situación, Turner y otros (1968) registraron el aporte de los medios a la elaboración de la realidad social y la seguridad de las personas que viven en la Falla de San Andrés de California o junto a ella. El estudio se realizó antes del último terremoto (1988), pero revela en la programación de noticias un ciclo finamente equilibrado de generación de angustia (sobre todo por los informes sobre las últimas predicciones o las más recientes pruebas «científicas» acerca de la posibilidad de futuros movimientos de la falla) y de calma (se descalifica a los científicos expertos o la tensión se resuelve de algún otro modo). Este es, por supuesto, un ejemplo extremo de la tensión esencial que se da en los noticiarios: tanto en la narrativa de la creación de angustia y de la resolución como en el dominio de la forma sobre el contenido («¿Por qué las llaman *news* si pasan siempre lo mismo?», pregunta un personaje de historieta del *New Yorker*; véanse Park, 1940; Galtung y Ruge, 1965).

Evidentemente no es sólo el contenido del informe el que brinda tranquilidad. Por el contrario. Sin embargo, los niveles de angustia que se puedan suscitar (y por supuesto, existe la posibilidad de que se susciten inevitablemente, pero también deliberadamente) disminuyen tanto por la estructura del noticiario como programa (el acto de ordenar los papeles, el intercambio de sonrisas, la charla silenciosa de los presentadores con la que culmina una «nota de interés humano» conforman el típico final de los noticiarios de todo el mundo, salvo en ocasiones excepcionales de crisis o catástrofe) cuanto por la confiabilidad y la frecuencia que lo caracterizan. No resulta sorprendente que el primer canal de cable satelital especializado haya sido CNN News, que brinda durante las veinticuatro horas comentarios (tranquilizadores por su persistencia) sobre los sucesos del mundo. Por otro lado, las noticias «verdaderas», las noticias sobre catástrofes, constituyen a menudo la ocasión para interrumpir la programación regular (una catástrofe de otro tipo para los comprometidos con una pauta regular de mirar televisión y un ejemplo de la tendencia hacia la homología de las formas y el contenido de la televisión). La retirada gradual del informe sobre el suceso hacia los programas regulares de noticias es, una vez más, prueba de su incorporación en las estructuras familiares y esperanzadas, distanciadoras y negadoras (Doane, 1990, pág. 235) de los horarios cotidianos. El noticiario es adictivo y más lo es cuando el mundo se presenta inestable. El noticiario es una institución clave en la mediación de la amenaza, el riesgo y el peligro y, como diría Giddens, y también Winnicott, esencial para que podamos comprender nuestra capacidad de crear y mantener nuestra seguridad ontológica. Su significación y su función en este sentido son tan importantes como lo es su papel de proveedor de información (un término al que también debe prestársele cuidadosa atención), papel que debemos comprender si pretendemos averiguar el fundamento de la persistente importancia de la televisión en la vida cotidiana.

Finalmente hay un aspecto relacionado con la ilusión. Este es un fenómeno extraordinariamente complejo al que puedo hacerle poca justicia aquí. Para Winnicott, el objeto transicional no sólo es el foco sino también el mediador de la constante oscilación entre ilusión y desilusión que señala los comienzos del examen de realidad y la emergencia del individuo como actor social apto. Según Winnicott, la función de la madre es suministrar al hijo primero las bases de la ilusión de que ella es una parte de él y luego (con el destete) las bases de la desilusión. El objeto transicional, el espacio donde se sitúan las primeras experiencias no a-mí, es el lugar donde ocurren tanto la ilusión como la desilusión; ese sitio ofrece un espacio seguro para indagar y poner a prueba las complejas relaciones entre realidad y fantasía.

Algunas discusiones recientes en la bibliografía sobre la relación de los niños con la televisión (Palmer, 1986; Hodge y Tripp, 1986) llamaron la atención sobre la actividad creativa que instila en ellos su relación con el medio; por ejemplo, sobre el modo en que incorporan las imágenes de fantasía de la televisión en el mundo de sus fantasías privadas o sobre la habilidad que demuestran para crearse un ambiente físico cómodo en el cual instalarse a ver televisión. Como observa la propia Palmer (1986, págs. 133 y 67): «Si uno observa a los niños, advierte que son básicamente manipuladores del aparato. Disfrutan encendiéndolo y jugando con él. Demuestran confianza y una habilidad notable para manejarlo y encontrar los programas que les interesan, pero rara vez lo apagan». La televisión es el foco de los juegos, el entretenimiento y la actividad. Sobre todo, Palmer destaca la importancia de la televisión en la vida del niño precisamente como mediadora de la realidad y la ilusión y (para bien y para mal) como un recurso esencial de sus actividades dirigidas al examen de realidad.

Pero la televisión no es solamente un medio importante para el niño. Está claro que la argumentación referida a su calidad de objeto transicional sigue siendo aplicable a la experiencia del adulto con ese medio. Muchos observadores (Postman, 1987; Hartley, 1987) estimaron que, en aspectos significativos, la televisión es infantilizante o regresiva. Se argumenta que mirar televisión es una experiencia regresiva que sumerge al adulto en un estado comatoso, infantil, de atención no crítica; o, en otra versión del argumento, por el modo de destinación de los programas mismos la televisión crea un régimen paidocrático (Hartley, 1987), y así infantiliza y desapropia al televidente. En un capítulo posterior volveré a examinar estos argumentos. Por ahora sólo necesito apuntar que también mi argumentación supone que la televisión debe ofrecer una experiencia regresiva, si por tal entendemos el retorno a ciertas fases tempranas del desarrollo individual o un repliegue a un estado semejante al de los sueños (Laplanche y Pontalis, 1973, pág. 386). Pero cualquiera que sea el sentido en que se tome el término, no necesariamente debe considerarse patológico lo que se describe. Por supuesto, puede serlo. Pero no necesita serlo.

Rutinas, ritos, tradiciones, mitos

«Si el sujeto no se puede aprehender salvo a través de la constitución reflexiva de actividades cotidianas en prácticas sociales, no podemos comprender la mecánica de personalidad si no consideramos las rutinas de vida cotidiana (. . .) Una rutina es inherente tanto a la continuidad de la personalidad del agente, al paso que él anda por las sendas de actividades cotidianas, cuanto a las instituciones de la sociedad, que *son* tales sólo en virtud de su reproducción continuada», Giddens, 1984, pág. 60 [págs. 94-5].

Rutinas, ritos, tradiciones, mitos: tal es la materia del orden social y de la vida cotidiana. En lo familiar y lo que damos por descontado, así como a través de lo sobresaliente y lo dramático, nuestra vida cobra forma, y dentro de esas formas, que se basan y adquieren significación en el espacio y en el tiempo, tratamos de llevar adelante nuestros asuntos, soslayando o tratando de mantener a raya, por la mayor parte, los traumas y las catástrofes que amenazan perturbar nuestra paz o nuestra salud. No siempre resulta fácil. Pues no sólo afrontamos las contradicciones insidiosas y los desafíos irresolubles de nuestra vida cotidiana —problemas de muerte, identidad, moral— sino que además las bases en las que se apoya nuestra seguridad se modifican con cada giro de la espiral moderna o posmoderna; con la industrialización y la posindustrialización, con los cambios poblacionales, de la estructura social, la tecnología y los valores culturales. Estos cambios y sus efectos ontológicos se han discutido mucho en años recientes (Lasch, 1977; Berger y otros, 1974; Ignatieff, 1984). Con frecuencia se argumenta que entre las causas principales están los medios y, sobre todo, la televisión (Postman, 1987; Mander, 1978).

Pero, para la mayoría de nosotros, y por la mayor parte del tiempo, la vida cotidiana continúa y se sostiene por las continuidades ordenadas de lenguaje, rutina, hábito y estructuras esenciales que damos por sentadas y que, con todas sus contradicciones, mantienen los fundamentos de nuestra seguridad en nuestra vida de todos los días. Estos argumentos pueden parecer huecos. Pero son fundamentales para comprender el papel de los medios no sólo como perturbadores (su caracterización más difundida), sino también como soportes de la realidad social. En esta última sección del capítulo querría cambiar de registro y apartar la atención de lo individual y lo psicodinámico para concentrarla en lo colectivo y lo social, pero preservando el interés básico: el fundamento de la vida social y la importancia crucial de lo simbólico en la tarea de encontrarle sentido.

La seguridad ontológica se sostiene por lo familiar y lo predecible. Nuestras actitudes y creencias de sentido común expresan y apoyan nuestra comprensión práctica del mundo, sin la cual la vida llegaría pronto a resultar intolerable. El sentido común se basa a su vez en el conocimiento práctico y se expresa y mantiene por toda una serie de símbolos y formaciones simbólicas. Los símbolos de la vida cotidiana: las visiones y sonidos diarios del lenguaje natural y la cultura familiar; los textos mediáticos emitidos públicamente en carteleras, en periódicos, en televisión; los ritos intensos, privados y públicos, que constituyen ritos de pasaje domésticos o nacionales, o celebraciones de carácter internacional; todos esos símbolos, en su continuidad, su carácter dramático o ambiguo son otras tantas apuestas por el control (véase Martin, 1981, pág. 70, sobre la cultura de la clase obrera). Defensivos u ofensivos, esos símbolos constituyen para nosotros, como seres sociales, los intentos de dominar la naturaleza, de dominar a los demás, de dominarnos a nosotros. Tienen sus raíces en la experiencia que el individuo hace de las contradicciones básicas de la vida social: el problema de dependencia-independencia, de identidad-diferencia que analiza Winnicott; y las tienen también en la experiencia colectiva de socialidad, en las exigencias de copresencia o de interacción cara-a-cara (Goffman, 1969), en la carga emocional de lo sagrado (Durkheim, 1971) y en los requisitos de una estructura que se expresa en todas nuestras formas culturales, cuyos prototipos son el mito (Lévi-Strauss, 1968) y el rito (Turner, 1969).

¿Qué está en juego aquí? El papel de la televisión en el ordenamiento visible y oculto de la vida cotidiana; en su significación espacial y temporal; su inserción en pautas y hábitos cotidianos como factor que contribuye a nuestra seguridad. La televisión como objeto: la pantalla que nos suministra el foco de nuestros ritos cotidianos y el marco de la trascendencia limitada —la suspensión de la incredulidad— que caracteriza a nuestro paso de las rutinas pro-

43

fanas de todos los días a las rutinas sagradas de horarios y programas. La televisión como medio: que amplía nuestra proyección y nuestra seguridad en un mundo de información, que nos aloja en una red de relaciones espaciotemporales, así locales como globales, domésticas como nacionales, que amenazan con abrumarnos, pero que al mismo tiempo nos suministran las bases para que nos sintamos ciudadanos o miembros de una comunidad o de un vecindario. La televisión como proveedora de entretenimiento y de información: con sus géneros y narrativas nos estimula y nos perturba, nos da paz y tranquilidad, y nos ofrece dentro de su propio orden una expresión y un fortalecimiento de las temporalidades contenedoras de la cotidianidad.

«Puesto que la vida social tiene cierto orden pero se mueve continuamente —en la macroescala, por el tiempo histórico, y en la microescala, por las horas—, su movimiento exige una intensa y sutil mezcla entre lo regular y lo improvisado, lo rígido y lo flexible, lo repetitivo y lo que varía. La vida social se desarrolla en algún lugar situado entre los extremos imaginarios del orden absoluto y el caos absoluto de un conflicto o de una improvisación anárquica. Ni lo uno y lo otro prevalecen por completo», Moore y Myerhoff, 1977, pág. 3.

Las rutinas y los ritmos de la vida cotidiana se estructuran variadamente en un tiempo y en un espacio. Los patrones cotidianos del trabajo y el ocio, de levantarse e irse a dormir, de los quehaceres domésticos y los trabajos que se pueden hacer en casa: los horarios que nos impone el reloj, elegidos libremente o ajustados a un contrato, forman parte indisoluble de los tiempos de la biografía y del ciclo vital, e incluso de los tiempos de las instituciones y de las sociedades mismas: la *longue durée*, lenta y glacial (Scannell, 1988, pág. 15). La vida cotidiana es el producto de todas esas temporalidades, pero el tiempo se siente, se vive y se afianza ante todo en las rutinas y los ritmos vivenciales de la jornada. Y se afianza en los espacios igualmente diferenciados y ordenados de la vida cotidiana: los espacios públicos y privados; los escenarios y las bambalinas; los espacios de género y generación, de domesticidad y de comunidad.

La televisión es en gran medida parte de ese carácter seriado y espacial de la vida cotidiana que se da por descontado. Los horarios de emisión reproducen (o definen) la estructura de la jornada hogareña, a su vez significativamente determinada por los horarios laborales de la sociedad industrial (Thompson, 1968; Horkheimer y Adorno, 1972), sobre todo del ama de casa (Modleski, 1983). Las configuraciones narrativas mismas, la esencial recursividad de comenzar, continuar y terminar, y de acción y caracterización, ofrecen una expresión homológica de la condición narrativa primordial de la experiencia, al tiempo que le proponen un modelo (Ricoeur, 1984). La emisión de eventos nacionales articula el tiempo calendario: Navidad, el Día de Acción de Gracias, la Coronación (Shils y Young, 1953) o la boda real (Dayan y Katz, 1992), la competencia final de la Copa o del Superbowl (Real, 1982). De modo similar, nuestra espacialidad cotidiana se basa en los patrones que gobiernan nuestra vida de todos los días al paso que nos trasladamos juntos y separados alrededor de un único televisor o de los distintos aparatos de televisión instalados en el *living*, el dormitorio, un bar o un sitio público. Y también se basa en la cambiante relación entre lo global y lo local, relación que la televisión articula y reformula (Meyrowitz, 1985) ampliando el alcance y modificando los límites tanto material como fenomenológicamente.

A grandes rasgos, los tiempos y espacios cotidianos podrían considerarse profanos. Podemos distinguirlos (y lo hacemos) de aquellos sucesos predecibles o manejables (como los cumpleaños, las bodas, los nacimientos y las muertes) que constituyen el foco de ritos domésticos más o menos placenteros y también podemos distinguirlos de aquellos acontecimientos que son, o bien predecibles y manejables, o bien dramáticamente inquietantes y atemorizantes, para cuya ritualización dependemos de la televisión. El desvío hacia ese mundo de «como si» (Vaihinger, 1924) que la televisión ofrece tanto en su programación realista como en la de ficción forma y no forma parte de lo cotidiano (véase Turner, 1969, sobre ese aspecto de «entre lo uno y lo otro» de lo liminal como caracterización del rito). Aun dentro de la pauta de la jornada doméstica, ciertos momentos, ciertos programas, están señalados y protegidos como especiales. Durante esos momentos o programas, la pauta de la jornada se mantiene pero también se interrumpe. No se contesta el teléfono. No se cocina. No se lava la vajilla. Esos ritos paradójicamente «cotidianos» están firmemente integrados en la estructura de la vida diaria. Pero aun los que no se integran tan fácilmente, los que cuestionan y perturban y por eso suministran el foco de una respuesta ritualizada o ritualizadora pueden considerarse articulados en la vida cotidiana a través de la televisión (con frecuencia) y la cultura de la televisión. La Navidad, que es una celebración intensamente doméstica y ampliamente pública, se festeja alrededor del televisor. La costumbre cada vez más difundida de registrar en video las bodas sobredetermina estas como ritos incorporados a la cultura televisiva. También las crisis y catástrofes, naturales o provocadas por el hombre, son objeto de un «manejo» por las altamente regularizadas y ritualizadas estructuras y el flujo de las noticias (Mellencamp, 1990; Alexander, 1986). Todos estos acontecimientos son expresiones de la capacidad del medio televisivo para movilizar lo sagrado y crear lo que los antropólogos llamaron la «*communitas*»: la experiencia compartida, aunque frágil, momentánea y sintética, de comunidad.

Las tradiciones pueden cambiar, pero la tradición se conserva. Como sostiene Giddens (1990, pág. 105), la «tradición hace un aporte fundamental a la creación de la seguridad ontológica en la medida en que mantiene la confianza en la continuidad de pasado, presente y futuro, y vincula esa confianza con las prácticas sociales que llegan a convertirse en rutina». Una vez más, este argumento defiende las tradiciones públicas y privadas, las tradiciones cada vez más interdependientes de la familia y la nación. Como dice Scannell:

«En el momento mismo en que ceremonias y símbolos particulares pierden repercusión y quedan relegados al desván de los trastos viejos de la historia, otros nuevos los remplazan. En el proceso de modernización, el rito y la tradición se despojan de la intimidad que los unía a la religión, mientras se inventan veloz y prolíficamente nuevas tradiciones seculares. Y esto ocurre con la mayor diligencia en la reconstrucción de las imágenes y los emblemas de la nacionalidad», Scannell, 1988, pág. 16.

Scannell destaca la creciente ritualización de la nacionalidad, proceso en el que las emisiones están materialmente comprometidas. Pero estas nuevas tradiciones no son sólo las de los medios. Si es que han de tener algún sentido, tales tradiciones están destinadas a convertirse en las tradiciones y placeres del hogar (Frith, 1983). Es posible que la televisión haya proporcionado un nuevo contenido a los ritos domésticos y nacionales, pero esencialmente lo que hizo fue preservar la forma y la función tradicionales de tales ritos.

También fueron y son preservadas las formas familiares y apenas enmascaradas de narratividad en programas televisivos que, tanto en sus expresiones realistas como de ficción, suministran un marco seguro para representar y controlar lo no familiar o amenazador. Este carácter mítico de la televisión ha sido señalado con frecuencia. Denota la persistencia de formas orales familiares de contar cuentos, es decir, las narrativas estructuradas de folklore presentes en los noticiarios, los dramas y los documentales; la significación funcional particular de las formas de narrar historias para que enuncien las contradicciones endémicas e irresolubles de la sociedad multitudinaria; y también denota el carácter ideológico de las imágenes y los relatos que naturalizan y disfrazan la realidad de lo histórico y de lo elaborado por el hombre (Barthes, 1972).

Patricia Mellencamp ofrece un ejemplo particularmente interesante del proceso de mitificación en su análisis del tratamiento de las catástrofes por parte de la televisión (para esta, las catástrofes pueden tener la misma significación que los experimentos de Garfinkel con la confianza en relación con la estructura de lo cotidiano: unas y otros revelan, a través de la oposición, el carácter de lo que se da por descontado). Lo que interesa en este ejemplo desde el punto de vista de nuestra argumentación es, por un lado, la indagación de una forma más real que de ficción (y del carácter de la «información» como fuerza social y simbólica), y, por el otro, la indagación de la representación de la catástrofe mediante una discusión de la disminución de la angustia:

«Así como un médico explica al paciente en detalle los procedimientos que seguirá antes y después de la intervención quirúrgica, la información [sobre la catástrofe, RS] brinda un servicio terapéutico, un rito semejante a una plegaria o un salmodiar. Con el pretexto de la curiosidad, del deseo de saber, ella suaviza nuestra angustia, nos protege del temor. Y así, la información, la *raison d'être* de la "nota periodís-

47

tica", se trasforma en relato, terapia y rito colectivo. Posteriormente se la conocerá como mito», Mellencamp, 1990, pág. 248.

Volveré sobre todos estos temas en capítulos sucesivos. Por el momento me basta con lo dicho para entretejer los hilos de este capítulo y tratar de resumir la primera etapa de mi argumentación.

La televisión forma parte de la médula de nuestra vida cotidiana. En este capítulo intenté explicar cómo podría entenderse el que haya alcanzado esa condición. La televisión no llegó a ser lo que es como resultado de una imposición arbitraria o política de un medio sobre una cultura que se resistía a él (aunque en algunas circunstancias esto podría formar parte de una explicación), sino ocupando progresivamente espacios y tiempos particulares de un nivel básico de la realidad social. Tengo una buena razón para poner el acento en el espacio y el tiempo como lo hice hasta ahora y como continuaré haciéndolo. En realidad no es nada sorprendente presentar estas dos categorías como las categorías primarias a las que debe referirse cualquier intento de comprender las condiciones previas para que la vida social sea posible y para que un individuo pueda tener su lugar y su competencia dentro de ella. He yuxtapuesto la teoría de Giddens y la de Winnicott en un intento de proporcionar un marco teórico donde delimitar el territorio que quiero explorar, ya que las metáforas y las preocupaciones de Giddens son principalmente temporales, y las de Winnicott, principalmente espaciales. Los medios —y fundamentalmente la televisión, por supuesto— son mediadores (probablemente en cualquier definición, y ciertamente en la práctica) tanto del espacio como del tiempo, y además se producen y se consumen en el espacio y en el tiempo. En cada caso la calidad del espacio y el tiempo es significativa tanto desde el punto de vista material como desde el punto de vista simbólico.

Ahora bien, la televisión es una parte tan esencial de nuestra vida cotidiana que es necesario entenderla en el nivel no sólo sociológico, sino también psicodinámico. Si veo en la teoría psicoanalítica en general y en la teoría de Winnicott en particular una base verosímil para ofrecer una explicación (en lugar de, por lo menos inicialmente, presentar explicaciones más estrictamente psicológicas), es ante todo porque así puedo rendir cuenta del desarrollo del individuo que unifica lo social y lo simbólico, por un lado, y entender la dinámica de los procesos conscientes e inconscientes, por el otro. Giddens ofrece una explicación estructurada de manera similar. En el trabajo de ambos autores, la televisión está ausente y sin embargo es un medio que exige —quizá ni más ni menos que otros productos sociales, pero indudablemente lo necesita— el mismo enfoque polivalente. Este ha sido mi argumento y en él se basa el resto del libro.

2. La televisión y un lugar donde nos sentimos «en casa»

La televisión es un medio doméstico. Se mira en casa. Se ignora en casa. Se discute en casa. Se mira en privado con miembros de la familia o con amigos. Pero también forma parte de nuestra cultura hogareña por otras razones: su programación y sus horarios nos proporcionan estructuras y modelos de la vida doméstica o, por lo menos, de ciertas versiones de vida doméstica. La televisión constituye además un instrumento que nos permite integrarnos en una cultura del consumidor a través de la cual construimos y exhibimos nuestra condición doméstica.

Algunos estudios recientes sobre el medio han comenzado a tomar con seriedad ese carácter doméstico de la televisión. Este tipo de investigación trató de comprender la dinámica social que se desarrolla en torno del televisor y que lo construye como un elemento de la cultura privada hogareña: se distribuye por espacios ocupados diversamente, obedece al género y la edad, se conecta de manera diferencial con otras tecnologías secundarias —como la computadora o la videograbadora— y además recibe una variedad cada vez mayor de canales abiertos, de cable o codificados. La televisión se ha insertado en las complejas culturas de nuestra propia domesticidad. Ya no podemos concebir la televisión si no es como un componente necesario de esa domesticidad, y tampoco podemos concebir nuestra domesticidad sin ver, tanto en el aparato mismo como en la pantalla, un reflejo y una expresión de esa vida doméstica.

Sin embargo, esa vida doméstica, en el plano real y en el plano ideal, constituye no sólo un fenómeno sociológico, sino también un fenómeno cultural e histórico. Implica, en gran medida, la creación de una clase burguesa que sólo se elevó a una prominencia comercial y cultural en los comienzos del siglo XIX. Esa clase pudo crear y exhibir un mundo privado, separado del mundo de los negocios; un mundo donde podían conservarse y protegerse de la atención del público los placeres personales y las preocupaciones sociales. En ese interior (doméstico) pudo crearse un mundo diferente; un mundo de imágenes, deseos e ilusiones. Lo dijo Walter Benjamin escribiendo sobre la aparición del ciudadano privado en la época de Luis Felipe:

«Por primera vez se distinguió el lugar donde se vive del lugar donde se trabaja. El primero se estableció como el interior. La oficina era su complemento. El ciudadano privado que en su oficina tomaba contacto con la realidad, necesitaba que el interior constituyera el sostén de sus ilusiones. Esta necesidad se hizo más apremiante porque ese ciudadano no tenía la menor intención de agregar a sus preocupaciones de negocios, otras preocupaciones de orden social. Al crear su ambiente privado, logró suprimir ambos tipos de preocupaciones. Desde entonces brotaron las fantasmagorías del interior. Para el ciudadano privado, ese mundo interior representaba el universo. En él, el individuo reunía lo distante en el espacio y en el tiempo. Su sala era un palco en el teatro del mundo», Benjamin, 1976 (1983), pág. 176.

El interior moderno sigue siendo como lo describió Benjamin. Es aún un lugar donde las ilusiones de control, la capacidad para «reunir lo distante en el tiempo y en el espacio» son fundamentales aunque no estén presentes. Pero es, en todo sentido, un lugar mucho más complejo y contradictorio (véanse Putnam y Newton, 1990; Tomlinson, 1990a). Aunque quizá siempre lo fue. Por supuesto, ya no es un lugar exclusivamente burgués. Se distingue según los géneros y está muy diferenciado por la geografía, la posición de clase y la cultura. Puede constituir un espacio de conflicto y desesperanza o un lugar de paz y seguridad. Puede ser una morada celestial o una cárcel. Los interiores son espacios sociales, económicos, culturales y políticos. Y también son espacios tecnológicos. Y en todas estas dimensiones, nuestra domesticidad es incierta y vulnerable, pues se extiende más allá de los espacios físicos de la casa o de las relaciones sociales de la familia y penetra en un mundo de cambios y movimiento. Y allí, atravesando la dinámica de esos cambios complejos, de esas inestabilidades, dándoles forma y sustento, reflejándolos y reflejándose a su vez en ellos, tratando de brindarnos seguridad respecto de esos cambios. . . está la televisión.

En este capítulo trataré sobre el interior doméstico y el lugar que ocupa la televisión dentro de él. Sostendré que, si bien tenemos que mantener nuestro interés por la televisión como medio doméstico y por comprender su aporte a esta domesticidad cambiante y fragmentadora, debemos reconocer que la domesticidad es en sí misma problemática. Los límites que circundan la casa y el hogar no son equivalentes ni son impermeables. Nuestra domesticidad es el producto de una relación que cambia de continuo y se define históricamente entre las culturas y los espacios público y privado, una relación cambiante a la que contribuye la televisión misma. Esa domesticidad es a la vez una realidad fenomenológica, sociocultural y económica.

Estas dimensiones de la domesticidad se pueden abordar con diversas conceptualizaciones enfocadas desde distintos ángulos, de las que cada una expresa —aunque no con una demarcación exclusiva— un elemento de esa realidad en virtud de la cual aparentemente aún queremos distinguir el mundo privado del mundo público. Identificaré estas diferentes dimensiones de nuestra domesticidad como el hogar, la familia y la economía doméstica.

Esta empresa contiene cierta paradoja y dificultad porque gran parte de la bibliografía actual no hace sino negar el hogar, la familia y la casa. En un mundo posmoderno de movimiento, fragmentación y globalización, las seguridades siempre ideológicas vinculadas con las pretensiones de un hogar (Massey, 1992), el sustento no menos ideológico del patriarcado enraizado en la familia (Barrett, 1980) y los complejos sistemas económicos que crean a la casa (pero que también a menudo socavan su integridad) son todas entidades que hoy se consideran en quiebra. Sin embargo, igualmente sobreviven, aunque modificadas o en vías de cambio. Separar la tarea que cabe a la televisión en la dinámica de tales cambios no resulta fácil. Con todo, es necesario comprender la naturaleza de esa domesticidad en el seno de la cual (con las diferencias propias de cada uno) recibimos el medio. Pues es allí, en todas sus dimensiones culturales, sociales y económicas donde se recibe y se reconstruye la cultura de la televisión.

El hogar

El hogar es un constructo. Es un lugar, no un espacio. Es el objeto de una emoción más o menos intensa. Es el lugar al que pertenecemos. Pero esa sensación de pertenencia no se limita a la casa o al jardín. El hogar puede designar cualquier cosa desde una nación hasta una tienda o un vecindario. El hogar, sustancial o insustancial, fijo o cambiante, singular o plural, es lo que podemos hacer de él.[1]

No obstante, Agnes Heller ve el hogar, con absoluta sencillez, como una base:

«Integrado a la vida cotidiana promedio, el hogar es la conciencia de un punto fijo en el espacio, una posición firme desde la cual "obramos" (. . .) y a la cual regresamos oportunamente. Esa posición firme es lo que llamamos "hogar" (. . .) "Regreso al hogar" debería significar: la vuelta a esa posición firme que conocemos, a la que estamos habituados, en la que nos sentimos a salvo, y donde nuestros vínculos emocionales son más intensos», Heller, 1984, pág. 239.

El hogar se idealiza cómodamente. En parte, esta es su función en el discurso cotidiano. Y es sencillo comprender en qué circunstancia el hogar puede considerarse (y llegar a ser) un lugar que se abandona, que se evita o del cual se reniega. Es igualmente posible ver en el hogar un sitio que ofrece referencias múltiples e indeterminadas. En esas diversas referencias, tanto literales como metafóricas, lo que se enuncia es un constructo materialmente condicionado por la circunstancia (de migración o estasis) y la cultura, pero de todos modos se trata de un constructo que obtiene su fuerza y establece sus aspiraciones por un apego emocional al lugar, a cierto lugar, en determinado momento.

Sin embargo, esa idealización cumple una función y, como tal, tiene consecuencias para la conducta y la evaluación

---

[1] «El hogar ya no es solamente un lugar. Es una localización. El hogar es ese lugar que permite y alienta diversas perspectivas siempre variables, un lugar en el que uno descubre nuevas formas de ver la realidad, las fronteras o la diferencia. Uno compara y acepta la dispersión y la fragmentación como parte de las construcciones de un nuevo orden mundial que muestra más plenamente dónde estamos, quiénes podemos llegar a ser», bell hooks, 1991, pág. 149, citado en Massey, 1992, pág. 15.

de nuestra vida cotidiana y para nuestros sentimientos de seguridad, apego y pérdida. «Hogar» es un concepto vigoroso. Decir de alguien que es una persona sin hogar implica atribuirle cierta falta de moral o debilidad. Sentir apego por un lugar y ser una persona «ubicable» son elementos esenciales de la vida contemporánea, particularmente a partir del momento en que comenzamos a reconocer lo vulnerable y difícil que se ha vuelto nuestra vida.

Muchos geógrafos han definido esa potencia que se asigna al lugar y que se enuncia en ideas e ideologías del hogar como una clave, si no ya de la modernidad, al menos de una crítica de la modernidad. Como sugiere Edward Relph:

«Quizá sea cierto que el hombre moderno es (. . .) un ser sin hogar y que la falta de apego por los lugares que representan el hogar se haya extendido ampliamente. Pero desdeñar la importancia del hogar (. . .) es demasiado terminante; sin duda hay más estadios de asociación con los sitios que representan el hogar entre el apego completo y el más absoluto desapego», Relph, 1976, pág. 40; véase Berger y otros, 1974.

En todo análisis del hogar hay siempre una distinción previa, la distinción entre lugar y espacio (Relph, 1976; Seamon, 1979; Buttimer, 1980). Esa distinción expresa una diferencia vivencial entre esas dos zonas del mundo, amplias o estrechas, una de las cuales nos despierta sentimientos, y la otra, no. Los lugares son espacios humanos, el foco de la experiencia y la intención, de los recuerdos y los deseos. No son abstracciones. Son, quizá más que ninguna otra cosa, fuentes importantes de la identidad individual y comunal (Relph, 1976, pág. 141). Edward Relph insinúa la posibilidad de que en nuestra vida cotidiana seamos en gran medida inconscientes de los lazos que nos atan a los lugares, lo que empero no altera su significación. Los lugares se alojarán en nuestra sensibilidad por diversas razones asociadas con nuestro propio presente y nuestro propio pasado, así como con el presente y el pasado de otras personas. Nos relacionamos con los lugares, dice Relph, del mismo modo como nos relacionamos con las personas: porque los lugares sin las personas ya no son lugares, los lugares son esencial y completamente humanos:

«Pero si realmente tenemos nuestras raíces en un lugar y nos sentimos atados a él, y si ese lugar es auténticamente nuestro *hogar*, entonces todas estas facetas son profundamente significativas e inseparables. Esos lugares-hogares son en realidad las piedras fundamentales de la existencia del hombre, pues suministran no sólo el contexto para toda actividad humana, sino también la seguridad y la identidad a los individuos y a los grupos», Relph, 1976, pág. 41.

En todo esto hay un considerable romanticismo, pero también hay cierto grado de realidad. Y es una realidad que debemos tratar de aprehender no sólo cuando comparamos los conceptos de lugar y espacio, sino particularmente cuando introducimos la idea de no-lugares. La condición de no-lugar implica separar a la humanidad de los lugares. Denota un ambiente que carece de lugares significativos y también una actitud básica que no asigna significación a los lugares. «Alcanza los niveles más profundos del lugar, corta las raíces, borra los símbolos, remplaza la diversidad por la uniformidad, y el orden vivencial, por el orden conceptual. En su nivel más profundo, implica una alienación completa y quizás irreversible de los lugares como hogares de las personas» (Relph, 1976, pág. 143). La lucha entre lugares y no-lugares quizá sea una lucha entre modernidad y posmodernidad (Berman, 1983; Harvey, 1989). Pero también es una lucha cotidiana en la que bregamos por crear y mantener el lugar y el hogar en un mundo de creciente no-lugar.

El de hogar es, por lo tanto, un concepto relacional. Para la geógrafa Anne Buttimer, el hogar está íntimamente conectado con lo que ella llama «los horizontes de alcance». El nexo entre hogar y alcance es una expresión de la «reciprocidad vivida de movimiento y reposo, de territorio y extensión, de seguridad y aventura, de economía hogareña y empresa, de construcción comunitaria y organización social» (Buttimer, 1980, pág. 170). El alcance es importante y una vez más se trata de un concepto complejo que incluye extensiones físicas, sociales e imaginativas del individuo desde su base, sus raíces y sus rutinas familiares de actividades diarias en un espacio y un tiempo. El hogar es la base de nuestras acciones y es el lugar al que regresamos, pero su significación y su fuerza dependen de lo lejos que hayamos viajado y del tiempo que estuvimos alejados.

Está claro que históricamente la naturaleza de la reciprocidad entre hogar y alcance ha variado de manera radical. El «alcance» es hoy algo desvinculado del movimiento físico (Giddens, 1984). Se ha extendido infinitamente en virtud de nuestra relación con los medios masivos de comunicación (Harvey, 1989). No obstante, es lícito preguntarse hasta qué punto esa ampliación del alcance, como expresión de las consecuencias de una posmodernidad inducida por la tecnología, ha trasformado realmente, o ha amenazado con trasformar, la naturaleza de nuestra domesticidad y, sobre todo, nuestro apego al hogar. Como observa Doreen Massey (1992), y como sostuvo también Marjorie Ferguson (1990), aunque en un contexto diferente, las nuevas formas de relaciones sociales, temporales y espaciales incorporadas en los medios de comunicación aun tienen que trasformar la vida de la mayor parte de nosotros.

El hogar es, entonces, una manifestación de un investimiento de sentido en el espacio. Es una reivindicación que hacemos de un lugar. Es un espacio construido a través de relaciones sociales, internas y externas, permanentemente cambiantes, tanto en lo que se refiere a su fuerza como a su importancia. En la teoría geográfica, pero también en la teoría de las relaciones de objeto, el hogar es un espacio potencial, como lo reconoce Doreen Massey cuando examina las diferencias de género en el hogar (diferencias engendradas, según su argumentación, por las distintas relaciones que establece la madre con el hijo varón y la hija mujer) (Massey, 1992, pág. 14).

Por su parte, David Seamon (1979, págs. 78 y sigs.) considera que el hogar es el producto de la presencia física, la familiaridad, los ritos, la posesión, el control y el descanso. En su fenomenología, sobre la base de un estudio empírico, él refiere percepciones subjetivas del hogar. Pero, al parecer, las personas encuestadas por Seamon construyeron esas percepciones sin advertir que, en verdad, describían un ideal. No parecían advertir que el hogar podía ser un sitio lleno de conflictos y, al mismo tiempo, un espacio político. Ninguno de los elementos que constituyen el «estar en casa» se entiende sin aceptar que los hogares también pueden constituir prisiones. Y que la realidad de la vida del hogar (opuesta a su idealización) puede ser objeto de intensa disputa y de grave explotación (y con frecuencia lo es).

Particularmente vulnerables a los cambios de la experiencia vital son los sentidos del hogar. Judith y Andrew Sixsmith (1990), en su análisis de la vida hogareña de los desocupados y los ancianos, indican que el «hogar» puede dividirse en tres esferas de experiencia: la personal, que los autores caracterizan como un espacio privado, un lugar de evasión, un sitio de recuerdos y soledad; la social: un espacio para la vida en familia; y la física: un lugar que brinda comodidad y seguridad. Cada una de estas esferas puede experimentarse positiva o negativamente. Para el desocupado especialmente, el hogar puede llegar a ser en realidad una verdadera prisión. En muchos sentidos, dicen los Sixsmith, «las experiencias positivas y negativas del hogar son dos caras de una misma moneda: refugio o prisión, intimidad o aislamiento. De ahí que el "hogar" no sea algo que surja directamente del ambiente mismo, sino que es una función de la dialéctica persona-lugar» (ibid., pág. 24).

Jennifer Mason (1989), en su estudio de parejas casadas durante muchos años, refuerza esta caracterización del hogar como un lugar complejo y conflictivo. El hogar es el punto de intersecciones y de articulación de las realidades y los sentidos públicos y privados, afirma Mason, y también reconoce que el hogar es una entidad material, espacial, temporal, social y «metafísica» (ideológica o moral) (ibid., pág. 103). El hogar además incluye relaciones de sexo y poder:

«Lo que el hogar es en sí mismo, lo que significa y la forma en que lo experimentan quienes lo habitan no es algo que simplemente ocurra de una manera dada o esté estructuralmente determinado, sino que es el producto de negociaciones realizadas por personas que operan dentro de ciertas restricciones», ibid., pág. 104.

La televisión y los demás medios constituyen una parte del hogar, son parte de su idealización, parte de su realidad. La dimensión del hogar que incluye sentimientos positivos de seguridad y de pertenencia se ve reforzada, también cuestionada, por un medio que nos trae el mundo al interior. Los nuevos medios o las imágenes inaceptables amenazan, y la televisión llega a ser algo que es preciso controlar, aunque sólo sea por el bien de los niños. Sin embargo, el hecho de que dependamos tanto de ella hace que «la caja del rincón» sea un vínculo esencial con un mundo compartido o compartible de comunidad y nación (Anderson, 1983) y, como tal, termine por extender las fronteras del hogar más allá de la puerta principal de la casa. Uno puede recibir los productos de la televisión «en el hogar», pero el «hogar» mismo se construye a través de otras realidades, y las construye; y en todas ellas, la televisión interviene.

Señalaré aquí tres formas, interrelacionadas entre sí, de este fenómeno. La primera se refiere a la relación entre hogar y alcance; la segunda, a la relación entre hogar en el sentido amplio y el «hogar» como cálido núcleo de reunión familiar; la tercera es la relación entre hogar e identidad.

Walter Benjamin escribió sobre el alcance en la cita con la que comienza este capítulo. Más recientemente, Joshua Meyrowitz (1985) analizó el aporte de la televisión al cambio de la relación entre hogar y alcance y, particularmente, su impacto sobre aquellos —las mujeres y los niños— que, en diferentes etapas de su vida, están literalmente atados en casa. «La televisión y otros medios electrónicos —sugiere Meyrowitz— introducen [la hostil sociedad del mundo exterior] en el hogar y modifican tanto la esfera pública como la esfera doméstica» (*ibid.*, pág. 223); y luego agrega: «La televisión (. . .) ahora lleva a los niños a recorrer el mundo, aun antes de que estos tengan permiso para cruzar la calzada» (*ibid.*, pág. 238).

Meyrowitz sostiene que todo esto produce un impacto particularmente significativo en las relaciones y las identidades de género porque lo introducido en el hogar y lo que ahora el «hogar» puede alcanzar es el mundo público de hombres y masculinidades. Sobreviene, pues, un derrumbe de las fronteras: de las que separan a los géneros, en lo que Meyrowitz llama «androginia situacional», y de las que separan los espacios público y privado. El hogar ya no es —si alguna vez fue— el coto privado de las mujeres, ni un terreno inequívocamente femenino. La televisión, en combinación con otros medios electrónicos, disloca lugar de espacio y, como resultado de ello, «el hogar se ha convertido, en muchos sentidos, en una parte del vasto mundo a la que meramente "hemos puesto un techo y en la que hemos encendido un fuego"» (*ibid.*, pág. 225).

Estos son argumentos familiares y provocativos que evidentemente incluyen una inflexión de la idea de McLuhan de la aldea global. Porque la misma idea y el mismo ideal están encarnados tanto en la aldea como en el hogar. Ambos se remiten al problema del alcance y a los efectos que ejercen los medios en él. Sin embargo, las elisiones son inaceptables. Tanto en McLuhan como en Meyrowitz se advierte una tendencia a las generalizaciones y una prodigalidad para extraer conclusiones. La extensión del alcance no necesariamente supone un mayor control; por lo demás, el concepto mismo de alcance es ya lo bastante ambiguo porque seguramente entra en juego la calidad del contacto —la calidad del tacto.

Y también cuenta todo aquello que se pueda proclamar en defensa de la televisión en el sentido de que puede tener la fuerza (y la tiene) para modificar valores y hábitos muy profundamente arraigados. A lo largo de todo este libro sostendré coherentemente que tal posición, aunque contiene elementos de verosimilitud, no puede mantenerse así como se la formula (véase Ferguson, 1990). Para llegar a ser convincente, debe integrarse apropiadamente en la fenomenología de la televisión y en una comprensión global de la variedad de mundos experimentados y empíricos —en este caso, el hogar— donde la recibimos.

Hablar de hogar y de núcleo de reunión familiar quizá sea una materia menos conflictiva. Mientras los argumentos referidos a la televisión y al alcance se relacionan, casi por entero, con el rango de aquella en su condición de medio, el cálido sitio de reunión puede considerarse algo creado por la existencia física de la televisión como objeto —a menudo instalado en el lugar principal de la sala— y por su programación; en efecto, los esfuerzos más o menos conscientes de los primeros emisores, tanto en radio como en televisión, particularmente en el Reino Unido, iban enderezados a crear una atmósfera apropiada para alentar la idea del hogar (Frith, 1983; Scannell y Cardiff, 1991).

«La emisión ha provocado un redescubrimiento del hogar. En estos días en los que el hogar y la vida casera han sido en gran medida descuidados en favor de una multitud de otros intereses y otras actividades exteriores, con la consiguiente desintegración de los lazos y afectos familiares, aparentemente esta nueva persuasión puede hasta cierto punto volver a colocar en su antiguo y acostumbrado sitio el techo parental. Y todos habrán de admitir que esa es, o debería ser, una de las mejores y mayores influencias que pueden recibirse en la vida», C. A. Lewis, 1942, citado en Frith, 1983, pág. 110.

Como sostiene Simon Frith, la fuerza que ostentaban y el placer que producían las emisiones de los comienzos eran producto de su capacidad para lisonjear, para fingir, para crear lo familiar a través de sus modos de destinación: voces familiares, recibidas a la misma hora, en sitios presumiblemente familiares que proporcionaban quizás un sustituto de los cuentos leídos junto al fuego.

En estos argumentos, la palabra hogar, en el sentido de chimenea alrededor de la cual se reúne la familia, y la palabra alcance no son conceptos que puedan asimilarse fácilmente puesto que se refieren a dos aspectos radicalmente contradictorios de la contribución hecha por la televisión al hogar y a la domesticidad. Aparentemente, Lewis parte de dos supuestos. El primero es el de que las casas y los hogares existentes suministran a la emisión un continente seguro; y el segundo es el de que también la emisión proporciona al hogar un continente seguro. Pero, como lo señala Meyrowitz, la extensión del alcance no es sólo una cuestión de seguridad. Puede ocurrir que modifique las pautas y los valores existentes en la vida hogareña y, potencialmente, sea aún más amenazadora para la seguridad y la comodidad de la vida junto a la chimenea.

Las nuevas formas que presentan hoy los sistemas televisivos (cable, decodificadores, etc.) así como los múltiples receptores existentes en cada hogar individual probablemente cambien también esto.

Finalmente está la cuestión del hogar y la identidad, y del rol que cabe a la televisión en este contexto. Estos son grandes temas y, quizás ahora más que antes, es necesario interesarse por lo que rebasa los confines de lo doméstico. Cada vez se insiste más en que las cuestiones de identidad y las relaciones entre identidad, localización, espacio y lugar son esenciales en un mundo fragmentado de migración, desposesión y poscolonialismo. La identidad es un concepto esencialmente discutido que tiene distintos sentidos para diferentes personas en diversas épocas y cuya significación cambia según el punto de vista geográfico, histórico y social.

Bien podríamos sencillamente posponer por completo esta discusión limitándonos a reconocer las complejidades y las pluralidades vinculadas con ella, pero ocurre que en el contexto doméstico del hogar hay varios aspectos que conviene no pasar por alto.

La televisión suministra diversamente un nexo entre hogar e identidad, en su condición tanto de objeto doméstico como de mediadora de imágenes de domesticidad que pueden considerarse reflejo (y potencialmente expresión) de imágenes de hogar. Como lo sugieren Czikszentmihalyi y Rochberg-Halton (1981, pág. 144):

«La importancia del hogar procede de su capacidad de proporcionar un espacio de acción e interacción en el cual una persona puede desarrollar, conservar y cambiar su propia identidad (. . .) El hogar es un abrigo para las personas y los objetos que definen al yo; de ahí que, para la mayor parte de la gente, constituya un ambiente simbólico indispensable».

A Czikszentmihalyi y Rochberg-Halton les interesa indagar el sentido de los objetos en el hogar (véase también Dittmar, 1992). Con argumentos inspirados en la teoría de las relaciones objetales, averiguan el aporte fundamental de las tecnologías mediáticas para que los adolescentes «fortalezcan su yo mediante el control de procesos psíquicos» (Czikszentmihalyi y Rochberg-Halton, 1981, pág. 118). Pero en su análisis de la televisión estos autores confunden las relaciones que se establecen con el televisor como objeto y las relaciones con la televisión como medio, es decir, con sus programas; así, sus conclusiones sobre el papel de la televisión en el hogar son confusas y confunden. Cuando examinan la importancia de la televisión como objeto, ellos registran un elevado valor para ella, sobre todo en relación con el sentir del propio ser (sobre todo para los hombres). Pero cuando concluyen que la televisión no constituye un buen instrumento para vincular a la gente con su pasado a causa de la rápida obsolescencia de cada televisor, equivocan la significación de medio y mensaje y subestiman por completo no sólo el rol de la televisión como objeto de status hogareño (Leal, 1990) sino también la capacidad recordatoria de los programas televisivos en tanto dan pie a la reflexión individual y a un sentimiento compartido del pasado.

La televisión también ofrece imágenes del hogar, de la actividad casera y la domesticidad (Haralovich, 1988), y se puede considerar que esto ofrece un recurso (si bien ideológico en alto grado) para la formación de una identidad individual y doméstica en el seno del propio hogar. Lo que muestra particularmente Haralovich es que las imágenes de la «mujer de su casa» («el ama de casa», aunque el cambio de terminología es instructivo) que se veían en los Estados Unidos en las telenovelas y en las comedias de situación (también en los avisos publicitarios) trasmitidas por la televisión de los primeros años de posguerra manifestaban una ideología de domesticidad que alentaba a las mujeres a aceptar una identidad de género adecuada al rol que les exigía la sociedad: un rol sostenido y fortalecido por cambios en la arquitectura doméstica y el posterior desarrollo de los suburbios (véase el capítulo 3, *infra*) y por su movilización como consumidoras en la economía de posguerra (véase también el capítulo 5, *infra*).

Estos aspectos del papel de la televisión en la construcción del hogar van más allá de lo fenomenológico y abarcan cuestiones mucho más amplias. Porque el hogar no es una mera abstracción y porque, idealizado o no, logrado o no, es producido por individuos en familias o en otras organizaciones domésticas; en complejas y dinámicas unidades sociales, la mayor parte de las veces a puertas cerradas.

La familia

«Hoy la televisión es parte integrante de la casa familiar (...) casi un miembro más de la familia» (Gunter y Svennevig, 1987, pág. 4). Ahora bien, en este contexto, ¿qué es la familia?

Si el hogar se puede considerar una realidad fenomenológica, entonces la familia se puede considerar una realidad social. Para David Schneider (1980), la familia es una unidad de reproducción sexual y, como tal, distinguible de otras unidades sociales formadas por parientes. Por su parte, Wilson y Pahl (1988) sostienen que la familia se puede considerar como un grupo de acción, una fuente de solidaridad social y de charla y también como una fuente muy útil de ayuda material cuando hay que afrontar problemas. Las familias además proporcionan a sus miembros identidades sociales y coordenadas sociales básicas (*ibid.*, pág. 249). Con una cita de Pitkin (1985, pág. 16), estos autores sostienen que «La familia no es algo que deba entenderse en el sentido de su composición, por cuanto es un sistema de relaciones que se modifican a lo largo del tiempo»; el estudio de la familia debería ser el estudio de un proceso. Finalmente llegan a la conclusión de que la familia debería entenderse con arreglo al modo en que la definen los miembros de cada familia.

Sin duda, pretender hoy definir qué es una familia se ha vuelto una tarea imposible (véanse Bernardes, 1986; Wilson y Pahl, 1988). Igualmente imposible nos parece tratar de llegar a una conclusión en cuanto a la importancia y la condición de la familia en la sociedad contemporánea, aspectos que se discuten ideológicamente y que se debaten en la sociedad misma.

Por frágil o conflictiva que sea en cada caso individual, la familia es sin embargo la unidad social en la que se produce la mayor parte de nuestro consumo temprano de los medios. Las relaciones que la definen, los mitos, los relatos y valores que la sostienen, los conflictos o las crisis que la amenazan, brindan uno de los ambientes sociales básicos donde los individuos se debaten, día por día, con los problemas de la vida cotidiana. Así, cuando el consumo de los medios se realiza en la familia, ello ocurre en una situación social compleja donde se expresan (a través de los variados subsistemas de relaciones conyugales, parentales o fraternales y a través de las relaciones que los miembros de la familia mantienen entre sí y con el mundo exterior) diferentes pautas de cohesión y disgregación, de autoridad y sumisión, de libertad y constreñimiento. Estas relaciones se desenvuelven en espacios domésticos reducidos o amplios, altamente diferenciados o por completo indiferenciados, y también a través de temporalidades domésticas que presentan diversos grados de organización o desorganización, de rutina o de caos. Son relaciones que se desenvuelven en público y también en privado. Las pautas de consumo mediático —especialmente la de mirar televisión— se generan y se mantienen dentro de esas relaciones sociales, espaciales y temporales.

Las familias crean hogares y viven en casas. Y buena parte de la investigación reciente sobre televisión ha puesto el acento en la familia (Morley, 1986; Lull, 1988, 1990; Hobson, 1982). Estas indagaciones comienzan a tomar en serio la importancia de la familia como unidad sociocultural de cierta complejidad y se proponen comprender el uso de la televisión dentro de un contexto de relaciones entre los sexos (Morley, 1986), dentro de la familia como sistema comunicativo (Lindlof y Traudt, 1983) y en el plano psicodinámico (Rogge y Jensen, 1988).

Todavía falta que estos investigadores reconozcan —porque algunos no lo hacen— que las familias son entidades problemáticas, no sólo en lo que se refiere a su composición, sino también por el carácter cambiante que les imprime la sociedad moderna. En el Reino Unido, por ejemplo, sólo el treinta y dos por ciento de los hogares están formados por familias en el sentido tradicional, es decir, compuestas por adultos que tienen niños, y si bien este tipo de casa sigue siendo estadísticamente el más numeroso, los datos informan que cerca de dos tercios de los hogares alojan a grupos sociales (o a individuos) que no se ajustan al modelo de familia nuclear. El número de las familias monoparentales, por ejemplo, crece rápidamente, y en un porcentaje similar lo hacen las casas de un solo individuo.

Tampoco están claramente establecidos los límites que definen a una familia. Ya señalé, siguiendo a Wilson y Pahl (1988) y a Bernardes (1986), que es preciso ver en la familia una entidad social dinámica que, potencial y verdaderamente, se extiende más allá de los límites del hogar y la casa, y que en verdad, en su historia y su dinámica, se la debe entender como un proceso (véase Bott, 1971). Los investigadores de los temas de la televisión y la familia también han comenzado a reconocer esta realidad y a hablar de comunidades interpretativas (Lindlof, 1988) para indicar que, incluso en una actividad como es la de mirar televisión, las relaciones familiares se extienden en redes no definidas por el parentesco. Las familias se deben considerar insertas en un conjunto más amplio de relaciones sociales, así como la actividad misma de ver televisión se inserta en las relaciones sociales de la familia.

En una reseña de la teoría sistémica y de la teoría familiar, y basado principalmente pero también muy sugestiva-

mente en la bibliografía sobre terapia familiar, Gill Gorell
Barnes ofrece una caracterización de la familia como un sistema y lo hace con los siguientes términos:

«[como] la estructuración de relaciones íntimas organizadas
en el tiempo. En los procesos de organización, se selecciona-
rán y conservarán ciertas secuencias de conducta, mientras
que otras quedarán excluidas. Con el tiempo, las secuencias
que se dan en la estructura se asociarán con percepciones,
pensamientos y sentimientos que condicionan a los miembros de la familia de diversas maneras. Cuanto más interac-
túe el grupo sobre bases regulares en relación con ciertos
sucesos repetidos, más probabilidades hay de que los aspectos sistémicos de la estructura influyan en las interrelaciones de sus miembros», Barnes, 1985, pág. 226.

Percibir la familia como un sistema define con precisión una
característica primaria de cualquier entidad social existente, y por lo tanto no es algo exclusivo de los terapeutas familiares. Pero es una percepción problemática porque, en los
casos individuales, a menudo está en cuestión precisamente
la condición de la familia individual como sistema. No obstante, nos brinda —potencialmente con toda precisión— un
marco que permite describir y analizar la singularidad de
una familia como unidad social viable y como unidad social
vulnerable y, por supuesto, comparar las diversas familias
entre sí (véase Minuchin, 1974). Pero ante todo nos ofrece
un camino para indagar la naturaleza de la vida familiar
gobernada por reglas y por roles y la creciente capacidad de
la familia para presentarse ante sí misma y ante los demás
como más o menos coherente, más o menos independiente,
más o menos especial.

Para David Reiss (1981), es esta aptitud de la familia
para regular y para ordenar su propia vida interna la que
define, precisamente, el elemento central en su ambicio-
so intento de proporcionar un modelo de comprensión de
aquella. Esa aptitud nace a su vez de la experiencia de compartir un conjunto básico de supuestos esenciales sobre el
mundo, supuestos compartidos a pesar de los desacuerdos,
las diferencias y los conflictos que puedan existir entre los
diferentes miembros de la familia. Más aun, Reiss sostiene
(1981) que la calidad de miembro de una familia se basa en

una aceptación, a menudo inconsciente o no explícita, de esos supuestos permanentes, y en una creencia en estos.

El enfoque de Reiss sobre la familia se origina en su interés terapéutico y está definido por él. Pero quizá de un modo más notable que en otros enfoques de inspiración semejante, la perspectiva de Reiss toma en serio no sólo la aptitud diferenciada de las familias para administrarse y sostenerse como unidades sociales —gracias a sus estructuras y a su dinámica internas—, sino también las relaciones que establece la familia con su ambiente cultural y social inmediato. Esta relación, sostiene Reiss, es esencialmente dialéctica; en ella la familia se muestra activa en sus transacciones con un mundo social dominante: «Nuestro enfoque concede a la familia un grado considerable de adaptabilidad y creatividad y, al mismo tiempo, reconoce las influencias enormes y las poderosas fuerzas de su mundo social» (*ibid.*, pág. 4). El componente central del modelo reissiano es, por lo tanto, el intento de conceptualizar (y, con fines clínicos, también operacionalizar) aquello que hace que una familia sea tal. Pero obra sin obstinarse en marcar un límite riguroso alrededor de ella (un problema que presentan con frecuencia los enfoques sistémicos); también reconoce que la construcción y conservación de la familia es un proyecto incesante sustentado en y por la dinámica de las relaciones sociales que se dan dentro y fuera de la casa.

Reiss alcanza una comprensión de la familia por el concepto de paradigma. Basado, como lo hicieron otros en diferentes campos de investigación, en el uso que Thomas Kuhn hace del término en su ensayo de caracterizar la historia y la epistemología de la ciencia, Reiss define el paradigma familiar como el «organizador central» de constructos, disposiciones, expectaciones y fantasías que la familia comparte sobre su mundo social. Reiss sostiene que las transacciones que realiza cada familia con su mundo social responden a su propio paradigma, y que las familias pueden distinguirse entre sí precisamente por las diferencias que presentan sus paradigmas (*ibid.*, pág. 2). Los paradigmas familiares son el producto y la traducción del éxito (o del fracaso) de cada familia en la tarea de entretejer, a partir de la materia prima de sus experiencias contradictorias y sus emociones conflictivas, una base más o menos coherente para la acción (*ibid.*, pág. 379). Reiss sostiene que, en la situación terapéutica, esta percepción permite al clínico abordar la concepción y construcción del mundo de la familia como base para entender la vida familiar y, tal vez, para considerar una intervención. En el contexto del tema que nos ocupa, agrega otro elemento al marco para comprender la esencial importancia de la situación social y cultural donde se recibe televisión.

No obstante, antes de examinar con detalle esta cuestión debo retornar brevemente a Reiss para referirme a una importante discusión sobre la centralidad de la administración del espacio y del tiempo como uno de los factores básicos de la aptitud de las familias para crear y conservar sus paradigmas familiares.

En un análisis complejo pero fascinante, Reiss distingue entre ceremoniales familiares (ceremoniales tanto de consagración como de degradación) y lo que él llama reguladores de pautas. Los primeros son ceremonias infrecuentes pero altamente significativas, cargadas de sentimiento, simbólicas, episódicas, pero que exigen un alto grado de participación familiar. Los reguladores son esas rutinas cotidianas que se dan por sentadas y que la familia utiliza para acomodar el espacio y la distancia entre sus miembros y entre la familia y el mundo exterior. Reiss sostiene que los ceremoniales centrales dan forma y estabilizan a los reguladores de las pautas ínfimas y subliminales que caracterizan la vida familiar cotidiana. Esta relación entre lo ritual y lo que se da por descontado es un tema muy común en la sociología (véase Goffman, 1969), tan común como otras de las percepciones esenciales de Reiss: que el conocimiento, las actitudes y las creencias se encarnan y se afirman como verdades en la acción (Thomas, 1966):

«Las pautas de interacción que regulan la vida familiar permiten que todos sus miembros perciban sus propios valores y supuestos como si fueran componentes incuestionables de la realidad externa. Esta trasformación hace que el paradigma familiar sirva a todos los miembros de guía o de marco para la acción-en-el mundo-real, acción que luego fortalece la convicción de que sus supuestos son objetivos», Reiss, 1981, pág. 228.

De modo que las pautas de interacción familiares encarnan el paradigma familiar y mediante ellas la familia logra (o no) mantenerse como una unidad social activa. El hecho de poner el acento en lo ritual y en la consistencia entre las pautas en la acción social interesa a nuestro intento de comprender el papel de la televisión en la vida familiar. En el capítulo 1 sostuve que las formas pública y privada del rito participan en el manejo y la aceptación de la televisión abierta y que las certezas que damos por descontadas respecto de los horarios y las rutinas de las emisiones —que por supuesto son espaciales y temporales— crean el marco dentro del cual se sostienen la normalidad y la seguridad de la vida cotidiana.

Espacio y tiempo se entretejen íntimamente. La calidad de la cultura temporal de las relaciones familiares se expresa en sus actitudes hacia el pasado, hacia el presente y hacia el futuro, encarnadas en el habla o en las características particulares de la economía de la casa (*ibid.*, pág. 233).

Siguiendo a Kantor y Lehr (1975), Reiss distingue entre «orientación» y «programación». La orientación denota los puntos de referencia temporales que la familia usa para conducir sus asuntos. Puede demostrarse que las familias tienen orientaciones dominantes: sea hacia el pasado, sea hacia el presente, sea hacia el futuro. En la orientación hacia el pasado, la familia recuerda, vuelve a experimentar, a representar las mismas escenas, en suma, vive en el pasado o muestra una preocupación notable por la historia o la tradición familiar. La orientación hacia el presente se relaciona con el aquí y el ahora, con lo que se experimenta o se siente o se emprende en el momento. En fin, la orientación hacia el futuro —quizás un rasgo estereotípico de la clase media— se caracteriza por el acento puesto en la anticipación, la imaginación o la planificación de lo que ocurrirá; en suma, una orientación a la gratificación postergada. La orientación temporal puede aparecer expresada en el mobiliario de la casa, en las relaciones que mantienen los miembros de la familia con los parientes, en las pautas de amistad, en lo que eligen guardar y en lo que prefieren desechar, y también en las relaciones que establecen con la televisión y la tecnología (Silverstone, 1993). La orientación temporal suele expresarse además en la economía de la casa familiar, donde la compra a crédito, el ahorro y los bienes acumulados indican respectivamente la orientación hacia el presente, el futuro y el pasado.

La programación [*clocking*] incluye una serie de consideraciones temporales diferentes pero relacionadas con la orientación temporal. La programación es, según Kantor y Lehr (1975, pág. 2), la regulación de secuencia, frecuencia y ritmo de sucesos vivenciados de manera inmediata, de momento en momento, de hora en hora, de día en día. La programación supone una cantidad muy variada de actividades que a su vez responden a ciertas secuencias y se ajustan a una frecuencia, una duración y un horario. Estas actividades terminan constituyendo (o no) una pauta de sincronización que permite a la familia o a los integrantes del hogar reunirse o no superponerse para hacer determinada tarea, según pautas establecidas e incorporadas en las rutinas diarias de cada uno, que responden a las demandas de organización de la vida cotidiana y también a las demandas culturales de su orientación particular hacia el mundo. Nada de esto se reduce a una cuestión de sincronización. Cuando se trata del tiempo (y del control del espacio disponible), a menudo se producen conflictos en las familias y los hogares. Si bien el patrón de programación de una familia no es el único mecanismo básico que le permite estructurarse como una unidad social viable, Kantor y Lehr (1975, pág. 86) sugieren que esa programación (la organización y el manejo del tiempo dentro de la familia) revela «aquello que la familia considera lo más importante».

La calidad de la cultura espacial de la familia se expresa, de un modo paralelo, en las formas en que las familias establecen y mantienen los límites entre sus miembros y el mundo exterior, regulando de diversas maneras los pasos materiales y simbólicos por esa frontera: «el mantenimiento de los límites». Esa calidad se expresa también en la regulación del espacio interno, el espacio de la distancia personal y la privacidad dentro de la familia y en la concepción familiar de los acuerdos físicos y emocionales que establecen en su mundo particular: «[El] acuerdo que establece la familia acerca del espacio interno refleja claramente cómo esta, en su calidad de grupo, conceptualiza o entiende el mundo exterior a la familia» (Reiss, 1981, pág. 237). La sincronización es, pues, una cuestión de ordenamiento temporal y también espacial.

Los diferentes modos en que las familias organizan y expresan sus relaciones espaciotemporales en sus interac-

ciones cotidianas y ritualizadas forman, en el trabajo de
Reiss, la base de una tipología de las familias que él define a
partir de la expresión diferencial de la coherencia, la integración y los puntos de referencia de cada una (*ibid.*, págs.
209 y sigs.). Por el momento no me parece necesario describir estas tipologías, aunque conviene decir que mi incursión en el terreno de la terapia familiar abrió un importante
camino hacia la comprensión del proceso familiar en el nivel
de la interacción social de todos los días así como en el nivel de la estabilidad y la coherencia de las pautas de interacción social en el largo plazo.[2] También considero que abrió
un camino para llegar a entender algunas de las cuestiones
clave que vinculan la acción social con aquellas creencias,
actitudes, cogniciones, y aquellos valores que conforman la
articulación colectiva producida por una familia para mantenerse como una unidad social viable.

Ahora relacionaré estas cuestiones con el tema preciso
del lugar que ocupa la televisión en la familia.

Televisión y familia

Las cuestiones planteadas explícita e implícitamente en
mi análisis de la familia, expuesto hasta aquí, empiezan a
ser tratadas en una serie de estudios sobre la importancia
de la televisión en la familia. Podría decirse que ya no se
emplea un enfoque monocromático para entenderla, o sea
que ya no se la percibe únicamente ni como un elemento que
desplaza a otras actividades (véanse Himmelweit y otros,
1958; Robinson y Converse, 1972) ni como un aparato que
destruye las relaciones familiares (véase Morley, 1986), sino
que se la comienza a considerar como foco de las actividades
familiares y también como un recurso. Entender la televisión como un recurso remite, evidentemente, a la teoría de
los «usos y gratificaciones» formulada en la década de 1950

[2] Por supuesto, el trabajo realizado en terapia familia ha sido criticado
de manera significativa, principalmente por hipostasiar la familia como
norma. Cuando sigo algunos argumentos de esta bibliografía, no entiendo
apoyar los juicios de patología o normalidad principalmente asociados con
la bibliografía de terapia familiar, ni tampoco reificar la familia como la
unidad social necesaria, ni siquiera deseable.

por Katz y Lazarsfeld (1955), pero, no obstante el interés de estos autores por el grupo primario, ellos centraron su investigación en el individuo, y en el individuo en el contexto de un grupo de referencia que no era principalmente el grupo familiar sino, más bien, el vecindario o la comunidad.

De esas discusiones, retomaré brevemente aquí una cantidad de temas, aunque volveré a examinarlos más por extenso en el capítulo 6. La argumentación se puede abordar en una de dos direcciones. La primera adopta el punto de vista de la familia. En este caso, los problemas conciernen más al rol que cabe a la televisión como componente de un sistema familiar. La pauta de uso de la televisión en una familia tendrá consecuencias sobre el modo en que ella se construya y mantenga a sí misma como una unidad social en el tiempo y en el espacio.

La segunda toma el punto de vista del medio. En este caso, los problemas conciernen a la construcción y a la reconstrucción de la televisión según las pautas diferenciales de actividad o pasividad, de elección, de interés, de compromiso o atención que la enmarcan y la fragmentan y que, por lo tanto, contienen y definen su impacto en la familia. En las dos discusiones, que a menudo se entrecruzan, siempre existió la preocupación por considerar la familia como un sistema y como un contexto para el consumo de los medios, un sistema y un contexto modelados vigorosamente por la política doméstica de sexo y edad, así como por una sensibilidad, etnográficamente dada, para los usos sociales de los que es susceptible la televisión.

Desde el punto de vista de la familia, cualquier examen sobre la televisión arrancará de su posición en un ambiente social gobernado por reglas (Goodman, 1983; Lull, 1980a) donde la televisión tiene a su cargo diversas funciones para la familia. Irene Goodman (1983) sostiene que un buen punto de partida para comenzar a entender el sistema familiar como un todo es averiguar cómo la familia incorpora la televisión a sus pautas de actividad diaria, así como alguna vez fue un buen punto de partida el horario elegido por la familia para reunirse a comer. Basada, también ella, en la investigación de los sistemas familiares, Goodman afirma que el uso de la televisión es una función de una unidad familiar en permanente evolución. La televisión puede ser y es usada como «compañía, forma de evasión, mediadora, señaladora de las fronteras individuales dentro de la familia, referente para programar otras actividades, premio o castigo, elemento de negociación, etc. Cuando estudiamos la función de la televisión para el logro de estos diversos fines, vemos en el uso de la televisión un instrumento que permite comprender la interacción familiar» (*ibid.*, pág. 406). Pero, sobre todo, cuando miramos así el uso de la televisión, atribuimos a la familia un papel mediador más potente que en otro caso, respecto del contenido de la televisión (véase Brody y Stoneman, 1983). Y esto, a su vez, trae profundas consecuencias para entender el poder de la televisión en la sociedad moderna, porque al atribuir a la familia (o a la casa, o al grupo primario) tal importancia definimos un espacio cultural donde son mediados los mensajes mediáticos mismos.

Esta línea de investigación no ha tenido muchos seguidores, y los estudiosos que la eligieron trabajaron sobre todo dentro de una tradición etnográfica, comprensiva. James Lull fue el primero en presentar un enfoque y realizar investigaciones empíricas en los Estados Unidos y en China (1980*a* y *b*, 1988, 1990) que le permitieron ofrecer una tipología de las funciones de la televisión en el seno familiar. Su trabajo constituye una piedra de toque para toda indagación sobre las relaciones sistemáticas y sistémicas que se establecen entre televisión y vida familiar.

Otros estudios prestan atención a las relaciones entre la televisión y los tiempos familiares (Bryce, 1987), la televisión y los sexos (Morley, 1986), y también al tema más amplio de la televisión instalada en el contexto del proceso familiar (Rogge y Jensen, 1988).

Jennifer Bryce indaga el uso que las familias hacen de la televisión por medio de un marco de temporalidad tomado de Edward Hall (1973). Hall distingue entre el tiempo monocromático (que da prioridad a los horarios, la segmentación y la puntualidad) y el tiempo policromático (caracterizado por la realización simultánea de varias actividades), y esta distinción sienta las bases para un estudio destinado a examinar cómo se integra la televisión en las temporalidades particulares de diferentes familias. Bryce, por su parte, sostiene que comprender la dinámica de la temporalidad propia de cada familia abre el camino para llegar a esclarecer el lugar que ocupa la televisión en la vida familiar:

«Mirar televisión, como las demás actividades familiares, es algo que no escapa al poder de la organización familiar del tiempo (. . .) Los ritmos repetidos con que se ve televisión, su lugar en el conjunto de las actividades familiares, reflejan una elección, una organización, un proceso de negociación del cual se sabe muy poco», Bryce, 1987, págs. 122-3.

Mientras Jennifer Bryce pone el acento en la calidad del uso del tiempo en la familia, David Morley (1986) estudia la calidad de las relaciones entre los sexos dentro de ella. Dos intereses los ligan. El primero indaga un patrón familiar dominante de organización social que estructura las relaciones de la casa con la televisión, y el segundo concierne al nexo entre la expresión privada del tiempo y del sexo, y su expresión pública. Morley investiga sexo y poder en la familia. Morley analiza una cantidad de dimensiones sutiles de la práctica de ver televisión (el poder y el control en la elección de programas, el «estilo» que tiene cada miembro de la familia para mirar televisión, su carácter improvisado o planificado, la cantidad de horas dedicadas a mirarla, las charlas relacionadas con temas televisivos, las preferencias de canales y de programas, la práctica «culpable» y la práctica solitaria), y encuentra notables diferencias en los modos de relacionarse con la televisión entre hombres y mujeres en las familias de su estudio. Establece una lúcida interpretación según la cual tales diferencias no tienen un origen biológico sino que nacen del carácter particular de las relaciones entre los sexos surgidas en la sociedad patriarcal, a consecuencia de las cuales el hogar se ha vuelto altamente diferenciado según sexos. En el hogar, los hombres dominan la televisión porque la casa es el lugar donde descansan, donde se los atiende y adonde llevan, después de una larga jornada de trabajo, su públicamente legitimada masculinidad al dominio práctico de la mujer. Es innegable que la cuestión de los sexos constituye un factor significativo en las relaciones domésticas en torno del aparato de televisión, pero el propio Morley reconoce (1986, pág. 174) que esto no es espontáneo ni deja de ser problemático. La etapa que transita la familia en su ciclo vital, la importancia de la edad, la clase, la etnia, así como el sexo, y las particularidades de la historia y la cultura de cada familia hacen que la situación sea mucho más compleja que la imaginada por Morley.

Esta complejidad se aborda de un modo muy instructivo y esclarecedor en un estudio presentado por Jan Uwe-Rogge y Klaus Jensen (1988). También ellos adoptan un enfoque sistémico en su estudio sobre familias alemanas, pero de modo tal que además recogen en su red la historia y la biografía familiares así como el mito de la familia (véase Byng-Hall, 1982) sin dejar de tomar en consideración las relaciones más generales de la familia con la tecnología. Uwe-Rogge y Jensen perciben a las familias estudiadas como grupos que viven en situaciones domésticas complejas, tanto materiales como simbólicas, situaciones que, aun estando en permanente cambio, se han vuelto rutinarias y ritualizadas. El uso que hacen esas familias de los medios es un producto de ese contexto y no puede llegar a entenderse aislado de él. Las familias se construyen su propio mundo mediático, manifestación de su competencia como consumidoras de medios y de su capacidad para conocer y evaluar programas y tecnologías. Rogge y Jensen (1988, pág. 103) llaman la atención sobre el modo en que los mundos imaginarios de los medios pueden llegar a constituir una experiencia primordial, con la cual sustituyen elementos faltantes en las «esferas emocional e interpersonal». También observan cómo los cambios importantes en la posición social de la familia, por ejemplo, que el padre se quede sin empleo, o los grandes acontecimientos de la vida, pueden afectar el uso que esa familia haga de los medios de comunicación. Un caso al que Rogge y Jensen prestan particular atención es el de las familias monoparentales. Y sugieren que, para llegar a comprender el uso que hace la familia de los medios, hay que entender primero dos aspectos esenciales: su contenido y su forma. En relación con el primero, dicen:

«las actividades mediáticas pueden considerarse un intento de construir una relación provista de sentido entre los programas mediáticos y la realidad como realmente se percibe. Los deseos conscientes, inconscientes o preconscientes cumplen una función importante en el modo en que la gente utiliza los medios. Los medios se interpretan sobre el telón de fondo de la vida de todos los días tal como esta se vive y se experimenta, de modo tal que se los emplea como instrumentos para afrontar los problemas cotidianos inmediatos o mediatos», *ibid.*, 1988, pág. 94.

Según estos autores, los medios son tecnologías que se dan completamente por descontadas. Y como tales llegan a constituir una parte funcional del sistema familiar. Los miembros de la familia se sienten incapaces de vivir sin ellos, porque los medios se convierten en el foco de gran parte de la vida emocional. «Las personas buscan tomar contacto con los medios en parte porque estos apelan a sentimientos tales como el temor, la alegría, la inseguridad y permiten que el usuario los experimente (. . .) los medios brindan remedios para la soledad; se los utiliza con el fin de crear "buenos" sentimientos y para definir las relaciones humanas» (*ibid.*, pág. 95).

Así, en un sentido metafórico, la televisión llega a convertirse en un miembro más de la familia, aunque podría decirse que también lo es en un sentido literal en la medida en que se la ha incorporado a la pauta cotidiana de relaciones sociales domésticas y constituye el foco de cierta energía emocional o cognitiva que, por ejemplo, libera o contiene tensiones o brinda una sensación de seguridad o comodidad. También puede decirse que es un miembro más de la familia en tanto expresa la dinámica de la interacción familiar, la dinámica de las identidades y relaciones tanto de género como de edad, y la dinámica de la cambiante posición de la familia en el mundo, cuando los niños crecen y abandonan el hogar o cuando el jefe de la familia pierde su empleo o muere.

Pero la estructura interna de la familia no es un producto de vivir en el espacio privado del hogar más de lo que sus medios lo son. Y la fenomenología del hogar y la vida social de las familias aún deja por lo menos dos dimensiones del mundo doméstico sin explicar. La primera es la representación de la familia en la pantalla misma del televisor. La segunda es el rol que corresponde a la casa como participante activa de la vida económica, social y cultural de la esfera pública.

Textos familiares

Lynn Spigel (1992) expone el surgimiento de la comedia de situación en las pantallas de televisión de la Norteamérica de posguerra. Narra entonces los caminos por los cuales este género particular, un producto híbrido basado no sólo en tradiciones teatrales legitimadas sino también en el vaudeville, llegó a constituir uno de los elementos principales de la televisión norteamericana de la época. Ofrecía entretenimiento a la familia dentro de un molde cada vez más rígido. La fórmula proponía cierto tipo de realismo estético capaz de brindar imágenes reconocibles de la vida familiar contemporánea, pero al mismo tiempo preservaba una teatralidad consciente que reflexionaba sobre la artificialidad de la vida cotidiana y reservaba a la pantalla el lugar de proscenio. Así la televisión creó un género que tuvo una resonancia histórica mucho más amplia. Como lo señala la autora, era un estilo que preservaba algo del tipo de cultura doméstica establecida por los hogares victorianos de clase media. Parafraseando la observación de Benjamin que da comienzo a este capítulo, Spigel también define la sala de estar burguesa como el sitio para la construcción teatral de la familia:

«En realidad, a mediados del siglo, los burgueses victorianos estaban tan fascinados con la teatralidad que literalmente hicieron de sus salones verdaderos teatros y así montaban obras con sus amigos y parientes en el propio hogar (. . .) esas "obras teatrales de salón" se vendían en forma de libros que la gente adquiría y adaptaba según su gusto en las fiestas que daba. Utilizando el salón principal como proscenio y una sala posterior como bambalinas, los victorianos construían espacios teatrales que incluso contaban con cortinados y otras decoraciones que adornaban los pasillos de entrada y de salida», Spigel, 1992, pág. 162.

El hogar como teatro es una idea que sobrevive en la televisión y por ella, pero este es un teatro familiar en el que las familias participan como audiencias y actores. Spigel comenta también otro aspecto del carácter reflexivo del género. Esos programas ofrecían a los norteamericanos la oportunidad de ver a las familias de ficción que aparecían en la pantalla relacionarse con la televisión, no sólo como actores (Burns y Allen demostraron tener una enorme creatividad para manejar el nuevo medio) sino también como consumidores (cada episodio de las comedias de situación familiares incluía escenas en torno del televisor y discusiones sobre la importancia del aparato en la vida familiar).

Ya he mencionado el análisis de Mary Beth Haralovich (1988) sobre la significación ideológica que tuvieron las comedias de situación familiares durante un período un poco posterior (fines de la década de 1950); ella relacionó su popularidad con las demandas históricas específicas de restablecer la vida familiar en los Estados Unidos de posguerra y ofrecer modelos de domesticidad correcta, particularmente en el caso del ama de casa, recién instalada en los suburbios. Estas comedias de situación familiares proporcionaban una versión de la vida en familia menos teatral y más realista, y ofrecían un tipo de naturalismo que exigía una identificación menos reflexiva del televidente con lo que veía en la pantalla y una versión de la familia suburbana representada cada vez más por la vida de los jóvenes.

Estos ejemplos plantean diversas cuestiones, además de los evidentes problemas de periodización. La primera aparece señalada por la propia Spigel (1992, pág. 163) cuando apunta que: «Los norteamericanos de posguerra (. . .) hasta cierto punto deben de haber tenido conciencia de la naturaleza artificial y teatral de la vida familiar». Tal vez sí, tal vez no. Lo que se pone en juego aquí, por supuesto, es la cuestión metodológica y sustantiva de poder interpretar connotaciones ideológicas partiendo del análisis de los textos, así como de poder conjeturar cómo se los interpretará, y los valores y actitudes de quienes los interpretan. Pero también se trata aquí de poder reconocer un mundo de representaciones más complejo de lo que podría imaginarse al comienzo. Esta complejidad obedece a la variedad de imágenes de la familia que se emitían aun dentro del género conocido de la comedia de situación; obedece además al desarrollo histórico del género y a su capacidad para responder a una serie más amplia de intereses ideológicos; obedece a las representaciones de las familias en otros géneros y a la deformación de la imagen familiar presentada en relación con el mundo de las familias verdaderas; y, por último, al modo en que los modelos idealizados de vida familiar dieron lugar a una estructuración invisible de comedias de situación que tenían como escenario otros ámbitos.

La bibliografía sobre el tema trata de uno u otro modo todas estas cuestiones. En cuanto a la primera y la segunda,

Ella Taylor (1989) analizó la interrelación de factores sociales, políticos, industriales e ideológicos que en los años de posguerra se combinaron para dar a las series de episodios y a las comedias de situación un carácter particular y cambiante. Así individualiza como elementos determinantes clave de estos géneros emergentes no sólo la creciente necesidad de la industria de tener una audiencia masiva, común, de clase media, sino también las ansiedades crónicas, pero enfocadas desde ángulos diferentes, relacionadas con la condición de la familia en la sociedad norteamericana. La política de los géneros así como la política de las familias televisivas fluctuaban también entre un fortalecimiento sólido y reflexivo de los valores de la clase media blanca y el sustento de ciertos valores que, o bien exhibidos en estructuras familiares de alternativa (*The Golden Girls, My Two Dads*) o bien en alguna otra forma (*All in the Family*), ofrecían una glosa más crítica sobre la condición de la familia en la sociedad norteamericana.

También los géneros fueron perdiendo gradualmente sus contornos a medida que las series familiares y las comedias de situación comenzaron a ofrecer, seriamente o con algo de parodia, versiones de feminismo y de etnicidad. El análisis y la crítica que hace Taylor del *The Cosby Show*, por tomar un caso, ejemplifica la dialéctica compleja de política, etnicidad, domesticidad y angustia generalizada que parece indispensable para comprender la particular liviandad de estos programas. *The Cosby Show* ofrece una versión de la familia que sólo se puede entender bien si se analiza el lugar que ocupa esa serie en la política contemporánea, la relación que tiene con una historia del género y la función que cumple como un elemento más de un discurso televisivo mítico (Lévi-Strauss, 1968) en cuyo centro se sitúa el problema de la familia.

En cuanto a la tercera dimensión de la representación de la familia en la televisión, Gunter y Svennevig (1987) recopilaron una serie de estudios que trataban de enumerar los grados de deformación y exclusión que generan las imágenes predominantes en lo que concierne a la variedad de tipos y de experiencias familiares presentes en la sociedad contemporánea. En su informe sobre investigaciones realizadas en los Estados Unidos, el Reino Unido, Hungría, Australia y Dinamarca, estos autores señalan una cantidad de conclusiones predecibles referidas, por ejemplo, a la escasez de representación de familias de clase obrera o de raza negra; a la permanente manifestación de patriarcado dentro de la vida familiar; a la ideología construida en la representación diferenciada de las familias acomodadas, que generalmente son infelices, comparadas con las familias pobres que (ioh, sorpresa!) normalmente aparecen contentas; y a la presencia de conflictos familiares que tienden a desencadenarse entre esposos o entre hermanos con mucha más frecuencia que entre representantes de distintas generaciones.

El problema que presenta este análisis, como muchos otros análisis de contenido, es el de la interpretación. Como observan los propios Gunter y Svennevig (1987, pág. 49): «La significación que tienen para la audiencia las familias que aparecen en la pantalla o las lecciones sobre la vida familiar que tales familias presentan, sólo puede inferirse». No existe ninguna garantía, como lo destacaron recientemente algunos analistas (especialmente Liebes y Katz, 1991), de que las familias vean de manera predecible los programas, o a las familias que aparecen en la pantalla.

La dimensión final de la representación de la familia en la televisión es la de su presencia estructural en otros escenarios. Ella Taylor (1989) y Paul Kerr (1984) coinciden en señalar que las familias han suministrado un modelo para la organización social del lugar de trabajo. Los productores de *The Mary Tyler Moore Show*, *M*A*S*H*, *Lou Grant*, *Hill Street Blues* y de muchos otros programas vieron en la familia una versión de vida social de más amplio vuelo. Así la familia pasa a ser un mecanismo que permite humanizar mundos del trabajo que de lo contrario serían alienantes. Pero ello no es todo. Al trasladarse del hogar al lugar de trabajo, la familia llega a constituir una comunidad en la cual los valores de la *Gemeinschaft*, que se originaron en la familia, se extienden y se trasforman. En esta transición, parece sugerir Ella Taylor, las complejidades torturadas de la familia quedan atrás y se las compensa con la imagen de un lugar de trabajo que se asemeja al hogar.

Creo que no vale la pena tratar de evaluar aquí estas diferentes imágenes de la familia ni su significación ideológica. Lo que me interesa destacar es que el carácter de la televisión como medio doméstico y el rol que le cabe en nuestras percepciones de la domesticidad —especialmente, en este caso, de la familia— están inextricablemente, aunque nunca de modo terminante, vinculados con las imágenes y las narrativas que aparecen en su pantalla. La comedia de situación, especialmente, ofreció aquellas imágenes y narrativas. Lo que hacemos con ellas es ya otra cuestión, abierta al análisis. Volveremos sobre este tema.

Sin embargo, ahora quiero poner el acento en la dimensión final del papel de la televisión en nuestra domesticidad y quiero hacerlo refiriéndome específicamente a su relación con la economía, la política y la cultura de la casa.

La casa

Los hogares y las familias son categorías fluidas y entidades variables que pueden redefinirse desde el punto de vista subjetivo y diferenciarse cultural e históricamente. De manera semejante, las casas también son variables tanto desde el punto de vista conceptual como desde el punto de vista empírico. También ellas pueden considerarse procesos (Wallman, 1984, pág. 20), pero son procesos de un orden diferente. Mientras las familias se basan en lazos de parentesco, las casas se basan en una cuestión de proximidad. Es más, las casas pueden considerarse unidades económicas: son sistemas de recursos. Como sostiene Sandra Wallman:

«Un modelo que entienda las casas como sistemas de recursos (. . .) las verá deslindarse de manera diferenciada según los diversos recursos de que disponen, los recursos que deciden gastar y exhibir, y los valores que asignan a tales recursos para destinarlos a propósitos particulares en diversos contextos locales y culturales», Wallman, 1984, pág. 21.

Wallman identifica como foco de las actividades de quienes comparten una casa seis recursos necesarios: la tierra, el trabajo, el capital, el tiempo, la información y la identidad, y sostiene que el análisis de esos recursos define las características particulares de la variación y la viabilidad de una casa. Ahora bien, como reconoce explícitamente la propia autora, las casas son mucho más que meras unidades económicas. Casas que compartan circunstancias económicas y materiales a grandes rasgos similares variarán enormemente según el estilo de vida y los gustos de sus miembros.

«Estén donde estén, las personas necesitan alimentos, refugio, compañía y autoestima; la subsistencia es siempre una cuestión de equilibrio entre la economía de la casa y el entendimiento con los vecinos. El problema es sencillamente que no hay un único modo de definir o de lograr un conjunto de fines», Wallman, 1984, pág. 41.

Algunos estudios sobre las familias y las casas de la sociedad industrial tendieron a mezclar el status de las dos instituciones. Otros estudios tendieron a combinar de modo similar, aunque quizás esto sea menos grave, el concepto de casa con el de hogar.

En determinados estudios, las familias y las casas llegaron a consituir casi sinónimos desde el momento en que se creyó que la revolución industrial había quebrantado la familia extensa no sólo como unidad social sino también como unidad productiva. La familia nuclear, erróneamente entendida como exclusivo producto de esa revolución (Laslett, 1965), era una unidad cuyas fronteras social, espacial y económica coincidían. Progresivamente (ideológicamente), la norma fueron las unidades de dos generaciones con un jefe de familia masculino, proveedor del sustento; estas unidades ocupaban un espacio físico más o menos propio y fueron haciéndose autosuficientes desde el punto de vista económico. Parece innecesario señalar que este panorama no es ni históricamente exacto ni sociológicamente adecuado. Semejante organización social no sólo precedió a la revolución industrial, sino que muchos tipos diferentes de unidades familiares, en particular, las extensas y multigeneracionales, sobrevivieron a esa revolución. Del mismo modo, en tiempos más recientes, las casas están constituidas por unidades sociales de muy diversos tipos y contienen una cantidad mayor o menor de individuos que se relacionan o asocian entre sí diversamente y sin embargo comparten el espacio doméstico, y hasta suelen estar habitadas por individuos solos.

En el presente contexto, me parece que la distinción entre familia y casa no ha sido señalada suficientemente en la bibliografía especializada. Ya debe de estar claro que la mayor parte de los estudios sobre el uso de la televisión en el hogar fueron en realidad estudios de las familias (Morley, 1986; Lull, 1988) y se concentraron principalmente en el papel de la televisión en la estructura interna de las relaciones sociales de la familia. Sin duda, hay muy buenas razones para concentrar los estudios en esta esfera; yo mismo las he mencionado y las he respaldado. Sin embargo, no podemos dejar de observar que la preocupación por el lugar que ocupa la televisión en la estructura económica de la casa (que puede ser o no familiar) es mucho menos frecuente, y también es notable la escasez de investigaciones sobre la significación de la televisión en hogares monoparentales o en departamentos compartidos por amigos, por ejemplo.

La distinción entre casa y hogar es de un orden levemente diferente. Los hogares, como ya lo dijimos, son mucho más que viviendas. El hogar es el producto de nuestro compromiso práctico y emocional con un espacio dado y, como tal, puede considerarse una realidad fenomenológica en la cual forjamos nuestras identidades y mantenemos nuestra seguridad. Para Saunders y Williams (1988), el hogar es «el crisol del sistema social»:

«Es la base alrededor de la cual se organiza la política local y nacional, y que en esencia proporciona los puntos de partida para asignar y distribuir los recursos, para recoger datos estadísticos y para muchas cosas más. Por cierto es todo esto, pero principalmente es el punto nodal de nuestra sociedad, el lugar a través del cual individuo y sociedad entran en interacción», Saunders y Williams, 1988, pág. 84.

Saunders y Williams no separan apropiadamente las dimensiones social, fenomenológica y político-económica de la domesticidad. Aunque no hay ninguna contradicción en la defensa que hacen de la significación de lo que ellos llaman hogar, Saunders y Williams no advierten que es necesario trazar una distinción entre el hogar como un producto de prácticas sociales y las prácticas sociales mismas. El hogar es lo que se produce o no (nos sentimos o no nos sentimos «en casa» en los espacios que ocupamos y creamos); y se produce como resultado de un trabajo productivo y reproductivo de sus miembros, y también por una serie de otras actividades, principalmente las relacionadas con el consumo, cuyo producto final es una afirmación más o menos vigorosa de identidad, propiedad y pertenencia. Las casas son los sistemas sociales, económicos y políticos donde se desarrolla ese trabajo (véase Pahl, 1984). Como observan acertadamente Saunders y Williams (1988, pág. 82): «Sólo unos pocos hombres, mujeres o niños son islas, porque es por su calidad de miembros de una determinada unidad doméstica como se integran de un modo o de otro al conjunto más amplio de las instituciones sociales que conforman la sociedad en que viven». Me referiré ahora justamente a la calidad y la dinámica de esa integración y al lugar que ocupa la televisión en ella.

Para abordar esta cuestión, quiero partir de una conceptualización de la casa entendida como economía moral (Silverstone y otros, 1992).

La economía moral denota la capacidad que tienen quienes comparten una casa de comprometerse con los productos y los sentidos de la economía pública, formal, basada en las mercancías y en el individuo, y de producir algo propio como resultado de ese compromiso. Esta noción de economía moral ha sido descrita en muchos contextos diferentes y de las más diversas maneras en varios estudios.[3]

E. P. Thompson (1971) emplea la expresión para caracterizar la persistencia de formas tradicionales de actividad económica entre los pobres rurales y urbanos del siglo XVIII, frente a la emergente dominación del mercado, sobre todo para los productos agrícolas y alimentarios, y a veces en directa oposición a ella. En el siglo XVIII, las actividades de las masas obedecían a una serie de creencias y valores tradicionales que formaban una visión diferente de conducta económica. Esta variante de conducta económica se oponía radicalmente, por nacer de una concepción del bienestar general, a los cálculos individualizantes del mercado. La nueva economía de mercado parecía descarriada y desmo-

---

[3] Ure (1835) describe el recién surgido sistema de fábricas como una economía moral. Además de las discusiones que siguen, en las cuales el término y la idea de un conjunto de valores económicos distintos de los representados por la economía pública y con orientación de mercado se discute ampliamente, también puede uno señalar la aparición de las economías institucionales (Adams, 1980), en las cuales la teoría económica se basa en una percepción de especificidad institucional.

ralizadora por desdeñar las prácticas así como los principios tradicionales de la conducta económica. Es claro que el conflicto entre las dos economías adquiría relieve en los momentos de escasez o de hambruna inminente. El análisis de Thompson también pone en un dramático primer plano la naturaleza del conflicto entre formas modernas y formas tradicionales de conducta económica. Y por otra parte muestra, desde luego, que es posible sustentar formas de vida económica diferentes de las definidas por el mercado, aun cuando, en este caso, se trate de formas sumamente vulnerables.

David Cheal (1988) sostiene una argumentación parecida en su análisis de la importancia que la economía del don conserva en la sociedad moderna. Cheal emplea la expresión economía moral para referirse a un sistema de transacciones sociales (antes que simplemente, o sólo, transacciones económicas):

«se las define como socialmente deseables (es decir, morales) porque a través de ellas se reconocen vínculos sociales y se mantienen relaciones sociales equilibradas (. . .) En una economía moral, la confianza se genera cuando sus miembros comparten un estilo de vida común. Los compromisos del individuo por cumplir con sus obligaciones consuetudinarias hacia otros vuelven predecibles sus acciones y así mantienen la complejidad del ambiente social en un nivel bajo», Cheal, 1988, págs. 15-6.

Cheal sostiene que, en las sociedades avanzadas, el sistema de los dones domésticos constituye (principalmente, pero no exclusivamente) una alternativa y también un complemento de la institucionalización del mercado, sobre todo en la medida en que ese sistema proporciona las bases para una reproducción ampliada de las relaciones sociales (*ibid.*, pág. 19).

Pero ni Cheal ni Thompson consideran en detalle la naturaleza de la interrelación de la economía moral y la economía formal o de mercado, ni tampoco la particular relación de ambas con la casa. Las dos economías operan o bien conjuntamente (Cheal) o bien en abierta oposición (Thompson). Se deja poco espacio a la dinámica de su interrelación o a su localización en un escenario doméstico específico.

Jonathan Parry y Maurice Bloch (1989) presentan un trabajo muy sugestivo sobre los sentidos del dinero y la moralidad del intercambio, precisamente en relación con la dinámica de esa interrelación y con su localización en el límite entre la esfera privada y la esfera pública. En una reciente recopilación de artículos, Parry y Bloch indagan la variedad de sentidos culturales que rodean a las transacciones monetarias y sostienen que el dinero no tiene un conjunto definido y dominante de sentidos en todas las sociedades y que tampoco impone una uniformidad en todos los aspectos de la vida socioeconómica. Para llegar a comprender la significación del dinero, hace falta entender el sistema de transacciones dentro del cual y a través del cual se realiza el intercambio. El dinero, en su paso a través de dicho sistema, cambia su sentido, y su sentido termina siendo un producto de una acción social diferencial asociada con las diversas creencias, los distintos valores y cogniciones de quienes entran en contacto con él:

«los sentidos que se asignan al dinero son no menos un producto de la matriz cultural a la que está incorporado que de las funciones económicas que cumple el dinero como medio de cambio, como unidad de cuenta, como reserva de valor, etc. De modo que es imposible predecir sus sentidos simbólicos basándose únicamente en esas funciones», Parry y Bloch, 1989, pág. 21.

Los sentidos que se dan al dinero están sujetos a trasformación a medida que este traspasa las fronteras sociales y culturales y sobre todo las fronteras entre el mundo público de las transacciones mercantiles entre individuos y el mundo privado de la reproducción doméstica, en el cual domina un conjunto diferente de valores vinculados con los intereses de más largo plazo del orden social o cósmico. Viviana Zelizer (1989) habla también de «dineros especiales» en este contexto doméstico y sostiene que, con independencia de su fuente, «una vez que el dinero entra en la casa [las casas familiares norteamericanas de 1870 a 1930], su asignación, su cálculo y sus usos quedan sujetos a una serie de reglas domésticas que difieren de las normas del mercado. El dinero de la familia era no fungible; barreras sociales impedían que se convirtiera en salario corriente» (ibid., pág. 368).

Entonces, los sentidos del dinero son negociables, pero no de manera arbitraria, puesto que traducen su compromiso con los problemas y proyectos fundamentales de la existencia humana y de la vida cotidiana: «el simbolismo del dinero es sólo uno de los aspectos de un mundo simbólico de transacciones más general, que siempre se ve ante problemas humanos absolutamente esenciales» (Parry y Bloch, 1989, pág. 28).

Pero evidentemente no sólo al dinero se pueden aplicar estas reflexiones. Como sostendré en estas páginas, el argumento de Parry y Bloch presenta paralelismos precisos (predecibles y obvios) en la bibliografía dedicada al estudio de los medios masivos de comunicación, no sólo en lo que se refiere a la aparición de una similar moralidad reprobadora tanto en torno del dinero como de los medios (ambos han sido tachados y aún siguen siéndolo hoy de fuentes de todo mal), sino también a nuestra comprensión de los sentidos que adquieren los medios en la sociedad moderna, a saber: en su intercambio, también ellos son negociables, y para comprenderlos debemos entender primero los órdenes de transacción a través de los cuales pasan.

Y esto se aplica no sólo al dinero y a los medios, sino también a los objetos y a las mercancías. Como sostiene Igor Kopytoff (1986), los objetos pasan por la economía como los individuos pasan por la vida. En la economía formal, los objetos son parte de un sistema generalizado y homogeneizante de intercambio: son mercancías. Pero luego, cuando alguien los compra y los convierte en su propiedad, esos objetos pasan a formar parte de un mundo singular, individualizante, de consumo privado: y, de acuerdo con ello, cambian su sentido. En la sociedad moderna, los objetos se trasladan de un dominio a otro. Tienen una biografía, así como la tiene cada individuo:

«en el mundo homogeneizado de las mercancías, una rica biografía de una cosa llega a ser el relato de las diversas singularizaciones de ese objeto, de las clasificaciones y reclasificaciones que sufrió en un mundo incierto de categorías cuya importancia se modifica a cada pequeño cambio del contexto. Como ocurre en el caso de las personas, el drama está aquí en la incertidumbre de la valuación y de la identidad», Kopytoff, 1986, pág. 90.

La economía moral de la casa es, en consecuencia, no sólo una economía de sentidos sino también una economía provista de sentido; y en sus dos dimensiones, esa economía mantiene una relación potencialmente (o verdaderamente) trasformadora con la economía pública, objetiva, del intercambio de bienes y sentidos. La casa es, o puede ser, una *economía* moral porque es una unidad económica que participa, a través de las actividades productivas y reproductivas de sus miembros, de la economía pública y, al mismo tiempo, es en sí misma una compleja unidad económica por derecho propio. Estudios recientes acerca de la división doméstica del trabajo (Pahl, 1984; Morris, 1990) y acerca del manejo y el control del dinero de la familia (Pahl, 1989), así como acerca del sistema de recursos de las casas (Wallman, 1984), iniciaron el camino para indagar con más precisión aspectos hasta entonces arcanos de la vida económica hogareña. De este modo, nos encontramos con estudios que ponen el acento en la relación entre casa y empleo; en ellos ocupan un lugar importante las cuestiones de posición de clase, de género y de ciclo vital, así como las condiciones económicas locales; otros insisten en la división doméstica del trabajo como tal, en tanto depende no sólo de las inveteradas divisiones e ideologías del trabajo y la domesticidad imperantes en la esfera pública, sino también, en un nivel más interno, de las ideologías familiares, de la política y la cultura familiar, e incluso de los cambios técnicos (Cowan, 1989; Gershuny, 1982); por último, otros estudios consideran la casa en tanto ocupa una posición en las redes de parentesco y de amistad, en el vecindario local y más allá de este (Bott, 1971; Wallman, 1984).

La casa es, o puede ser, una economía *moral* porque las actividades económicas de sus miembros en el interior de ella y en el mundo general del trabajo, el ocio y el consumo se definen y están constituidas por una serie de cogniciones, evaluaciones y estéticas que, a su vez, se definen y están constituidas por las historias, las biografías y la política de la casa y de sus miembros. Estas últimas aparecen expresadas en las diversas cosmologías y en los diversos ritos específicos que definen (o no) la integridad de la casa como unidad social y cultural.

En el contexto de la casa-familia, este aspecto de la economía moral presenta notable semejanza con la descripción que hace Reiss del paradigma familiar.[4] Otras expresiones de la economía moral de la unidad doméstica en la cultura familiar se hallarán estudiadas por Basil Bernstein (1971), quien se interesa por la socialización y el lenguaje familiares; también en el análisis del *habitus* por Pierre Bourdieu (1984) (véase *infra*, capítulo 5) o en el ensayo sobre red y grupo de Mary Douglas (1973).

Vengo a sostener en consecuencia que las casas son unidades económicas y culturales, y que si sus posiciones materiales establecen profundos límites en cuanto a las oportunidades de que disponen para el consumo y la expresión personal, dentro de esos límites y, a veces, trasgrediéndolos en cierto modo, las casas pueden definir por sí mismas un ámbito moral, emocional, evaluativo y estético privado y público —un estilo de vida— del cual dependen para su supervivencia y seguridad, así como dependen de sus recursos materiales. En consecuencia, entender la casa como una economía moral supone entenderla como una parte de un sistema de transacciones que participa dinámicamente en el mundo público de la producción y el intercambio de mercancías y sentidos, el mundo del trabajo y del ocio, de los recursos sociales y económicos. Pero esa participación no es sólo pasiva. Interesa la capacidad de la casa o de la familia en ella contenida para crear y mantener su autonomía e identidad (y la capacidad de sus miembros individuales para hacer lo mismo) en tanto unidad económica, social y cultural. También interesa —particularmente en la sociedad moderna— la capacidad de la casa de exhibir, para ella misma y para otros, su competencia y su condición de integrante de una economía pública compleja. Las tensiones generadas entre los mundos privado y público y las contradicciones de individualidad y colectividad, de estandarización y singularización, que resultan de las prácticas de vida

---

[4] «La orientación temporal puede ser particularmente evidente en el tipo de economía construida para el hogar; en situaciones en las que es posible elegir, el equilibrio entre ahorro, ingresos provenientes de la inversión y crédito puede reflejar una diferencia de orientación. Una economía hogareña basada sustancialmente en el crédito puede estar claramente orientada hacia el presente; los ahorros pueden representar una orientación al futuro; los ingresos provenientes de inversiones pueden reflejar una familia que vive de la riqueza acumulada de varias generaciones y que por lo tanto tiene profundas raíces en el pasado» (Reiss, 1981, pág. 233).

diaria (y que cada día piden resolución en ellas) están en la médula misma de la condición de la modernidad.

Quiero tratar brevemente dos cuestiones referidas a la conceptualización de la casa como economía moral. La primera es que no se utiliza aquí la expresión economía moral con una intención evaluativa. La economía moral de la casa es lo que logran de un modo o de otro sus miembros como resultado de sus esfuerzos por conservarla como una entidad social y cultural. Este concepto es el equivalente (aunque distinguible) del «proyecto» de seguridad ontológica de Giddens, del «paradigma» familiar de Reiss y del «sistema» de recursos al que se refiere Wallman (y también del *habitus* de Bourdieu, véase *infra*, capítulo 5). En todos estos casos se ha intentado definir un nivel de coherencia, una línea de base que permita describir y rendir cuenta de la viabilidad o la inviabilidad de las familias y las casas como participantes del mundo más extendido de la vida social. Al caracterizar las casas de este modo no pretendo sugerir que exista una sola moral en virtud de la cual podamos definir la enfermedad o la salud, la normalidad o la patología en relación con casas o vidas familiares específicas. Las cuestiones que planteamos son principalmente descriptivas y analíticas, y no evaluativas.

El segundo aspecto que quiero destacar es que la idea de casa como economía moral no intenta ser una reificación ni se la debe trasformar en tal. Empíricamente, las familias y las casas crean muchas versiones diferentes de sus propios espacios privados culturales y económicos, más o menos integradas, más o menos contradictorias y conflictivas, y más o menos cambiantes. Esas variaciones y su especificidad respecto de los valores y las normas de la conducta manifiesta en la esfera pública no están predefinidas ni son necesarias. En un caso extremo, la economía moral y la economía pública quizá serían indiscernibles. En otro caso, podría ser por completo imposible averiguar en una casa algo que ni remotamente pudiera reconocerse como una economía moral. Ahora bien, la particular conjunción de cultura y economía, de recursos simbólicos y recursos materiales, en la que pone el acento la expresión economía moral, y el nexo de transacciones con el mundo de los sentidos y los bienes públicos que esta noción sugiere, son esenciales para poder analizar el papel de la televisión en la vida cotidiana. En este libro elaboraré este análisis en dos ocasiones más (págs. 167 y sigs. y 206 y sigs.).

Por ahora baste con decir que la televisión tiene una relación dialéctica con la economía moral de la casa. Por un lado, las características particulares de la economía moral de una casa definen el uso real de la televisión: su incorporación al cronograma diario de la vida doméstica o familiar; la estructuración de su uso según las relaciones de sexo y de edad de la familia en una particular etapa de su ciclo de vida, o la movilización que de ella se hace con arreglo al sentimiento que la casa tiene de su propia domesticidad. También, la calidad y el nivel de recursos con que pueda contar una casa afectarán el uso que se haga de la televisión, tanto según sus disposiciones espaciales como según las pautas que tenga aceptadas para el uso del tiempo, y además con arreglo a factores simples, aunque decisivos, como la cantidad de televisores o de canales disponibles en el espacio doméstico. Por el otro lado, la televisión misma, como medio y como mensaje, ampliará y hasta trasformará el alcance de una casa: introducirá noticias del mundo que se desarrolla más allá de la puerta de entrada, proveerá narrativas e imágenes que se ofrecen a procesos de identificación, apaciguamiento o frustración, reforzará los lazos de la casa con el vecindario y la comunidad, y alojará de manera cada vez más firme a la casa en un mundo doméstico más privatizado y mercantilizado.

Lo doméstico

Vayamos pues, finalmente, a la cuestión de lo doméstico mismo como categoría abarcadora —política—, una categoría que incluye el hogar, la familia y la casa, y que es una expresión de la relación entre las esferas pública y privada. Históricamente, lo público y lo privado evolucionaron juntos (Sennett, 1986, págs. 89 y sigs.), y mientras estas esferas se desarrollaban, era la doméstica la que más sufría (Donzelot, 1979). En una sociedad industrial dominada por la producción y el intercambio de mercancías, en una sociedad capitalista de relaciones sociales burguesas y cada vez más privatizadas, lo doméstico, como se ha sostenido a menudo, resultó marginado y políticamente insignificante. Con frecuencia, los estudiosos consideraron que la esfera doméstica se aislaba cada vez más y quedaba fuera de la corriente dominante de la sociedad moderna, y era alcanzable sólo a través de formas de comunicación técnicas y fuertemente mediadas. La televisión ha constituido un factor principal en esta frontera todavía deslizante entre lo público y lo privado, en particular por su capacidad estructural para mezclar conductas públicas y privadas (Meyrowitz, 1985, págs. 93 y sigs).

En verdad, lo doméstico está sujeto a presiones reguladoras cada vez más intensas y, ciertamente, en una época de emisión puede decirse que se ha vuelto objeto de un intento coherente —a través de discriminaciones programadas e ideológicas— de moverlo a una relación subordinada a las estructuras temporales y patriarcales de una esfera pública cada vez más esclerosada. Pero lo doméstico es duro para morir. Identidades y valores con expresión pública se producen y reproducen en lo doméstico (Mason, 1989, pág. 120). Lo doméstico es el asiento y la fuente de las actividades que desarrollamos como consumidores (y también como ciudadanos, Fontaine, 1988, pág. 284) y, a través del consumo (véase el capítulo 5), paradójica pero verosímilmente, lo doméstico se vuelve poco a poco más significativo en la esfera pública moderna.

Lo doméstico ha llegado a ser una realidad compleja y contradictoria. Lo mismo ha ocurrido con lo interior moderno. Ambos son lugares de intersección para todo un conjunto de prácticas económicas, políticas, estéticas. A medida que el burgués se retrae gradualmente a su espacio privado (retirada que le exigen quizá las presiones e incertidumbres cada vez mayores de la vida en el mundo moderno), la «caja del teatro del mundo» adquiere más y más importancia en la trama de la vida cotidiana. El hogar alcanza una significación nueva y más contradictoria como el sitio donde se tramitan las demandas rivales de modernidad. La decoración «hágalo usted mismo» y las mejoras de la vivienda, la creciente personalización de las tecnologías de los medios y la información, el consumo mismo y todas sus diversas manifestaciones, el fortalecimiento del hogar como centro del ocio, y como un lugar de trabajo remunerado, son todos factores de su cambiante jerarquía (Tomlinson, 1990).

Lo que se plantea ahora es esa noción de lo doméstico y del papel de la televisión en su definición y en su cambio. La domesticidad es un concepto relacional: el producto del carácter recíproco de la relación entre las esferas pública y privada, pero también el producto de la hibridización suburbana de la modernidad. Precisamente a esa dimensión —suburbana— de la televisión y la vida cotidiana quiero referirme en el próximo capítulo.

3. La suburbanización de la esfera pública

«Un mayor refinamiento del hogar precintado se logró cuando (. . .) Levitt consiguió no sólo ofrecer la televisión como elemento estándar, sino que también la incorporó a la sala de estar hasta definirla como un elemento del equipo doméstico financiable con la hipoteca. Cerca de la chimenea, el ojo brillante de la máquina niñera aseguraba a niños y adultos que la pobre comunidad física de las sagradas casitas producidas en masa se redimía gracias a la mágica comunidad electrónica creada por la televisión nacional».

Dolores Hayden, 1984, pág. 105, en un escrito sobre el desarrollo del suburbio norteamericano en la posguerra.

Este capítulo tiene dos puntos de partida. Uno es el trabajo de Raymond Williams. El otro se hallará en ciertas observaciones de la antropóloga británica Marilyn Strathern. Desde este doble comienzo sostendré que la televisión es, histórica y sociológicamente, un medio suburbano. Y que por esa característica —literalmente «de y por el suburbio», metafórica e ideológicamente «suburbana»— la televisión se sitúa en el centro de un conjunto de relaciones e identidades, públicas y privadas, globales y parroquiales, domésticas y no domésticas, que deslindan el territorio de lo cotidiano. En este capítulo quiero construir la televisión como una entidad política, pero una entidad política con «p» minúscula, toda ella envuelta en la trama de manifestaciones de ideología y de control en pequeña escala y en gran escala que dan el marco de la vida en la sociedad moderna.

Raymond Williams (1974) caracteriza los orígenes de la radio como un medio de emisión para los cambios específicos de la sociedad que se industrializaba, cambios que en su conjunto generaron, «de diversas maneras y basados en una serie de impulsos que iban desde la curiosidad hasta la angustia» (*ibid.*, pág. 22), una incipiente demanda de nueva información y de nuevos tipos de orientación del mundo. Según Williams, la conjunción de fenómenos como los sustanciales movimientos de la población, que originalmente iban del campo a la ciudad; la expansión económica y política del imperio y de la industria; las primeras tecnologías del telégrafo y del teléfono que liberaban el movimiento de información del trasporte físico como vehículo exclusivo, brindaron las condiciones para que emergiera una nueva tecnología (la radio) y un nuevo medio (la emisión). La nueva tecnología no requería emisión. La nueva tecnología no surgió aislada. Williams observa que la radio fue (y tal vez siguió siendo) un medio de interacción en dos sentidos (como lo siguió siendo el teléfono a pesar de que en Budapest se fantaseó durante treinta años con la idea de trasformarlo en un medio de emisión: Marvin, 1988, págs. 223-8). Que la radio se incorporara como un medio de trasmisión que llevaba información desde una fuente central hasta los hogares individuales no fue una consecuencia inevitable de la tecnología sino el producto, entre otras cosas, del liderazgo que tuvieron durante los primeros años que siguieron a la Primera Guerra Mundial los fabricantes de receptores de radio en el desarrollo del nuevo medio. Como señala Williams (1974, pág. 25), la radio (y también la televisión)

«fueron sistemas diseñados en primera instancia para la trasmisión y la recepción como procesos abstractos, con escasa o ninguna definición de un contenido previo (. . .) No se trataba sólo de que la oferta de los medios de emisión precediera a la demanda; el hecho es que los medios de comunicación precedían a su contenido».

Durante la década de 1920 y los años inmediatos posteriores, la radio ocupó su lugar en el universo de lo que llegó a conocerse como los «bienes de consumo durables» —principalmente otras tecnologías— que incluían el automóvil, la motocicleta, las cámaras fotográficas y los artículos electrodomésticos. Este conjunto de logros tecnológicos definido socialmente fue adquiriendo forma junto con (Williams se cuida bien de atribuir a este proceso una relación causal) el desarrollo de la trama material y simbólica, hoy por completo familiar, del estilo de vida moderno. Esta trama, como observa Williams, incluía dos tendencias paradójicas pero estrechamente conectadas entre sí: la movilidad (y en este caso el automóvil privado era, evidentemente, el factor clave) y el hogar familiar cada vez más autosuficiente:

«El primer período de la tecnología pública, cuyos logros más destacables fueron el ferrocarril y el alumbrado urbano, era remplazado por un tipo de tecnología para el que todavía no se ha encontrado un nombre apropiado: aquel que servía al mismo tiempo a un estilo de vida moviente y centrado en el hogar, una forma de privatización móvil. La emisión en su forma aplicada fue un producto social de esta particular tendencia», *ibid.*, pág. 26.

Aunque Williams no lo haya dicho con todas las palabras, el suburbio era y es la encarnación de esa tendencia.

La «necesidad» de semejante solución técnica y social a algunas de las nuevas condiciones de la modernidad fue anticipada en los dramas de mediados y de fines del siglo XIX, caracterizados por Williams como las primeras representaciones de situaciones dramáticas en las que «hombres y mujeres atisbaban desde la ventana [de la casa familiar] o esperaban ansiosamente algún mensaje para recibir noticias de las fuerzas que, desde afuera, determinarían las condiciones de su vida» (*ibid.*, pág. 27). Aquí tenemos el reverso de lo que Benjamin define como la «caja del teatro del mundo». El hecho de que los medios facilitaran un alcance mayor generó angustia así como un deseo complementario de control. Pero ese control se persigue a través de estrategias estéticas (véase Benjamin, 1970), ya que, por supuesto, cada vez se hace más difícil tener acceso a estrategias más directas. Benjamin y Williams coinciden en señalar que los medios son un factor esencial de esta empresa y también son centrales para la mediación de angustia y sosiego, dependencia real y control ilusorio, que, como ya sugerí antes, son aspectos que no se pueden pasar por alto si se pretende comprender la vida cotidiana contemporánea.

De modo que, en los comienzos de este siglo, por primera vez el hogar llegó a convertirse en el foco del interés estético y (por lo menos según lo describe Williams aquí) se trasformó, tanto en la ficción como en la realidad, en el producto y el foco de un nuevo orden de comunicación y de información cada vez más eficiente y completo. La televisión fue la heredera de todo esto. Su propio desarrollo tecnológico fue un reflejo del de la radio. También en este caso lo tecnológico precedió al contenido; pero la televisión pudo ser incorporada (y lo fue en el Reino Unido después de la Segunda Guerra Mundial) a un marco cultural, tecnológico y económico que ya se había establecido firmemente a través de la institución y la institucionalización de la BBC.

La televisión, y antes de ella la radio, fueron, pues, claramente, una expresión tecnológica de un conjunto de cambios de todo tipo experimentados en la sociedad industrial capitalista y, al mismo tiempo, una respuesta a dichos cambios. En Gran Bretaña, algunas tecnologías de la comunicación tales como el automóvil, el teléfono y la radio facilitaron los movimientos de la población hacia las ciudades y luego, gradualmente, desde fines de la década de 1880, y después cada vez con más velocidad (Girouard, 1985), hacia barrios suburbanos que comenzaban a construirse en las afueras de las ciudades. El hogar privado se vinculó entonces con una amplia red de servicios derivados del desarrollo tecnológico y comenzó a depender fundamentalmente de ellos (Mumford, 1938, pág. 467). Pero los individuos que habitaban esos hogares privados eran libres de ir y venir a su gusto, así como (según lo hice notar) cada vez más libres de hacer entrar el mundo en su sala.

Si bien la televisión (y antes de ella la radio) fue creada para el suburbio y si bien en ese sentido se hizo suburbana, es justo advertir que no siempre se la mira en los suburbios. Por el contrario. Se la mira en todo tipo de sitios, tanto en el Reino Unido como en el resto de los países. Por lo tanto, sostendré que la televisión no es sólo el producto de la suburbanización del mundo moderno, sino que es en sí misma suburbanizante. Para aportar una razonable claridad a este argumento, necesito remitirme a mi segundo punto de partida.

Marilyn Strathern (1993), en un artículo donde trata de la relación entre la creciente tecnologización de la vida moderna y nuestras actitudes frente a la naturaleza y la cultura (y nuestras teorías sobre ellas), llama la atención sobre una hibridización esencial que penetra la trama misma de la modernidad. Esta hibridización, a la que la autora se refiere a veces como «creolización» (siguiendo a Hannerz, 1988, 1990) y a veces como «suburbanización», expresa la dinámica central de la cultura euroamericana contemporánea: el proceso constante de entrelazamiento y mezcla, de creatividad y restricción, de individualidad y colectividad que singulariza al carácter específico de la cultura moderna o posmoderna.

Hasta la familia y el parentesco se definen de manera ambigua en estas segmentaciones: se los puede considerar o bien entidades que forman parte de una tradición, algo singular y específico que proporciona una base de socialidad compartida, o bien concatenaciones de individuos que trabajan juntos o se alejan. Quizás aquí haya otra expresión de la idea de privatización móvil como descripción, metafórica y también literal, de algo más general y de un alcance mayor. La «tecnologización» y «desnaturalización» del siglo XX extiende su influencia hacia otras dimensiones de la vida social. Strathern quiere destacar, me parece, que esa tensión creadora entre estasis y movimiento, entre tradición y novedad, es una característica intrínseca y una parte fundamental de la cultura del siglo XX y de las diversas formas en que esa cultura se encarna en relaciones sociales.

También la cultura consiste en nuestra capacidad de pensar a través de estas relaciones, de hallar analogías entre ellas y expresarlas. En el corazón mismo de las percepciones occidentales de la cultura hubo una distinción primaria entre naturaleza y cultura. Al parecer tenemos que poder distinguir entre cuerpos y máquinas, entre cosas que viven y cosas que funcionan, entre lo rural y lo urbano, entre la realidad y la fantasía (aunque aquí ya nos referimos a un registro levemente diferente). En todos estos casos, cada uno de los dos términos se define en relación con el otro. Pero ahora esta distinción se ha derrumbado. La modernidad (y creo que también la posmodernidad) consiste, según parece sugerirlo Strathern, en la combinación y la elisión de tales distinciones: una combinación y una elisión que son en sí mismas, por supuesto, culturales.

En la sociedad moderna, es la ciudad —el crisol, lo cosmopolita (el cosmos urbano, el microcosmos)— lo que más simboliza esa conciencia de las interconfusiones de la cultura. La ciudad llegó a constituir un foco atractivo para nuestras críticas —y nuestras fantasías— sobre el lugar que ocupamos en la sociedad y en la cultura. A menudo se la considera un reino caracterizado por lo artificial, la tecnología, como la encarnación de lo cultural en contraposición a lo natural: lo urbano en oposición a lo rural. No obstante, la ciudad no es sitio de la hibridización sino de una «yuxtaposición antinatural». En el crisol no se funde nada; la ciudad se construye en la diferencia y mediante la diferencia, en y mediante la diversidad.

No ocurre lo mismo en el suburbio: «Los suburbios no son ni urbanos ni rurales. Pueden representar a lo uno y a lo otro; pero cuando se reproducen *como* suburbios, terminan por no representar ni al campo ni a la ciudad» (pág. 191); el suburbio no es criollo ni cosmopolita «porque una mezcla que no depende de la distinción ya no es una mezcla». Los suburbios constituyen una realidad nueva, diferente, donde las distinciones cruciales de cultura —y la esencial pero siempre cambiante distinción entre naturaleza y cultura— se absorben recíprocamente para perderse bajo el peso de la cultura, de lo artificial y de lo tecnológico. El suburbio expresa esa calidad particular de la cultura moderna en su propia negación de lo que quizá sea la diferencia tradicional entre naturaleza y cultura: en esa fusión de naturaleza y cultura que termina por constituir una naturaleza creada culturalmente, una naturaleza hecha por el hombre; es el derrumbe de la distinción entre lo natural y lo cultural cuyos efectos suburbanos pueden considerarse representados *por* el suburbio mismo. El derrumbe de esta distinción esencial; el derrumbe también de la distinción entre cuerpos y máquinas como metáforas de cada término de la distinción (dramáticamente ilustrado por los problemas que nos plantean las nuevas tecnologías reproductivas en las que ni el cuerpo ni la reproducción pueden mantenerse ajenos a la tecnología)— es síntoma de una versión de la cultura esencialmente híbrida y fundamentalmente suburbana.

Lo que quiero destacar en este examen es lo siguiente: considerar lo suburbano como un producto histórico, un ambiente construido para dar cabida a un modo de ser que no es ni urbano ni rural, que se sostiene y es sostenido por particulares relaciones políticas, sociales y económicas: una forma de vida; en suma, considerar lo suburbano como una idea y como un ideal, como el sueño que acarician los que desean escapar de la densidad de la ciudad o del vacío del campo, y una pesadilla para quienes ven en el suburbio un híbrido estéril, el hijo bastardo de la incultura; considerar lo suburbano como un síntoma y una metáfora de la trayectoria dominante de la cultura del siglo XX, donde las ambigüedades de esa hibridización (las ambigüedades del progreso y de la regresión, del aislamiento y de la conexión, de lo privado y de lo público, de lo global y de lo parroquial, de lo individual y de lo colectivo, de lo real y de lo fantástico) se han entretejido para siempre.

Y finalmente, considerar la televisión como parte de cada una de esas tres versiones de lo suburbano: por haberse desarrollado históricamente junto con el crecimiento de los suburbios y por fortalecer y permitir la existencia suburbana con su presencia; por brindar en sus programas —particularmente en las telenovelas— imágenes del suburbio y ofrecer corporizaciones de los sueños y las pesadillas del suburbanismo dentro de sus propias mitologías dominantes; y, quizá más esencialmente, como una institución y como un medio —en sus formas y contenidos—, máquina de hibridización, vigorosa esterilidad de la cultura suburbanizante que crea, exhibe y míticamente resuelve todas las ambigüedades de la modernidad.

Pero si prolongo esta argumentación e intento sostener el carácter suburbano de la televisión en estos tres niveles, corro una serie de riesgos. No tengo la esperanza de sortearlos a todos, pero creo que vale la pena dar una idea de esos riesgos antes de sucumbir.

El primero es el riesgo de la inexactitud histórica. El suburbio no es, en un sentido histórico registrable, un producto de la televisión, ni la televisión es, literalmente, un producto del suburbio. Los suburbios surgieron unos cientos de años antes de que apareciera la televisión; la televisión halló su sitio en un ambiente suburbano pero en modo alguno influyó tan directamente en la creación de esos suburbios como los progresos en las tecnologías del trasporte y la comunicación que la precedieron. Si estudio la relación entre el suburbio y la televisión desde el punto de vista histórico y desde el punto de vista sociológico (y sigo de este modo los pasos de Raymond Williams), es porque deseo caracterizar la relación entre uno y otra más bien atendiendo a lo que Max Weber (en un contexto por completo diferente) define como una «afinidad electiva». El suburbio y la televisión se deben considerar como tipos ideales para averiguar algo de los aspectos centrales de ese nexo.

En segundo lugar, corro el riesgo de parecer reduccionista. Sostengo aquí que la televisión es un medio suburbano. Que es suburbano en su institucionalización como medio de emisión. Que es suburbano en la forma y el contenido de su programación. Que es suburbano por su modo de incorporarse a la trama de la vida cotidiana. En suma, la televisión es suburbana en su expresión y en el modo de fortalecer el particular equilibrio entre aislamiento e integración, entre uniformidad y variedad, entre lo global y lo parroquial, entre las identidades y las culturas, equilibrio que constituye en realidad la marca de la existencia suburbana. No hay duda de que presentar la televisión a través de estas diferentes manifestaciones de su índole suburbana es una manera de reducirla. Pero la televisión no debe entenderse sólo de este modo. El carácter suburbano de la televisión representa el aspecto sociopolítico del medio junto con su condición de fenómeno doméstico y psicodinámico (aunque esta condición es, para ella, un sustento esencial). En los capítulos siguientes retomaré el examen de esta cuestión y consideraré su índole en tanto es tecnología y en tanto es objeto de consumo.

En tercer lugar, corro el riesgo de caer en un tipo de universalismo y, sobre todo, de refirmar la caracterización de la televisión como el *deus ex machina* de la posmodernidad. Jean Baudrillard (1981), en particular, ofrece un análisis de la contribución del medio a la creación de una cultura de autorreferencia y simulación eternas. Sin duda, esta es una versión de hibridización, pero que pasa casi enteramente por alto los procesos sociológicos e históricos. Baudrillard expresa una opinión sobre las consecuencias de la televisión que, precisamente por no hacer distinciones, resulta sintomática de la condición que el propio Baudrillard critica. Espero no caer en la misma trampa. En este capítulo volveré a tratar más extensamente el análisis de la televisión que ofrece este autor.

Dedicaré el resto de este capítulo a las siguientes discusiones: una breve presentación del nacimiento del suburbio como fenómeno internacional y como expresión de modernidad; una discusión de la relación entre los suburbios y las comunicaciones; un examen del problema que denominaré, de manera un poco imprecisa, la suburbanización de la esfera pública y el papel que le cupo a la televisión en su creación; una discusión sobre las telenovelas como género televisivo suburbano *par excellence*; y finalmente, un análisis de la hibridización y la simulación como modos de rendir cuenta de la particularidad de ese carácter suburbano de la televisión en la cultura posmoderna.

Pasados suburbanos y presencia suburbana

«En la ciudad, Marte y Vulcano se han hecho amigos. Venus, dejada de lado, busca el consuelo de la domesticidad en un suburbio distante», Mumford, 1938, pág. 210.

El primer suburbio probablemente se haya construido en Calcuta a fines de la década de 1770. Chawringhee Road fue el sitio donde comenzaron a edificarse casas separadas bien ventiladas, «buenas viviendas dispuestas en una parte abierta y oreada de la ciudad» que William Hickey recomendaba como extremadamente convenientes para la vida de los empleados de la Compañía de las Indias Orientales de la época. Estas casas, que luego fueron construyéndose con ventiladas galerías, pronto llegaron a constituir el justo punto de equilibrio entre las casas del centro y las residencias campestres y las fincas —«bungilos»— demasiado alejadas de la ciudad (Girouard, 1985, pág. 242). Tanto la forma como el contenido del suburbio, tanto su función como su estética, derivaron de esos comienzos coloniales. Velozmente los suburbios se diseminaron primero en Gran Bretaña, particularmente con la temprana suburbanización de Londres, y luego alrededor de muchas otras grandes ciudades. A medida que se extendían, los suburbios expresaban la cambiante economía política del capitalismo occidental. Inicialmente, las clases altas y medias comenzaron a contar con una cantidad cada vez mayor de capital excedente y de excedente de tiempo; después esto se extendió a otros estratos de la población. El suburbio fue el producto, sostiene Thorns (1972), de cinco factores separados pero relacionados

103

entre sí: la mayor movilidad, la congestión de las ciudades, el acceso cada vez mayor a la tierra y a los fondos necesarios para construir, la legislación sobre planificación de la ciudad y el campo (en Gran Bretaña) y la generación de aspiraciones sociales que asociaban el suburbio con el decoro, un alto nivel social y un estilo de vida esencialmente caracterizado como de clase media.

La historia del suburbio es a la vez la historia de un ámbito construido, social, cultural y económicamente distintivo pero también social, cultural y económicamente dependiente, la historia de una idea y la historia de un ideal. El primer suburbio londinense, situado en St. John's Wood, incluía casitas neocoloniales y elegantes residencias del estilo de Palladio, completamente separadas o semiseparadas, con su propia capilla, sus salas de reuniones, su posada, su parque de diversiones y su campo de cricket. Hacia 1813 ó 1814, había llegado a convertirse en un popular suburbio completo habitado por personas que «deseaban vivir de manera no muy costosa, con tranquilidad y convenientemente cerca del centro de Londres para facilitar las visitas —eran entonces artistas, arquitectos, escritores, oficiales retirados de la Compañía de las Indias Orientales y amantes de hombres ricos—» (Girouard, 1985, pág. 277). No lejos de allí se desarrollaba por aquel tiempo Regent's Park, construido según el modelo de la ciudad de Bath, pero que determinó de una vez y para siempre la combinación ideal entre el campo y la ciudad —una serie de construcciones urbanas alrededor de un parque— que habría de proporcionar el modelo para la mayor parte de los suburbios de clase media de mediados y fines de la época victoriana, tanto en las inmediaciones de Londres como cada vez más en los alrededores de las ciudades industriales del centro y el norte de Inglaterra. El suburbio fue un intento de la clase media y para la clase media de obtener lo mejor de ambos mundos: el campo y la ciudad. Presumiblemente, los primeros ejemplos inspiraron a quienes trataron de plasmar esta particular utopía híbrida en actos específicos de ingeniería social. Ebenezer Howard, fundador de la Garden Cities Association, escribió en 1898, en lo que puede considerarse un tratado señero: «La ciudad y el campo deben desposarse y de esa feliz unión ha de nacer una nueva esperanza, una nueva vida, una nueva civilización» (citado en Appelby, 1990, pág. 22).

Pero en su mayor parte los suburbios no se planificaron, ni en Gran Bretaña ni en los demás países (Oliver y otros, 1981). Y aun cuando el ideal eran las zonas residenciales, domésticas, de clase media, no siempre la realidad correspondió a dicho arquetipo. Para el desarrollo de todos los suburbios fue esencial el progreso del trasporte público y luego también privado. El ferrocarril, los ómnibus, los tranvías, y luego el automóvil, liberaron a la población, tanto en Gran Bretaña como en los Estados Unidos, de la necesidad de residir en la ciudad. La separación del hogar y el trabajo se atenuó poco a poco. El tiempo y el espacio se dividieron en producción y consumo, trabajo y tiempo libre (King, 1980). Ciudades enteras (quizás el caso más extremo sea el de Los Angeles, Brodsly, 1981) crecieron velozmente y diseminaron a su alrededor esa cultura de viviendas dispersas sobre grandes áreas donde la tierra subió repentinamente de precio. La ideología de la vivienda propia, la demanda de viviendas para una sola familia, la urgente necesidad de proporcionar viviendas económicas a los soldados dados de baja (en los Estados Unidos sobre todo después de la guerra) fueron todos factores que contribuyeron al crecimiento del suburbio como la forma dominante de habitación de la sociedad occidental del siglo XX.

Evidentemente, de un país a otro, el modelo de crecimiento suburbano sufrió variaciones. En el caso particular de la experiencia británica y la experiencia norteamericana, las diferencias más notables fueron: por un lado, la época (los suburbios de los Estados Unidos fueron casi por completo una creación del siglo XX), por otro, el carácter (en los Estados Unidos, casi exclusivamente la clase media se instaló en los suburbios), y finalmente, la planificación (en Gran Bretaña, la aparición de los suburbios se caracterizó por los diversos intentos de proyectar ciudades jardines y por los experimentos de crear nuevos poblados, así como por la frecuente intervención del Estado, que trataba de controlar los crecimientos no planificados y de suministrar viviendas a la clase obrera; Thorns, 1972; Harvey, 1989). Sin embargo, todo esto se realizó teniendo siempre por delante una serie de ideales y valores que consideraban el suburbio como un lugar de evasión de los males propios de la industrialización, e incluso como la solución a tales males. En las afueras de la ciudad, en las fronteras del campo, al ofrecer

105

viviendas unifamiliares a la clase media y a quienes aspiraban a formar parte de la clase media, los suburbios materializaban un sueño estandarizado, encarnado en esas unidades habitacionales estandarizadas (las casas y los componentes de viviendas fabricados en serie llegaron a constituir la norma) en las cuales, sin embargo, los individuos podían (y de hecho lo hacían) expresar su propia individualidad (véase Miller, 1988).

Seeley y otros (1956) señalan de manera decidida esta tensión entre estandarización e individualización, entre uniformidad y diversidad (tensión que ya identifiqué anteriormente como aspecto inherente a la cultura), y la consideran característica de los suburbios en un estudio realizado en Crestwood Heights, un suburbio de clase media situado supuestamente en las afueras de Toronto.

El nombre mismo, Crestwood Heights [algo así como «alturas boscosas»] (aunque en realidad en el estudio es un seudónimo), es emblemático. Significa lo silvestre, lo romántico, «el suburbio desde donde se domina la ciudad, situado, no dentro de ella, sino en sus límites, en su cima» (*ibid.*, pág. 1). Los habitantes de Crestwood Heights, todos de clase media, dependen económicamente de la ciudad, pero están en una posición monetaria que les permite comprar acciones del «sueño americano» gracias a su capacidad para adquirir privacidad, sol, luz, casas espaciosas con jardines en el suburbio, automóviles, la libertad de viajar, la sensación de haber conquistado el tiempo y el espacio. Pueden obtener la excitación cultural de la ciudad y la paz y tranquilidad de las no tan alejadas y bucólicas afueras del norte de Ontario. Pero también pueden encerrarse en la comodidad material y tecnológica de sus hogares, producida en masa, pero consumida de manera individual, personalizada en su uso y en su manifestación:

«Esta es, pues, la materia prima partiendo de la cual puede cobrar forma el sueño. Pero, al seleccionar ciertos elementos y descartar otros, cada familia o cada persona construye una versión especial, un modelo cultural particular, similar pero diferente del de sus vecinos. El proceso nunca es definitivo ni fijo porque cada uno, sin término, aprende a tomar nuevas decisiones y a hacer nuevas combinaciones», *ibid.*, pág. 10.

106

La vida suburbana de clase media —centrada en los niños, competitiva, sociable (pero también solitaria), exclusiva, dependiente de un particular equilibrio entre la domesticidad femenina y la movilidad, la seguridad y la ambición social y geográfica masculinas— ofrece una encarnación acabada de una utopía moderna (véase Gill, 1984) aunque muchos la consideren una distopía (Sennett, 1986, págs. 296-7; Mumford, 1938; Lodziak, 1986, etc.). Pero también existen otros desarrollos suburbanos y neosuburbanos: los Levittowns creados en Long Island, Pennsylvania y Nueva Jersey, concebidos para los hombres de armas que regresaban de la guerra y aspiraban a formar parte de las clases medias; los barrios planificados para la clase obrera en las afueras de las grandes ciudades para aliviar la presión de los centros en declinación; las urbanizaciones no planificadas a lo largo de las carreteras o en las proximidades de algunas ciudades (lo que Thorns, 1972, pág. 88, llama «el suburbio renuente»); los suburbios industriales, planificados o no planificados, donde la construcción de viviendas familiares y la población se relacionan estrechamente con un único complejo industrial local; los barrios privados, las ciudades jardines, los *countries*; todos ellos en sus diversas manifestaciones son expresiones de ese ideal.

Los ideales rara vez coinciden con las realidades, y estos ideales son, evidentemente, problemáticos en varios sentidos. Además, los ideales mismos tienen consecuencias. Porque la historia del suburbio es una historia de inclusión y de exclusión, y sobre todo implicó la exclusión, plena y a veces parcial, de los que pudieran empañar ese ideal, especialmente las minorías étnicas. Por otra parte, una semejanza de estilo de vida no necesariamente produce comunidad ni es sinónimo de ella. Sociabilidad y buena vecindad en el suburbio parecen ser en buena parte un producto de semejanzas culturales y de ubicación en el ciclo vital. Y parecen desvanecerse cuando uno de estos aspectos, o ambos, está ausente (en un suburbio de reciente creación formado por diversos grupos étnicos, por ejemplo, Richards, 1990, o en un suburbio de segunda o tercera generación con familias en diferentes estadios de su ciclo de vida). Del mismo modo, el ideal o la expectativa de que la vida suburbana es esencialmente una vida de clase media y, por lo tanto, capaz de imponer, ambientalmente, por así decir, un estilo de vida de clase media a sus residentes de otras clases, es objeto de controversia (véanse Willmott y Young, 1960; Goldthorpe y otros, 1969).

No obstante, en todos estos casos hay algo que no se discute: la importancia central de la vivienda y el hogar. Los que desean mudarse a los suburbios expresan sus deseos principalmente por la posesión y ocupación de su espacio privado (Richards, 1990): la casa y el jardín, el garaje y el camino de entrada, que proporcionan, en un microcosmos, su propio híbrido doméstico.[1] La vivienda, como ya lo sostuve en términos generales, es el hogar. Es al mismo tiempo la sede y el símbolo de la suburbanización de la modernidad. La vivienda es:

«un intrincado e impresionante aparato material, cuya posesión hace posible el estilo de vida [suburbano] desde un punto de vista físico pero, lo que es más importante, también desde un punto de vista psicológico (. . .)

»(. . .) la vivienda es un medio valioso de asegurarse privacidad en una ciudad atestada; un instrumento para fortalecer los lazos de solidaridad y el consenso familiares; un sitio para practicar y perfeccionar las aptitudes de consumo; un objeto de capital importancia de la propiedad personal que para el jefe de familia (. . .) se alza como un símbolo concreto de su status y como un signo visible de su éxito», Seeley y otros, 1956, págs. 45-6.

Dentro de la vivienda suburbana y alrededor de ella, definiendo las condiciones de su existencia, se desarrolla un complejo conjunto de relaciones sociales y culturales organizadas en el tiempo y en el espacio y con arreglo a los sexos. Acaso el fin de semana, ese producto exclusivo del capitalismo industrial, simbolice la división de trabajo, producción y consumo, de identidades y espacios públicos y privados, de

[1] George Cadbury, uno de los pioneros de las utopías suburbanas y constructor, a fines del siglo pasado, de Bournville, un poblado industrial cercano a Birmingham, dijo en un tono familiar que «la única manera [de mejorar las condiciones sociales en medio del humo y la suciedad de las atestadas zonas industriales] es llevar a los hombres al campo, fuera de las ciudades, y dar a cada uno un jardín en el cual pueda entrar en contacto con la naturaleza y llegar a conocer así a la Madre Naturaleza» (citado en Gill, 1984, pág. 111).

tiempos públicos y privados, de asequibilidad y privacidad, de sociabilidad y aislamiento, de trabajo y tiempo libre. Según la definición que ha propuesto Anthony King (1980, pág. 205), el fin de semana fue un nuevo concepto temporal creado por los excedentes material y simbólico del capitalismo en avance:

«definido en relación con el lugar, con un lugar diferente de la localización normal del trabajo y la residencia. El fin de semana no era simplemente un período de tiempo, era además una unidad espaciotemporal. El vínculo se estableció en virtud de las nuevas formas de trasladarse: el ferrocarril, la bicicleta y el automóvil. Como la separación de los lugares donde se trabaja y se vive, este concepto también tuvo una dimensión social. La "semana laboral" se pasaba en la ciudad, junto a los compañeros de oficina, y el "fin de semana" en casa (u ocasionalmente en la "quinta"), junto a la esposa y a los niños».

King se refería principalmente a la aparición de la quinta o la casa de fin de semana como segundo hogar; en realidad podría decirse que esta era una expresión inicial y exagerada de la dicotomía entre ciudad y campo que luego el suburbio sintetizó. Pero en esa separación inicial ya estaban claramente definidos todos los elementos de la suburbanización.

El suburbio (y la casa suburbana) se construyó en estrecha proximidad con el mundo del trabajo y con el mundo de la ciudad. Sólo se lo puede comprender acabadamente dentro de las particularidades de la economía política de la sociedad industrial. Y como tal se lo debe entender en toda su martirizadora paradoja: el suburbio es liberador y también opresor desde el punto de vista político; es creador y a la vez estéril desde el punto de vista cultural; es incluyente y también excluyente desde el punto de vista sociológico. Dentro de la casa, tiempo y espacio están demarcados atendiendo a los dominios privado y público; las rutinas diarias, semanales y anuales que corresponden a cada sexo fijan las temporalidades. El hogar suburbano está destinado al ocio del varón y al trabajo femenino. Como lo hicieron notar varios comentaristas, esto se volvió posible como resultado de avances tecnológicos, sobre todo en la tecnología del trasporte. Y el hogar suburbano se vio sostenido como unidad económica, con todas sus contradicciones, por otras tecnologías: desde el refrigerador hasta la máquina de lavar ropa pasando por la aspiradora (Cowan, 1989). Las tecnologías de la comunicación, fundamentalmente el teléfono (Pool, 1977; Moyal, 1992) y la televisión, lo sostuvieron como unidad simbólica.

Los suburbios y la comunicación

Está claro que el suburbio es un producto de los cambios tecnológicos ocurridos fundamentalmente en el trasporte y la comunicación. Sin embargo, Williams, cuando caracteriza la privatización móvil inscrita en la reciente generación de tecnologías de la comunicación, destaca la vigorosa tensión que subyace en el corazón mismo de la vida suburbana: una tensión que se establece entre movilidad y estasis, individualidad y colectividad, vida privada y vida pública. Así como las primeras tecnologías del trasporte, el ómnibus, el tranvía, los ferrocarriles, los subterráneos y el automóvil suministraron un mecanismo tanto para la dispersión de la población como para su reconsolidación, la segunda generación de tecnologías de la comunicación fortaleció, en su distanciamiento espaciotemporal parroquial y global, el estilo de vida ya desarrollado en el suburbio. Adelantándonos un poco en el análisis, podríamos considerar que el espacio que ocupó la televisión había sido creado por un entramado social y cultural ya preparado de antemano; un tejido —de fibras naturales y de fibras hechas por el hombre— que, en su fundamental hibridización, proporcionó el ámbito adecuado para la aceptación más o menos resuelta de todos los compromisos y todas las contradicciones que ofrecía el nuevo medio.

Margaret Morse, en un análisis muy sugerente, caracteriza esta hibridización desde el punto de vista del *no espacio*:

«un no espacio de experiencia y de representación, un "en otra parte" que se instala en lo cotidiano. El no espacio no es algo misterioso o extraño para nosotros; antes bien, es el

110

sitio predilecto para criaturas de hábitos. La base —aunque poco reconocida— de la experiencia cotidiana son esas prácticas y habilidades que se pueden ejercitar de manera semiautomática, en un estado de distracción, tales como conducir el automóvil, hacer compras o mirar televisión. Esa base no tiene una ubicación precisa, es un terreno parcialmente desrealizado del cual emana una nueva ficción cotidiana», Morse, 1990, págs. 195-6.

En el análisis de Morse, la práctica de ver televisión tiene sus analogías en los actos de conducir un automóvil o salir de compras, y en las otras manifestaciones particulares, simbólicas y materiales, de la vida suburbana: la autopista y los grandes centros comerciales de las afueras. Creo que este concepto es importante y, en esencia, correcto, aunque la noción misma de no espacio sugiere una especie de vacío cultural que yo personalmente estoy más dispuesto a rechazar. Ver televisión, conducir y hacer las compras, análoga y mutuamente, definen más bien un espacio potencial, un espacio híbrido, dentro del cual las familias, los individuos y los vecindarios pueden crear diversamente una parte de su propia cultura y de sus propias identidades: espacios para soñar, pero también para actuar. Aquellos espacios son el producto de los cambios tecnológicos y sociales, pero son espacios que también se reconstruyen permanentemente en las actividades diarias de aquellos que los frecuentan. . . distraídos quizá, pero sin embargo participantes comprometidos en las lides incesantes de la vida cotidiana.

Con todo, los suburbios son a la vez consecuencia y causa de los cambios producidos en los medios de comunicación. El primer crecimiento de los suburbios londinenses es significativamente la historia del sistema mejorado de trasporte público que permitió el nacimiento de la práctica de viajar para ir al trabajo como la característica *sine qua non* del suburbio. El primer ómnibus comenzó a circular en 1829. En 1834, había más de cien servicios de ómnibus sólo en la zona sur de Londres. La primera línea de ferrocarril suburbana construida en Londres (que unía Londres con Greenwich) se inauguró en 1836; la siguió el Metropolitan Railway en 1863, y el subterráneo inició sus primeros viajes en 1890. Los billetes del tren y del subterráneo se ofrecían a bajo precio a fin de alentar a la clase obrera a alejarse del centro de la ciudad. El tranvía se electrificó en 1901 y el ómnibus se motorizó en 1909. Se estima que en 1900 en la región de Londres y sus alrededores se vendían 250.000 billetes de trasporte. Ya en el siglo veinte, los ferrocarriles suburbanos se expandieron y se construyeron carreteras suburbanas para unir los suburbios entre sí, y a cada suburbio, con el centro de la ciudad. Habían llegado los automóviles. Está claro que otros factores de importancia participaron del crecimiento de los suburbios (Thorns, 1972, págs. 35 y sigs.). Pero es igualmente claro que la creciente movilidad de una población hasta entonces urbana —y no nos referimos solamente al caso de Londres— constituyó el elemento catalítico esencial para el crecimiento del suburbio en el Reino Unido y en el resto del mundo.

En Los Angeles, esa ciudad suburbana por excelencia, el proceso fue similar en cierto sentido, aunque evidentemente muy diverso por su carácter y sus tiempos. Como señala David Brodsly, Los Angeles fue casi por completo el producto del desarrollo del ferrocarril y de las autopistas, una ciudad suburbana que sólo forma una unidad en virtud de un enrejado de mediaciones concretas, una dispersión urbana, un garabato urbano:

«No podemos desestimar el poder del sistema de autopistas para modelar la sensibilidad metropolitana [sic]. Las autopistas extendieron casi por sí solas la esfera de lo asequible y por lo tanto ampliaron aquello que la mayor parte de la gente reconoce como su ámbito metropolitano (. . .) Como resultado de la construcción de nuevas carreteras y de las mejoras de las grandes autopistas, mientras que en 1953 en media hora de automóvil se podía unir el centro cívico con puntos situados a 420 kilómetros cuadrados a la redonda, en 1962 esa cantidad de kilómetros aumentó a 1132 (. . .) un incremento del 175 por ciento (. . .)

»En la metrópolis, la distancia llega a ser una función del tiempo», Brodsly, 1981, págs. 32-3.

Los Angeles es una metrópoli suburbana. Brodsly sugiere que es «una polémica viva contra la extensa metrópoli industrial y también contra el pequeño poblado provincial (. . .) una sociedad sobre ruedas integrada por neumáticos» (ibid., págs. 33, 37). La autopista conecta una serie de puntos, espacios no-lugares, y la metrópoli creada por ella se ha convertido en un mero contexto para habitar, un espacio de paso. Los trayectos se miden con arreglo al tiempo, al tiempo requerido, al tiempo que se gasta, en la impenetrable privacidad, al mismo tiempo doméstica y suburbana, del automóvil.

Pero el automóvil, en particular, y su extensión por la red carretera diseñada para acomodarse a él, no es sólo un artefacto material, un objeto tecnológico. El automóvil se sitúa en el centro de un sistema socioeconómico y simbólico (Lefebvre, 1984, pág. 100). Ante todo, se lo puede considerar parte inseparable de casi todos los aspectos del estilo de vida suburbano, que fortalece la simbiosis de naturaleza y cultura, de lo público y lo privado (por la que se define la especificidad del suburbio), y que a la vez es fortalecida por ella.

James L. Flink (1988) habla del complejo automóvil-refrigerador. El automóvil, junto con toda la parafernalia de tecnologías domésticas encabezadas por el refrigerador, modificó la forma de comprar y preparar las comidas. Las consecuencias fueron profundas, tanto para el comercio minorista (el supermercado remplazó a la tienda de comestibles) como para la vida doméstica (aunque es discutible que el «ama de casa» se haya liberado gracias a ese progreso, Cowan, 1989; Gershuny, 1982). Según Flink, la cocina comenzó a perder su jerarquía como centro de la vivienda. Cada vez más gente come afuera y consume comidas rápidas. Todo esto también tuvo profundas consecuencias para la arquitectura y la vida doméstica, particularmente en los Estados Unidos, donde el automóvil alentó el hábito de pasar el tiempo libre fuera de la casa. Se eliminaron el porche de entrada y el vestíbulo. Las habitaciones comenzaron a ser menos especializadas y el garaje se trasladó al frente de la casa y luego se convirtió en parte integrante del hogar. «[La] prominencia del sendero de entrada para el automóvil y el paso directo del garaje a la cocina trasformaron a la casa suburbana en una extensión de la calle» (Flink, 1988, pág. 167).

La casa suburbana puede haberse convertido en una extensión de la calle, pero el automóvil llegó a ser una extensión de la casa suburbana. Las fronteras entre los espacios público y privado se hicieron menos nítidas, más permea-

113

bles, hasta trasparentes. En realidad, las nuevas casas suburbanas tenían grandes ventanales desde los cuales podían observarse los igualmente amplios ventanales de los vecinos y, a través de ellos, todos los objetos que los habitantes de cada vivienda querían exhibir a fin de expresar su propio status y de revelar a los ojos de todos su identidad.[2]

Si podemos atribuir la dispersión de la población en el suburbio al automóvil (y a las formas anteriores, públicas, de trasporte masivo), podemos asignar su consolidación a las tecnologías electrónicas de comunicación: el teléfono, la radio y, después de esta, la televisión. El suburbio sigue existiendo, desde luego. Y es todavía un híbrido. Una materialización, en el espacio y en el tiempo, de la fusión que la cultura impuso a la naturaleza. La máquina en el jardín. Conexión y separación. Privatización móvil. La radio y el teléfono dejaron a la gente donde la gente estaba. Ya no hizo falta viajar. Cada vivienda llegó a convertirse en el centro de una red: una red de emisión donde naciones y vecindarios compartían una cultura común (Scannell, 1989); y también una red de telecomunicaciones donde las casas, a través de la actividad (principalmente del «ama de casa») se vinculaban con otras casas de parientes y de amigos (Moyal, 1989). La disminución del número de personas que asisten al cine es un síntoma de que el entretenimiento se ha recluido en el hogar. El aumento de las ventas de todo lo relacionado con la consigna «hágalo usted mismo» indica otra dimensión de ese «quedarse en casa» que los medios permiten y alientan.[3] En 1938, con una extraordinaria habilidad para el presagio (aunque quizá de manera algo confusa), Lewis Mumford vaticinó todo esto:

«Con el retorno del entretenimiento al hogar, gracias al fonógrafo, la radio y la proyección de imágenes [sic] —y con la

[2] Esto, por supuesto, no es exclusivo de las clases medias recién movilizadas de los suburbios norteamericanos. Lo mismo puede decirse, entre otras, de las clases obreras inglesas (véanse Roberts, 1973; Martin, 1981) y de las brasileñas (Leal, 1990).

[3] Véanse Tomlinson, 1990; y Willmott y Young, 1960, pág. 27: «El marido agricultor reaparece con una nueva apariencia, como horticultor antes que como agricultor, como constructor antes que como vaquero, como hombre ocupado de mejorar no ya una franja de tierra cultivable, sino la propiedad familiar semiaislada del número 33 de Ellesmere Road».

114

perspectiva próxima de la televisión—, la vivienda moderna ganó en ofertas recreativas lo que había perdido con la desaparición de muchas de las antiguas actividades domésticas. La radio y el teléfono, además, hicieron de la vivienda un centro de comunicación no menos importante que la antigua plaza del mercado», Mumford, 1938, pág. 467.

Pero lo que las nuevas tecnologías hicieron posible y lo que encarnó el suburbio no fue sólo el carácter del espacio doméstico ni, en realidad, la domesticación del espacio público. Quizá sea aún más significativo el cambio producido en el ambiente político que acompañó a esas trasformaciones sociales y tecnológicas, un cambio de gran importancia potencial, en la relación entre la esfera privada y la esfera pública y en lo que yo llamaré la suburbanización de la esfera pública.

La suburbanización de la esfera pública

La aparición de la esfera pública en la sociedad capitalista, su posterior decadencia o deterioro, y el papel de los medios tanto en su ascenso como en su caída han sido objeto de un arduo debate. Evidentemente no podemos referirnos aquí a todas estas cuestiones ni dar una explicación plenamente satisfactoria del asunto. No obstante, el rango permanente alcanzado por la esfera pública —un espacio público cultural y políticamente definido en el que el proceso democrático, el vaivén de las discusiones informadas y esclarecidas, pueden desenvolverse sin que los estorben ni los aherrojen las fuerzas del Estado o los acuerdos del mercado— tiene una enorme importancia tanto en el macro como en el micronivel político. Entre otras cosas, lo que está en juego aquí es la calidad de la política de la vida de todos los días, la calidad de la emisión y el papel de la televisión en cuanto a proporcionar un marco a esa política y, sobre todo (desde el punto de vista de la argumentación que desarrollo aquí), la calidad de la política suburbana y la política del suburbio, que podemos considerar surgidas durante los tiempos modernos. Lo que también está en juego es la naturaleza de la privacidad, y de la privatización, pues lo público y lo privado sólo pueden definirse en la relación de uno con otro. Lo público y lo privado modifican su carácter y el equilibrio que mantienen entre sí a medida que los cambios sociales, culturales y económicos afectan la institucionalización y la dinámica del poder, tanto en el nivel estructural como en el nivel cotidiano.

Todo análisis de la aparición y la supuesta decadencia de la esfera pública en la sociedad capitalista —puesto que hay quienes sostienen que la esfera pública es un producto específico del capitalismo— debe partir de los trabajos de Jürgen Habermas.

Habermas (1989) describe la aparición, ocurrida inicialmente en Gran Bretaña en el siglo XVIII, de lo que llama la esfera pública como una consecuencia directa de la liberación material y cultural de la burguesía producida por el avance de la sociedad capitalista. Esta nueva clase obtuvo los recursos materiales y el tiempo para introducir «en público» —en la literatura, en los periódicos, en las discusiones de los cafés— el mundo de los grandes asuntos: sus asuntos. Esta esfera pública ocupó un espacio entre la creciente dominación que ejercía el Estado sobre la sociedad civil y el terreno privado de las relaciones económicas y personales, mientras que estas últimas relaciones, las personales, fueron progresivamente replegándose y haciéndose más privadas. La esfera pública o, por lo menos, la idealización que de ella hace Habermas, proporcionó no sólo la oportunidad, sino también los recursos, para que el individuo privado participara (todos los individuos privados, en principio) en una política de discusión racional, una política en la que el negocio del Estado (y el estado del negocio) podía estar sujeto a análisis y a debate. Para que tal esfera pública gozara de plena vitalidad era indispensable la presencia del periódico, originalmente concebido como un presentador de información, pero que durante el siglo XVIII fue convirtiéndose gradualmente en un foro para expresar opinión.

Habermas sostiene que ese breve florecimiento de la esfera pública empezó a declinar cuando las demás instituciones creadas por el capitalismo adquirieron predominio. El Estado cada vez más intervencionista que tomó paulatinamente más y más responsabilidades que tradicionalmente concernían a la sociedad civil (bienestar, educación), y el creciente poder del mercado y del capitalismo monopólico,

116

redujeron la esfera pública a una dimensión insignificante. El resultado de todo ello fue la comercialización y la «masificación» de la cultura, el control de la información y las profundas desigualdades de acceso a los foros públicos. Los ciudadanos se trasformaron en consumidores; la esfera pública se refeudalizó. Los medios masivos de comunicación, que al principio constituyeron el soporte esencial del debate público libre, se convirtieron en instrumentos para suprimirlo a medida que «se empleaban nuevas técnicas para ungir a la autoridad pública del tipo de aura y prestigio personal que alguna vez fue concedido por la publicidad organizada de las cortes feudales» (Thompson, 1990, pág. 113). El ciudadano privado, el actor individual de la escena pública, fue relegado a las márgenes de una domesticidad uniforme y aislada:

«El repliegue de la esfera privada hacia los espacios interiores de una familia conyugal en gran medida liberada de sus funciones y cuya autoridad se había debilitado —el tranquilo arrobamiento de la intimidad hogareña— ofrecía sólo la ilusión de una esfera personal perfectamente privada; porque, en la medida en que las personas privadas se retiraban de sus funciones socialmente controladas como propietarios para desempeñar los roles puramente "personales" del uso sin compromiso del tiempo libre, caían directamente bajo la influencia de autoridades semipúblicas, sin la protección de un terreno doméstico protegido institucionalmente. La conducta adoptada en el tiempo libre suministró la clave para la privacidad inundada de luz de la nueva esfera», Habermas, 1989, pág. 159.

La expresión «privacidad inundada de luz» que aparece en esta cita capta perfectamente otro aspecto de la vida suburbana que puede agregarse a la «privatización móvil» de Williams. El suburbio se ve reforzado como oxímoron social y cultural. Lo que se manifiesta en este caso, arquitectónicamente, en el carácter dialógico del ventanal y, desde el punto de vista político, en el hecho de prestar más atención a la política del status que a la política del Estado (Veblen, 1925).

La caracterización que Habermas hace de la esfera pública merece una cantidad de críticas evidentes, pero también tiene un número considerable de aspectos positivos.

Como señala Garnham (1986), la fuerza de la caracterización de Habermas está en la importancia que atribuye a una esfera separada, distinta de la economía y del Estado, y en la importancia correlativa que asigna a unos medios fuertes e independientes, capaces de suministrar el soporte esencial para una política democrática significativa. Las debilidades del enfoque de Habermas son históricas y sociológicas. La esfera pública nunca fue pública en el sentido de que todos los miembros del público tuvieran idéntico acceso a ella. Para cualquier fin práctico, el acceso estaba limitado a los varones burgueses. El enfoque es además individualista; en efecto, supone que el individuo tiene pleno acceso a toda la información y a todos los debates que importan, e igualmente, que no existen instituciones mediadoras en la esfera pública cuya tarea sea manejar y controlar el movimiento de la información dentro de tal esfera (*ibid.*).

Pero, más en la sustancia, Thompson (1990) cuestiona no sólo la precisión histórica sino también la relevancia actual de la posición de Habermas. Si bien algunos otros autores (por ejemplo, Elliott, 1982; Lodziak, 1986) la consideraron suficiente para sentar las bases de una crítica general de la «política del consumismo» dentro de la sociedad moderna, Thompson sostiene que Habermas no sólo interpreta mal la historia, sino que el ambiente actual de los medios asegura el mantenimiento continuado de la esfera pública, aunque no en los términos con que la define Habermas. Puesto que los argumentos de Thompson son importantes para exponer mi propia posición en relación con la suburbanización de la esfera pública, haré seguidamente un breve repaso de ellos.

Thompson señala cuatro cuestiones. La primera es que el concepto defendido por Habermas de que la comercialización de los medios masivos de comunicación llevó a refeudalizar la esfera pública ha sido desmentido por las contradicciones que presenta la comunicación moderna; la mayor trasparencia, la multiplicidad de canales y un electorado mejor informado son condiciones que proporcionan, por un lado, mayor alcance a los comunicadores y, por el otro, más posibilidades de ofrecer resistencia a las audiencias. En segundo lugar, Thompson (junto con buena parte de los estudios más recientes sobre los medios) sugiere que Habermas subestima el compromiso activo del que participan los consumidores de los medios, pues los considera por completo vulnerables a la influencia mediática, y sostiene que Habermas también subestima el nuevo tipo de fragilidad a la que están expuestos los procesos políticos en la era de la comunicación masiva.[4] La tercera crítica que hace Thompson es la de que Habermas interpreta mal la naturaleza de la ideología, pues la considera exclusivamente (por lo menos en su primer trabajo) en la perspectiva de la falsa conciencia y de la despolitización de la vida cotidiana. Por último, Thompson pone en tela de juicio la aplicabilidad a la sociedad contemporánea de la versión ofrecida por Habermas de la esfera pública. En este sentido, Thompson sugiere que la noción de Habermas de esfera pública se basa exclusivamente en un enfoque de la cultura de «letra impresa». Los medios electrónicos de comunicación modificaron radicalmente las condiciones en las que se desarrolla el debate público. Además, la complejidad de la política nacional e internacional ha hecho imposible una formación de opinión participativa en ese nivel, aunque aún pueda conservarse una democracia participativa en otros niveles.

Thompson procura mantener una idea de la esfera pública no obstante los cambios significativos operados en la vida política, cultural y tecnológica de la sociedad moderna, de los que él toma nota:

«La televisión y otros medios de comunicación generaron un nuevo tipo de esfera pública que carece de límites espaciales, que ya no se asocia necesariamente a la conversación dialógica y que se ha hecho accesible a una cantidad indefinida de individuos situados acaso en escenarios domésticos privatizados. Antes que tocar la marcha fúnebre de la vida pública, el progreso de los medios masivos de comunicación ha creado un nuevo tipo de publicidad y ha trasformado fundamentalmente las condiciones en que la mayor parte de la gente puede experimentar lo público y participar hoy en lo que podría llamarse un ámbito público», Thompson, 1990, pág. 246.

¿Esfera pública viva o muerta? ¿Participación real o imaginada? ¿Un nuevo tipo de publicidad o un viejo modelo de

[4] Analizaré más detalladamente estas cuestiones en el capítulo 6.

esfera seudopública? No es sencillo responder a estas preguntas y, evidentemente, Thompson no les da respuesta satisfactoria. Y sobre todo, no logra averiguar en qué consiste ese ámbito público ni llega a considerar qué clase de poder puede ejercerse en su interior.

Lo que sigue estando en juego es la compatibilidad o incompatibilidad que existe entre el carácter particular de los medios masivos de comunicación contemporáneos, su domesticación y una participación activa en la vida pública: la compatibilidad o incompatibilidad entre democracia y consumismo. Paddy Scannell (1989) sostiene que la emisión de servicio público, por lo menos en el caso del Reino Unido, suministró el marco para un genuino compromiso de la audiencia con la vida pública; en su razonabilidad, no en su racionalidad. La emisión de servicio público crea, gracias a su variedad y, sobre todo, por su modo de destinación —en su domesticación de la proferencia pública— lo que Scannell llama un *ethos* comunicativo en el que un estilo de presentación conversacional y distendido establece las bases para que se produzcan de un modo particular los elementos esenciales de la vida pública contemporánea:

«En la televisión, el mundo parece común y corriente, accesible, cognoscible, familiar, reconocible, inteligible, compartible y comunicable a poblaciones enteras. Cualquiera puede hablar de él. Este mundo no existe en ninguna otra parte. No es un reflejo, un espejo, de una realidad que estuviese allí afuera y más lejos. Es un componente constitutivo fundamental, que se ve pero que pasa inadvertido, de la realidad contemporánea compartida por todos», Scannell, 1989, pág. 152.

En esta versión de cultura pública, las proferencias públicas se domestican y, correlativamente, lo doméstico llega a formar parte de la cultura pública (*ibid.*, pág. 143). Al suministrar información e ideas, imágenes y relatos, la emisión proporciona la materia prima de la vida cotidiana: su chismorreo y su adhesivo. Según Scannell, aquí lo que surge es un nuevo tipo de esfera pública —genuina—, pero una esfera pública que se construye en el nivel local, aun cuando para construirla se utilicen materiales de origen nacional o global.

El suburbio es el lugar donde se supone que esta cultura adquiere su forma. Y esta cultura pública es esencialmente suburbana. Comprenderlo no lleva —como sostuvieron Habermas y otros— a oponer una política de la esfera pública a una política del consumismo, en la cual la participación en la democracia se remplaza por la participación en el mercado. Antes bien, se trata de entender que la política particular de la modernidad se construye desde la mezcla de la información pública massmediática (y el entretenimiento público) y la participación masiva en el consumo de imágenes, objetos e ideas, y de entender de qué modo se apropian de estos los individuos, las casas y los grupos para construir su identidad propia y sentar las bases de la acción social tanto individual como colectiva. Precisamente, esta mezcla particular de lo público y lo privado, de lo individual y lo colectivo, del demócrata y el consumidor es lo que se forma en las actividades de la vida cotidiana, y en realidad se ha convertido en el sello de la vida «hibridizante» del suburbio (véase Whyte, 1956, pág. 280). Esta hibridización plantea algunas cuestiones sobre el potencial democrático de los medios de comunicación en general y de la televisión en particular, porque, como gran parte de lo que ocurre en el suburbio y a través de él, la tensión entre creatividad y esterilidad, entre poder e impotencia, que se expresa en la política suburbana, a menudo puede considerarse sumamente desigual. Es, o puede ser, democrática sólo nominalmente.

Como observa Lewis Mumford:

«No obstante, los constructores del suburbio, al crear un ambiente biológico más saludable, no tuvieron en cuenta la necesidad de un ambiente social más adecuado (. . .) [el suburbio] inició un proceso de despolitización que se expandió firmemente a medida que el suburbio mismo se esparcía por toda nuestra civilización», Mumford, 1938, pág. 217.

Una cantidad de estudios de casos dan indicios sobre el modo en que se desarrolló la política del suburbio. La política suburbana se extiende siempre desde la acción organizada dentro de la «comunidad» o en favor de esta hasta la participación en clubes u organizaciones que tienen o no una identidad política declarada, pero que indudablemente pueden tener —y con frecuencia la ejercen— influencia política, co-

121

mo es el caso de las asociaciones de padres y profesores. La política suburbana incluye también, por supuesto, por lo menos en las sociedades formalmente democráticas, el voto. Pero para considerar la política suburbana es necesario reconocer también la ausencia de política, o quizá sea más exacto decir una antipolítica de retraimiento de la esfera pública: de conformismo, egoísmo y exclusión.

En el corazón de casi toda la política, y aun de la vida, de un suburbio subyace el deseo de evitar el conflicto. El estudio realizado por Baumgartner sobre un suburbio norteamericano (1988) llama la atención sobre lo que el autor llama «minimalismo moral», cuya fuente es ese deseo mismo de evitar conflictos. Según la caracterización de Baumgartner, el suburbio es un ámbito que combina transitoriedad con homogeneidad, y autonomía e independencia con una relativa ausencia de extraños. Mantenerse al margen es la principal estrategia que adoptan los habitantes del suburbio cuando se ven frente a amenazas, conflictos o perturbaciones. Baumgartner pinta un panorama del ambiente vecinal en el que todos los aspectos de la vida social —sobre todo aquellas dimensiones de la vida social que crean un sentimiento de comunidad— se han perdido. En un suburbio de status elevado, hasta al extranjero —la más vigorosa amenaza— se lo trata con actitud insípida y despreocupada: «Sólo cuando pueden sentirse seguros de que alguien cargará con todo el peso de la autoridad moral y les permitirá mantener un completo anonimato sin compromiso alguno, los habitantes del suburbio aprueban el ejercicio del control social» (Baumgartner, 1988, pág. 127). El autor señala otra paradoja sociológica de la vida suburbana: la yuxtaposición mutua de un tipo de fragmentación e individualización básicas dentro de una vida social que presenta un alto grado de orden: «Las mismas tendencias más evidentemente desintegradoras de la vida moderna en realidad alientan un orden social armonioso» (*ibid.*, pág. 134).

El punto de vista de Baumgartner sobre la política suburbana quizás haya estado excesivamente determinado por la serenidad del suburbio particular del que extrajo los datos básicos de su investigación, pero también por el hecho de que este autor parece construir su perspectiva del orden suburbano atendiendo principalmente a la defensa que sus habitantes esbozan frente a la amenaza. Evidentemente, esa es una dimensión importante de la vida política suburbana, como bien lo ilustra Richard Sennett (1986, págs. 301 y sigs.) cuando analiza la defensa de Forest Hills hecha a comienzos de la década de 1970. Sin embargo, como lo señala el propio Sennett, semejante actitud defensiva también puede sentar las bases para establecer una política vecinal coordinada y agresiva, una política de ultraje moral, territorialidad y «guetización», como ocurrió en un suburbio de Nueva York habitado predominantemente por judíos de clase media que se sintió amenazado porque el municipio proyectaba construir viviendas obreras y potencialmente de diversas etnias en lo que ellos consideraban su vecindario. Y no es un caso aislado ni inusual. A menudo la política suburbana es sólo una política democrática dentro de los estrechos confines del suburbio mismo. No en mi propio jardín.

De todos modos, percibir la política como una defensa puede llevar a subestimar la significación de otras dimensiones de vida pública en el suburbio. Y también, a estimar excesivamente el suburbio como la clave determinante de aspectos de la estructura social de vida cotidiana que se observan dentro de él. En este sentido, la política suburbana es también una política de clase: y también lo es la política dentro del suburbio. Por ejemplo, Thorns (1972) llama la atención sobre el grado de participación en diversas organizaciones (desde organizaciones religiosas hasta asociaciones de padres y maestros, y delegaciones locales de los principales partidos políticos nacionales) observado en una cantidad de estudios sobre la vida suburbana tanto del Reino Unido como de los Estados Unidos. Los porcentajes de participación evidentemente varían; pero un dato notable es la tendencia más o menos consistente de las clases medias a formar parte de diversas organizaciones. Los suburbios de clase media muestran un grado más alto de participación en las actividades del «vecindario« o de la «comunidad» del que puede advertirse en los suburbios de clase obrera (Gans, 1967; Seeley y otros, 1956); y dentro de los suburbios más heterogéneos, las personas pertenecientes a las clases medias manifiestan un grado más alto de participación que aquellas personas que nominalmente son de clase trabajadora (Willmott y Young, 1960; Thorns, 1972). Esto es así tanto por la afiliación como por la intensidad de la participación. Pero quizá sea menos cierto, o al menos esté menos claro, en el caso de aquellas actividades (cada vez más informales) que podrían caracterizarse como participación en ocupaciones de ocio público, o en el caso de la sociabilidad compartida en público o en la privacidad de los hogares. No obstante, los datos recogidos parecen sugerir que estas actividades van privatizándose poco a poco, especialmente si se las compara con el modelo de vida social típico de la ciudad (Willmott y Young, 1960). Y esta privatización es el tema que está en juego cuando se discute el papel de los medios en el mantenimiento de la esfera pública.

Pero debemos recordar, en fin, que la política suburbana incluye además una política más sutil, pero no necesariamente por ello menos importante, de identidad: una política doméstica en la que intervienen, ante todo y de manera central, las cuestiones de género. Estas políticas —la política de las tareas del hogar (Oakley, 1974), la política de la práctica de mirar la televisión (Morley, 1986), la política del espacio doméstico (Hunt, 1989; Mason, 1989)— son todas expresiones no sólo del dominio privado, sino también del público, de la constante negociación y renegociación de las relaciones e identidades de género (y de edad): en la esfera privada, se desarrollan en la sala, el dormitorio o la cocina; en la esfera pública, en las reuniones integradas o segregadas de mujeres y hombres que se nuclean en asociaciones comunitarias, se reúnen para organizar el cuidado de los niños o en los bares o en los locales partidarios.[5] Como ya dije, el hogar es un componente esencial de la política de status —la política suburbana *par excellence*— en la cual un compromiso con los productos para el consumidor de la esfera pública suministra las bases para una lucha sutil por el yo, una lucha intensamente marcada por la cuestión de los géneros.

Evidentemente sostengo aquí que una comprensión de la dinámica de esos diversos procesos políticos debe tener en cuenta la televisión (y los demás medios de comunicación). Ahora quiero concentrarme específicamente en tres aspectos del interés por la televisión. El primer aspecto concierne

[5] Particularmente, Lyn Richards (1990), en su prolijo análisis de las relaciones sociales propias de un suburbio australiano recién creado, señala de qué modo la Asociación de Residentes y los grupos de autoayuda surgidos en la comunidad, y a través de los cuales desarrollaban su política, fueron también el asiento de una política de clase y sexista que reproducía las estructuras esperadas de división y control.

al género que proporciona, quizá más claramente que ningún otro, imágenes de la vida suburbana: la telenovela, un género que —puede considerarse— ofrece desde el punto de vista mítico, y desde los puntos de vista funcional, formal y sustantivo, imágenes y modelos del estilo de vida suburbano. El segundo aspecto se aprecia considerando que de algún modo la televisión, por sus horarios de programación y por la particular temporalidad de la narrativa misma de las telenovelas, establece un marco para la estructura temporal del día suburbano. El tercer aspecto me lleva a enfocar brevemente los modos en que este género, el de la telenovela, brinda la materia prima, el elemento adhesivo, para el trato social en ambientes suburbanos (y también en otros ambientes): a través de las charlas y los discursos secundarios sobre las tramas y los personajes de relatos cotidianos referidos a gente que habita la ciudad, los suburbios y el campo.

Los textos suburbanos

En el capítulo anterior llamé la atención sobre los diferentes modos en que la televisión —principalmente mediante las comedias de situación— ofrece modelos para la vida familiar, al regurgitar interminablemente la dinámica familiar tanto en el escenario doméstico como en el laboral. En la perspectiva de mi argumentación, la telenovela es una forma más compleja.[6] Sobre todo en el Reino Unido, este género parece mucho más interesado en otro tipo de ambientes antes que en el suburbano: por un lado, el escenario predilecto es la zona céntrica de la ciudad, de clase obrera, revitalizada o en decadencia (*Coronation Street*,

[6] Lynn Spigel (1992) se refiere a la relación entre las telenovelas y las comedias de situación y la cultura convergente de los suburbios. Desde el punto de vista de la autora, la familia nuclear y el suburbio van convirtiéndose progresivamente en sinónimos y los dos géneros van haciéndose paulatinamente indistinguibles entre sí. No obstante, creo que es importante distinguirlos, pues al hacerlo podemos mencionar una serie de aspectos que Spigel pasa por alto. En el presente contexto, uno de los principales aspectos que vale la pena destacar es la naturaleza sistémica de la calidad suburbana de la televisión y la particular incorporación de esa característica en la telenovela contemporánea.

EastEnders); por el otro, parecen estar de moda los idilios campestres (como en el caso de *Emmerdale*). Sólo *Brookside*, la telenovela más que real ambientada en Liverpool, tiene una ubicación firmemente fijada en el corazón del suburbio, aunque también podría decirse que *Crossroads* es un ejemplo de serie televisiva situada en un suburbio y que además encarna valores profundamente suburbanos y una especie de ontología suburbana (en su título y hasta en su norma de actuación).[7] Las telenovelas norteamericanas, en cambio, están —o estaban— situadas de modo mucho más consistente en un ámbito suburbano (o en un pequeño poblado); una versión de ellas brinda el estímulo paródico para la reciente *Twin Peaks*. Podría asignársele un estilo a grandes rasgos similar a la adaptación australiana del género. Finalmente, y de manera más general (y más internacional), las series del estilo *Dallas*, *Dynasty* y otras semejantes, aunque no sean telenovelas en el sentido estricto del género (que es esencialmente parroquial), ofrecen una visión de lo que podría caracterizarse como una especie de hiperrealidad suburbana, en la que los diversos personajes expresan el nuevo horizonte, y pugnan con la tensión de la trasferencia de los antiguos valores tradicionales occidentales al nuevo Occidente: un vigorosa mezcla de lugar, tradición, valores familiares y la lucha frenética por «la estabilidad, la felicidad y el éxito» (Newcomb, 1982, pág. 171).

Con todo, el argumento de que la telenovela es un género suburbano no se basa necesariamente, o no solamente, en un análisis del contenido de ejemplos individuales. Lo que pretendo sostener es que, en su conjunto (es decir, tomado como un sistema en el sentido que le da Lévi-Strauss al término), el género de la telenovela suministra míticamente una forma cultural en la cual se exteriorizan los problemas del suburbio y de lo suburbano. Evidentemente, esto es algo

---

[7] «Bien, se trataba de Meg Richardson, la viuda que súbitamente se encontró viviendo en una gran casa que ella no podía permitirse mantener, y que tampoco quería abandonar. Y construyeron una autopista que atravesaba el campo, de modo que ella decidió capitalizarlo, pues en aquella época los moteles eran algo por completo novedoso en este país y el productor, nacido en Australia, era muy consciente de esta cuestión de los moteles» (Margaret French, gerente de producción de *Crossroads*, citada en Hobson, 1982, pág. 41). Sobre los moteles como «objetos transicionales», véase Morris (1988).

que no se puede demostrar de manera terminante. Pero trataré de explicar lo que quiero decir.

El análisis que hace Lévi-Strauss (1969) de la naturaleza sistemática de la mitología precolombina depende de manera crucial de comprender cada mito y cada serie de mitos como parte de un sistema más amplio que abarca todos los mitos. Dentro de este sistema, los mitos (relatos individuales o variantes de relatos) están vinculados entre sí por relaciones de trasformación. Estas relaciones de trasformación, los principios en virtud de los cuales —según sostiene Lévi-Strauss— se mantiene unido el sistema, proporcionan el medio a través del cual cada relato mítico puede entenderse también como surgido de una sociedad y una cultura particulares. El narrador habrá de basarse en los elementos que tiene a su alcance en su propio ambiente para dar forma a su relato particular, pero acatando las reglas que son familiares a quienes lo escuchan y que también contribuyen a hacer del relato un mito, es decir, a convertirlo en algo que está en la experiencia cotidiana y, al mismo tiempo, más allá de ella. Los mitos también cumplen la función de brindar una especie de comentario sobre los problemas básicos de la existencia de cada sociedad y de todas las sociedades, pues tratan de asuntos que atañen a la vida y a la muerte, a las relaciones entre los géneros, a la naturaleza y a la cultura, al origen de las cosas, de modo tal que —por la clausura interpretativa que ofrece cada narrativa— resultan tranquilizadores.

La telenovela no es una narrativa mítica en el sentido simple en que la define Lévi-Strauss, ni pretendo decir que esté estructurada como los mitos analizados por él, a saber, con el mismo grado de clausura narrativa (véase Geraghty, 1990). Pero sí quiero proponer que dentro de cada telenovela como ejemplo del género[8] y también dentro del género como sistema mítico se puede ver el mismo tipo de narrativa y de dimensiones funcionales. El sistema de la telenovela

[8] Otro problema que presenta la posición de Lévi-Strauss está en la definición de los límites del sistema. La telenovela no es en modo alguno un sistema claramente delimitado. Su carácter genérico es inestable y difuso en los bordes. Es un género que se trasforma permanentemente (como lo reconocería el propio Lévi-Strauss) pero también penetra otras formas de relato televisivo (sobre los límites del concepto de género en los estudios sobre la televisión, véase Feuer, 1992).

incluye narrativas situadas en contextos urbanos, rurales y suburbanos. Entre tales narrativas y junto a ellas, los problemas que la condición suburbana afronta y de los que ella misma es la resolución mítica (utópica o distópica) —me refiero a los problemas de la naturaleza y de la cultura, de lo rural y lo urbano, de lo ajeno y lo amistoso, de las relaciones familiares y de género, etc.— se exhiben y se elaboran constante y continuamente. Llegan a constituir una especie de coro griego que acompaña al drama de la vida cotidiana.

En gran parte de la bibliografía que trata sobre las telenovelas, el término clave que los estudiosos del género han decidido definir es el de comunidad (véase Geraghty, 1990, para un ejemplo reciente). Sin duda que esto supone una adecuada apreciación para gran parte de lo que las telenovelas tratan; sin embargo, comunidad es una noción particularmente abstracta, de modo que quizá sea más conveniente enfocar la telenovela como un problema de la comunidad moderna, o sea, de esa «comunidad suburbana» que constituye el marco de la vida de sus audiencias (aunque en modo alguno exclusivamente; véase Liebes y Katz, 1991) y de la vida de sus personajes. No obstante, esta comunidad se construye no sólo en el contenido sino también en la forma de la telenovela; en la repetición segura, interminable y estructurada de la rutina y las crisis de la vida cotidiana de sus personajes. Las poblaciones de ficción de *EastEnders* y *Coronation Street,* así como aquellas de *Brookside,* no menos que las de *Dallas* y *Dynasty,* y sobre todo las de *Home and Away* y *Neighbours,* están interesadas en una indagación cultural de la naturaleza de lo suburbano, de su corazón y de sus márgenes, de su contenido y de sus formas. Lo suburbano queda representado no sólo en cada telenovela en particular, sino también en el género como un todo. Y lo que quiero sostener aquí es que precisamente en esto se encuentra la principal importancia del género.

Pero aún podemos avanzar un poco más en esta línea. La telenovela [*soap opera*] es principalmente un género femenino. Históricamente creada para la mujer que permanecía en su hogar, percibida como la principal audiencia de los programas de radio y la principal consumidora de los jabones [*soap*] en polvo que se publicitaban en tales programas, la radionovela (y más tarde la telenovela) comenzó a emitirse en los horarios en que se suponía que el ama de casa podía escucharla sin desatender demasiado las tareas de su rutina diaria, tareas que eran en sí mismas expresión del trabajo distraído y fragmentado de la casa. Tania Modleski (1983) tomó esta percepción como aspecto central de su enfoque sobre la «sexualización» del género y sobre el lugar central que ocupa en los horarios diurnos de televisión. Tanto el programa como el horario están fragmentados. Las líneas narrativas son interminables y se completan interminablemente; las líneas del relato se fragmentan y convergen. Y los programas mismos se interrumpen para dar lugar a los espacios de publicidad:

«Las propiedades formales de la televisión diurna (. . .) se ajustan perfectamente a los ritmos de trabajo de las mujeres que permanecen en el hogar. Cada programa individual del tipo telenovela y la corriente misma de programas y de anuncios comerciales tienden a hacer placenteras la repetición, las interrupciones y las distracciones (. . .) Puesto que el "tiempo libre" del ama de casa no está demarcado tan claramente, esta a menudo debe consumir su entretenimiento mientras realiza algunas tareas», Modleski, 1983, pág. 73.

En este argumento, los programas y los horarios de la televisión forman una unidad. La vida doméstica del ama de casa, pero especialmente del ama de casa que habita en el suburbio, es un producto de la privatización móvil que es el suburbio: un mundo doméstico que se construye a través de las relaciones particulares de las esferas pública y privada tal como esas relaciones se van elaborando en el equilibrio de continuo cambiante entre trabajo y tiempo libre, tanto dentro del hogar como fuera de él. El horario de la televisión y el de la telenovela (que expresa en su fluir fragmentado su propia estructura narrativa) conforman una de las coordenadas de la estructuración temporal de lo cotidiano. La telenovela misma, en su constante rumiar las relaciones domésticas y familiares, el vecindario y el trabajo, las crisis y la rutina, el drama y la tragedia, suministra la estructura para que se reitere la asignación de roles femeninos y masculinos de la vida suburbana, pero también constituye una expresión de esa reiteración.

¿Pero qué ocurre con esa iteración? ¿Se detiene en la pantalla su relación con la telenovela? Evidentemente no.

129

Acaso una de las dimensiones más importantes del estudio de Dorothy Hobson sobre la telenovela británica *Crossroads* haya sido su voluntad de bosquejar la significación que adquirió este programa en la vida de sus espectadores y particularmente el lugar que ocupó como objeto de charlas y comentarios tanto dentro del hogar como fuera de él. Como sostiene Geraghty (1990), en la relación que establece la audiencia de las telenovelas con sus personajes hay mucho más de lo que se pueda describir cómodamente desde el punto de vista de la identificación: en efecto, por la «trágica estructura del sentimiento» (Ang, 1986), o por la constante oscilación de identificación y comparación (Radway, 1984), pero sobre todo por las conversaciones, la vida de las telenovelas penetra la vida hogareña, traspone los muros del jardín, invade la calle, los bares, las cantinas y la fábrica (Hobson, 1989). Esto es particularmente cierto en el caso de las mujeres,[9] aunque los hombres no quedan del todo excluidos. El fenómeno llega a constituir, quizá cada vez con más fuerza, el fluido vital de la sociabilidad fragmentada de los suburbios.

Vale la pena señalar, en fin, que el texto televisivo, el texto de las telenovelas en este caso, es sólo un aspecto de la proliferación de sentidos que rodean a la televisión y circulan por la vida cotidiana. El chismorreo y muchas conversaciones giran también en torno de discusiones sobre los actores, sus roles, los personajes y su vida privada, temas que se ofrecen cotidianamente en los diarios y en las revistas. Como observan Hodge y Tripp (1986, pág. 143):

«El discurso sobre la televisión es en sí mismo una fuerza social. Es el asiento principal de la mediación de los sentidos televisivos, un sitio en el que los sentidos de la televisión se fusionan con otros sentidos en un nuevo texto para formar una importante interfase con el mundo de la acción y la creencia».

Este discurso es promovido no sólo por la televisión sino por muchas discusiones parásitas, públicas, de la televisión.

---

[9] Hay mucho más por decir sobre la audiencia de la televisión en general y sobre la audiencia específica de las telenovelas. Volveré a tocar estos temas en el capítulo 6.

Analizaré más acabadamente las connotaciones de esta observación en el capítulo 6. Pero baste decir, por ahora, que la vida cotidiana —la vida suburbana en toda su condición típica— en parte está estructurada de manera múltiple por los sentidos que la televisión genera y alimenta. La telenovela, quizá destacadamente, provee gran parte del sustento de ese discurso diario, el de la vecindad suburbana y de la interacción que se desarrolla en grupos de pares.

La política del suburbio

Quizá no sea un mero accidente que Jean Baudrillard (1983) comience su estudio sobre la particularidad de la importancia que la televisión ha alcanzado en una era de simulación —una época en la que los signos y las representaciones adquieren la jerarquía de realidad en un juego interminable de referencia mutua— con un análisis de la larga saga de la familia Loud emitida por la televisión norteamericana en 1971. Objeto de un experimento de televisión-verdad, los Loud fueron presentados como una típica (o típicamente hiperrealista) familia californiana acomodada, con un garaje para tres automóviles y cinco hijos, cuya vida cotidiana podía reproducirse de manera fidedigna en la pantalla de la televisión: filmados por una cámara que observaba como si no estuviera allí, y observados luego por una audiencia que no estaba allí, pero que *estaba* realmente gracias a esa misma cámara (la forzada tortuosidad de la sintaxis pretende reproducir la forzada tortuosidad de la simulación). «¿Dónde está la realidad en todo esto?», se pregunta Baudrillard. Y responde: en todas partes y en ninguna parte. La eterna exhibición de imágenes, mercancías, espectáculos y representaciones la absorbe, la evapora, y toda esa exhibición debe su significación y su insignificancia a la insidiosa mezcla del medio y el mensaje en este nuevo imperio tiránico que ejercen los medios masivos de comunicación en la cultura contemporánea (y ahora posmoderna):

«En el caso de los Loud, por ejemplo, la televisión ya no es un medio espectacular. Ya no estamos en la sociedad del espectáculo de la que hablaban los "situacionistas", ni tampoco en los tipos específicos de alienación y represión que ello suponía. El medio mismo ya no es identificable como tal, y la mezcla del medio y el mensaje es la primera gran fórmula de esta nueva era. Ya no existe ningún medio en el sentido literal: el medio hoy es intangible, difuso y difractado en lo real, y ya no se puede decir que deforme lo real», Baudrillard, 1983, pág. 54.

En el ejemplo de los Loud (y luego en una serie similar difundida en el Reino Unido), se reproducía una versión de vida suburbana, reflejada en la lente de la cámara «móvil» y en la «fidedigna» pantalla: más real que lo real. Ni en el ejemplo norteamericano ni en el británico, la familia sobrevivió («realmente») a la experiencia. Baudrillard parece sugerir que empero la familia suburbana es el alimento perfecto para un medio cuyo sentido es precisamente la negación de sentido; para un medio cuya mayor fuerza está en la negación de la diferencia entre el mundo privado y el mundo público (véase Meyrowitz, 1985); y para un medio que, en su forma de emisión, fundamentalmente hibridiza la cultura.

La caracterización que Baudrillard hace de la televisión como medio y de la cultura posmoderna (creada por aquella, según él) lleva a desdibujar las distinciones esenciales (o esencialmente modernas) que, como ya apunté, también el suburbio amenaza con desdibujar. La cultura que crea la televisión, *inter alia*, es la cultura del suburbio que ya es el asiento de una cultura homogeneizada y despolitizada: una cultura doméstica que ya no es privada; una cultura pública que se domestica a través de los medios; una cultura politizada carente de poder; una cultura informada e informadora carente de información.

Se ha criticado con justicia a Baudrillard por el exceso de sus generalizaciones, por su tecnocentrismo, su pesimismo, y por no haber prestado suficiente atención a los factores sociológicos, políticos e históricos que, en efecto, se deberían considerar en cualquier análisis suficiente de la relación entre medios, cultura y sociedad (Kellner, 1989, pág. 72). Como lo señala Margaret Marsh (1990, págs. 188-9) en su estudio sobre el surgimiento del suburbio norteamericano:

«Los norteamericanos comenzaron a retirarse a los suburbios a comienzos del siglo XIX, pero vivir en los suburbios significó algo diferente en cada período del crecimiento suburbano (...) Desde las comunidades periféricas de comienzos del siglo pasado hasta los "tecnoburbios" de fines del siglo XX, la relación de la ciudad y el suburbio fue modificándose (...) Los suburbios residenciales de la década de 1950, que alojaban a familias nucleares con hijos jóvenes en enclaves homogéneos desde el punto de vista racial, dieron cima, más de un siglo después, a la creación de un conjunto de creencias políticas y culturales. Esa era terminó».

Los suburbios cambiaron y los medios también. En cuanto a los primeros, Marsh observa otra paradoja suburbana. La expansión de los suburbios en la sociedad norteamericana no sólo concurrió a aumentar su distancia física y cultural de las ciudades, sino también a su «urbanización» a medida que la homogeneidad daba lugar a la heterogeneidad y a medida que los ideales de familia y de comunidad, sobre todo de la clase media, se quebrantaban. El cambio en la condición de las mujeres suburbanas, que se sumaban a la fuerza de trabajo y tendían a no ser parte de una familia nuclear, atravesó esos cambios e influyó fuertemente sobre ellos.

En cuanto a los segundos, los medios, también se puede señalar una fragmentación semejante, por lo menos en el nivel de la tecnología y de los sistemas de producción. La coherencia que la emisión ofrecía a la comunidad suburbana y a la comunidad de suburbios también comenzó a quebrantarse. El satélite, el cable y el video suministran —por lo menos superficialmente— una cultura televisiva cada vez más heterogénea, que ya no está atada a horarios fijos y tiene un alcance que supera ampliamente los confines de la cultura «nacional».

Sin embargo, es fácil exagerar cuando se mencionan estos cambios. Las formas de vida que sostuvieron al suburbio a lo largo de su extensa y variada existencia así como las formas culturales que sustentaron a la televisión no van a desaparecer simplemente. Ni pueden hacerlo. Porque ambas forman un todo con la suburbanización de la cultura que, según creo, establece un vínculo esencial entre modernidad y posmodernidad. Esta cultura híbrida, que paradójicamente es estéril y al propio tiempo creadora, que ya no nos ofrece la seguridad del límite y la diferencia, se mantiene y se fortalece, como lo sostuvo Marilyn Strathern, por los desarrollos tecnológicos y la penetración de la tecnología en las reservas naturales.

Y la política del suburbio y la que se desarrolla dentro del suburbio siguen siendo en gran medida políticas domésticas de egoísmo, conformidad y exclusión que se llevan a cabo en estructuras políticas que, en su mayor parte, apenas si son reconocidas y mucho menos combatidas. La política suburbana es una política de angustia. Una política de defensa. La suburbanización de la esfera pública produjo una política de vulnerabilidad invulnerable, un frágil tejido de hebras de información e ilusión mediatizadas tecnológicamente. Cierta participación acaso se incrementó sustancialmente por las agendas nacionales e internacionales, el acceso a la vida pública y privada de quienes ejercen el poder, una crítica y un análisis constantes de las cuestiones que interesan cada día, pero los términos de esa participación y las posibilidades de que adquiera una forma real son muy cuestionables, y son en buena parte el producto de las tensiones esenciales que hay entre los medios, la cultura y el poder en la vida cotidiana contemporánea.

Del mismo modo, las elecciones que se hacen partiendo de lo que ofrece la televisión emitida, a través de las cuales los individuos —en mayor o menor grado— construyen sus propias identidades culturales y llegan a constituir componentes esenciales de su vida diaria, son todas decisiones cortadas por la misma tijera. Hasta cierto punto, todos nosotros, espectadores, somos *bricoleurs*, pero nuestro *bricolage*, aun en un mundo posfordista de especialización flexible, es el producto de un ambiente material y simbólico estandarizado —si no ya estandarizante.

La suburbanización de la cultura y la sociedad del siglo XX está sostenida, en su estructura fundamental, por las formas y el contenido ya existentes de la televisión. Podría decirse que en ambos casos se niegan los límites; en ambos casos, las diferencias se combinan; en ambos casos, la esfera pública y la privada se confunden; en ambos casos, la naturaleza y la cultura se fusionan; en ambos, realidades y fantasías se confunden; y el poder se ejerce (y también es resistido) a través de ambas. En los próximos tres capítulos, indagaré con más detalle algunas de las dimensiones de esta cuestión: desde los puntos de vista de la televisión como tecnología, de la televisión y el consumo, y del estado actual de las investigaciones sobre la audiencia televisiva.

4. El sistema tele-tecnológico

La llegada del hielo a ciertas aldeas de Sri Lanka trajo a sus pescadores tradicionales una novedosa riqueza porque así podían trasportar su pescado a los mercados del interior. Pero esas aldeas mantuvieron su vida rústica, sin electricidad, sin carreteras, sin agua corriente. Aunque carecían de lo que consideraríamos las necesidades básicas de la vida cotidiana, una cantidad de ricos pescadores invirtieron sus fortunas recién adquiridas en aparatos de televisión, en construir garajes en sus casas, en instalar cisternas para agua en los techos. ¿Por qué lo hicieron? Sobre todo, ¿por qué instalaron aparatos de televisión que no podrían mirar? Hay muchas explicaciones posibles. El antropólogo que informó sobre esta conducta (Stirratt, 1989, pág. 107) sugirió que se trataba de un ejemplo exagerado, quizás absurdo, de algo que todos conocemos: el consumo conspicuo, una imitación de los valores de la clase media. Pero otro antropólogo (Gell, 1986, págs. 113-5) nos ofrece una perspectiva diferente. Sugiere que por cierto había consumo ostentoso de la televisión, pero que este reflejaba la vida de ellos y el trabajo que los había llevado a ganarse esa nueva riqueza. La televisión simbolizaba todo lo que la vida de ellos no era: opuesta a lo desaliñado, precario, maloliente, a las incertidumbres tecnológicas y económicas de sus rutinas diarias, la televisión —«una tersa caja oscura de madera lisa no identificable, de líneas geométricas puras, una inescrutable cara gris, y en su interior, apenas visible a través de las ranuras de ventilación y los diminutos orificios de conexión posteriores, una jungla intrincada de cables, plástico y metal resplandeciente» (Gell, 1986, pág. 114)—, una televisión sin sonidos ni imágenes, llegó a constituir la encarnación de la modernidad y de los logros que ellos habían alcanzado.

Stephen Hill (1988) ofrece otra versión diferente del cambio producido en la vida de los habitantes de una aldea de pescadores de Sri Lanka. Según esta versión, no fue el hielo sino la mecanización de las embarcaciones y la introducción de las redes de *nylon* lo que trasformó la economía local, arrastrándola hacia una economía de transacciones monetarias que llevó a la bancarrota a los pescadores más pobres, socavó las relaciones sociales tradicionales y creó un microcosmos que reflejaba la estructura social de la sociedad capitalista de la cual, sin quererlo, esos pescadores pasaron a formar una parte dependiente:

«Originalmente, en las aldeas de Sri Lanka se produjo una aceptación gustosa de las nuevas tecnologías de la mecanización de las embarcaciones y las redes pesqueras sintéticas. Evidentemente, las tecnologías proporcionaban no sólo una mayor comodidad en el trabajo, sino también más riqueza y mayor poder. Pero la nueva tecnología no pudo *integrarse* ni en las prácticas productivas existentes ni en el caudal de conocimientos (. . .) detrás de esos artefactos concretos estaba el moderno sistema de la producción industrial del cual dependían los habitantes de la aldea para lograr que esas nuevas prácticas de producción subsistieran», Hill, 1988, pág. 78.

Se puede ver que la tecnología nunca aparece desnuda. No aparece neutra. Tampoco llega de manera sencilla o directa. Porque la tecnología llega, de manera dramática en el caso de Sri Lanka, quizá furtivamente en nuestro propio caso, portadora de una carga de implicaciones sociales, económicas y políticas además de una serie de ataduras materiales y simbólicas que introducen a quienes la usan en sistemas de relaciones sociales y sentidos culturales que a veces se disfrazan y se rechazan, y otras veces resultan obvios y son bienvenidos.

Y la televisión es, ciertamente, una tecnología. Mirar televisión no es precisamente lo mismo que mirar por una ventana que da al mundo, como si el vidrio de la pantalla ofreciera una visión inocente del mundo no mancillada por la política de la representación. Mirarla tampoco implica necesariamente una sumisión a las fuerzas irresistibles de las ideologías dominantes y de la manipulación política. Mirar televisión conduce al televidente al interior de un mundo de sentidos ordenados, ordenados por —y dentro de—

138

una red, que poco a poco se va haciendo global, de sistemas institucionales y culturales: sistemas que incluyen tecnologías cada vez más elaboradas y convergentes de información y comunicación: las pantallas, los satélites, las fibras ópticas, las computadoras de la emergente era de la información; son sistemas que incluyen las instituciones multinacionales que controlan cada vez más la producción y distribución de los programas y el *software* en una escala global, y aun sistemas que incluyen la internacionalización del contenido de los programas, sistemas en los que se fabrican productos culturales híbridos mediante arreglos de coproducción y se distribuyen en todo el mundo, y en los que los productos nacionales se exportan simple e implacablemente a culturas que carecen de los medios para oponerles resistencia. Pero los sistemas incluyen también lo doméstico, lo suburbano y lo local, donde la certeza de la dominación se trasforma en la incertidumbre de la resistencia, a medida que las audiencias y los consumidores superponen sus propias definiciones y sentidos al *hardware* y al *software* de la tecnología de la televisión en una lucha por el control, siempre desigual pero permanentemente sostenida.

Quiero en este capítulo indagar la importancia de la televisión como tecnología en nuestra vida cotidiana. La televisión ya no está —si alguna vez lo estuvo— aislada de los demás medios de trasmisión de información y comunicación, ni en el nivel global ni en el nivel doméstico. Ya no podemos considerar la televisión como un aparato cultural o una industria cultural sin verla junto con las tecnologías que la sostienen y se entrelazan con ella y junto con las estructuras económicas y políticas que la integran, tanto en la producción como en el consumo, en un universo cultural e industrial más complejo. Tampoco podemos considerar ya los textos de la televisión sin tener en cuenta su carácter de tecnologías, potencial o realmente trasformadoras de las relaciones sociales y culturales, así como no es posible ya considerar la tecnología de la televisión con prescindencia de su condición de texto inscrito por los sentidos tanto de la cultura dominante como de las culturas subordinadas, y que a su vez inscribe tales sentidos.

En términos estructurales, los argumentos que desarrollaré aquí se basan en parte en los ofrecidos en los tres primeros capítulos del libro —pero también los exceden—. En esos primeros capítulos examiné la televisión como una dimensión de los ambientes ontológico, doméstico y suburbano de la vida cotidiana. Aquí quiero continuar la investigación en todos esos terrenos pero enfocando la televisión como una tecnología; como lo que he preferido llamar el sistema tele-tecnológico.

La cuestión de la tecnología

Evidentemente, el término tecnología es tan problemático como la palabra televisión. No obstante, estudios recientes de sociología y de historia de la tecnología nos proporcionan un marco para el análisis de la significación de la tecnología en el mundo moderno, que deja muy atrás la teorización elemental del determinismo tecnológico. Más bien favorece una visión de la producción y del consumo de la tecnología que se inserta firmemente en las matrices cultural, política y económica de la sociedad industrial. Los efectos de la tecnología —que en muchos casos parecen determinar otros aspectos de la vida social— no son en sí mismos sencillos ni solamente tecnológicos. Las tecnologías son a su vez efectos. Son el efecto de circunstancias y estructuras, decisiones y acciones, sociales, económicas y políticas. Y estas definen, en su desarrollo, su aplicación y su uso, el sentido y el poder de las tecnologías.

Semejante visión de la tecnología —que está en la base de mis propios argumentos— supone por consiguiente no considerar a la tecnología simplemente como un objeto o como un artefacto. Supone verla en sus dimensiones sociales, políticas, materiales y simbólicas. Supone entender la tecnología como parte inseparable de las instituciones sociales que la producen y la consumen. Supone considerar la tecnología en su determinación y en su indeterminación. Y finalmente supone mirar la televisión en estos precisos términos: como una tecnología que también es un medio y que, como tal, está doblemente inscrita en los sentidos sociales y culturales y, a su vez, inscribe tales sentidos. Los pescadores de Sri Lanka, al adoptar la televisión junto con otras tecnologías de la época moderna, no sólo adoptan una serie de objetos que, en un sentido o en otro, se consideran necesarios o deseables desde el punto de vista funcional o simbólico; adhieren a un sistema: un sistema de valores, prácticas y políticas que cambiarán ciertamente su vida, pero de un modo general y generalizable, aunque singular para ellos. En esta perspectiva, la tecnología es el espacio donde se desarrolla una pugna (aunque con frecuencia desigual) por el control: por el control de sus significaciones y por el control de su potencia.

Ya señalé que la tecnología no se puede entender simplemente como un artefacto o una máquina. En la formulación de Martin Heidegger (1977), en extremo sugerente a pesar de su hermetismo, la tecnología llega a ser *tejné*, y la *tejné* se hace *poiesis*. *Tejné* denota todas las artes y habilidades que conciernen a la creación de la tecnología; y la *poiesis* misma se ve como un alumbramiento, una revelación y un cuestionamiento de la realidad. Así la tecnología llega a ser no sólo una cuestión de *hardware*, sino también un conjunto de actividades humanas y de conocimientos. Esos conocimientos son «técnicos» en el sentido de que las técnicas en las que consisten son «medios indirectos de asegurar algunos de los resultados deseados» (Gell, 1988a, pág. 6). Los objetos se convierten en procesos, el *hardware* pasa a ser *software*, los sentidos fijos y los efectos determinantes quedan sujetos a la visión y el control humanos. Y la tecnología pasa a ser una cuestión que atañe más a destrabar, trasformar, almacenar, distribuir, modificar y regular conocimientos y prácticas.[1]

Semejante conceptualización de la tecnología engendra el peligro de que ya no se distinga qué es el conocimiento como tal, puesto que aun el pensamiento podrá ser considerado técnico por quien tome al pie de la letra esta definición tan amplia. Pero esta falta de fronteras en la idea de tecnología es precisamente, aunque parezca paradójico, importante, pues hace que las tecnologías y sus diversas conceptualizaciones aparezcan vulnerables a la diferenciación so-

[1] «La revelación que gobierna en toda la tecnología moderna tiene el carácter de una provocación, en el sentido de desafío. Ese desafío se da porque la energía oculta en la naturaleza se libera, y lo que se libera se trasforma y lo que se trasforma se almacena, y lo que se almacena, a su vez, se distribuye, y lo que se distribuye se cambia en algo siempre nuevo. Liberar, trasformar, almacenar, distribuir y renovar son formas de revelar. Pero esa revelación nunca se acaba» (Heidegger, 1977, pág. 16).

cial e histórica. Es una definición que exige no dar la tecnología por descontada. Y este modo de entender la tecnología en general puede aplicarse también a los medios en particular, como observa Carolyn Marvin (1988, pág. 8):

«Los medios no son objetos naturales fijos; no tienen fronteras naturales. Son complejos conjuntos construidos de costumbres, creencias y procedimientos que se incluyen en elaborados códigos culturales de comunicación. La historia de los medios es ni más ni menos que la historia de sus usos, que siempre nos desvían hacia las prácticas y los conflictos sociales que ellos ponen de relieve».

Conque las tecnologías (y la televisión no es una excepción, aunque quizás ella sea excepcional) son objetos no sólo materiales sino también simbólicos. Pero se trata de objetos construidos por una amplia gama de actividades socialmente definidas que atañen a la producción y al consumo, al desarrollo y al uso, al pensamiento y a la práctica, y que no pueden entenderse aislados de las dimensiones políticas, económicas y culturales de las sociedades modernas (y premodernas) en las que están sistemáticamente insertos. Como también insinuó Langdon Winnner (1985, pág. 30):

«Eso que llamamos "tecnologías" son modos que tenemos de poner orden en nuestro mundo. Muchos aparatos y sistemas técnicos importantes en nuestra vida cotidiana nos brindan posibilidades de ordenar de muy diversas maneras una actividad humana. A conciencia o sin saberlo, deliberada o inadvertidamente, las sociedades eligen estructuras para sus tecnologías, que influirán sobre el trabajo de las personas, sus comunicaciones, sus viajes, sus consumos, etc. durante un lapso muy prolongado. En los procesos por los cuales se toman decisiones estructurantes, las diferentes personas están situadas diversamente y poseen grados desiguales de poder, así como se encuentran en desiguales niveles de discernimiento».

La televisión forma parte de ese proyecto de poner orden en el mundo y sobre el mundo, como ya lo sugerí en el capítulo 1. Pero la televisión tiene una cantidad de cualidades que la convierten (junto a otras tecnologías de la comunicación y la información) en un tipo distinto de tecnología, y que plantean problemas distintos cuando se trata de discernir su importancia para la vida cotidiana.

Una vez más es Raymond Williams (1974) quien nos suministra un punto de partida, porque vio con claridad cuán vigorosamente grabada estaba la tecnología de la televisión en las instituciones de emisión y cuán vigorosamente grabadas estaban esas instituciones en las estructuras y las agendas políticas y económicas del Estado moderno. Por cierto que hoy lo trascienden. Quizá lo primero que se deba señalar es que la televisión no es una tecnología ni estática ni aislada. No puede ser estática porque el aparato mismo y las instituciones que encarna (y en las cuales se encarna) cambian de continuo. La televisión pasó de ser una caja fea y voluminosa que recibía titilantes imágenes en blanco y negro (pero siempre inútil si no se contaba con un sistema eléctrico o con la producción y trasmisión de programas) a convertirse en un receptor de imágenes en color aún en pleno desarrollo, con sonido estereofónico, que, además de captar la emisión de aire, recibe canales de cable, conexiones satelitales y servicios especiales de noticias. Muy pronto sufrirá una nueva trasformación por la compresión digital y las innovaciones técnicas de alta definición y sistemas interactivos. Y así como no puede ser estática, tampoco puede estar aislada. Poco a poco, la televisión se ha integrado en lo que con frecuencia se llama (quizás erradamente) la «era de la información», e incluso ha llegado a formar una parte esencial de esta era, una época en la que las diversas tecnologías definidas por la emisión, las telecomunicaciones y la computación convergen y nos ofrecen la promesa (o la amenaza) de un ámbito integrado de información y comunicación en el cual (y a través del cual) la visión de McLuhan de la aldea global puede hacerse realidad. Esta convergencia, visible no sólo en las estructuras de las organizaciones multinacionales (Golding y Murdock, 1991) sino también en las interconexiones de tecnología, en las relaciones y discursos sociales y técnicos, así como en la casa (Silverstone, 1990), crea un ambiente cada vez más complejo desde el cual pretendemos encontrar el sentido que tiene la televisión en la vida cotidiana. Por lo demás, esta convergencia, y su consiguiente complejidad, constituyen desafíos cada vez más arduos para el Estado cuando este pretende imponer regula-

143

ciones. Y, como ya vimos, Heidegger considera que la regulación es un aspecto esencial de la *tejne*.

No obstante, la particularidad de la televisión como tecnología consiste en su condición de medio de información y comunicación. No hace falta aceptar en todo su alcance la otra famosa frase pegadiza de McLuhan —el medio es el mensaje— para reconocer que los medios masivos de comunicación tienen un lugar particular en la cultura tecnológica del mundo moderno. Este lugar consiste en lo que me gusta llamar su doble articulación, en particular en la economía moral de la casa, y a través de esta. Luego volveré a examinar este aspecto, pero por el momento emplearé este concepto para identificar al menos una parte de la singularidad que ostenta la televisión (y los otros medios de comunicación) como tecnología. Dicho más sencillamente, en la casa, la televisión está doblemente articulada, porque para su significación como tecnología depende de que la casa se la apropie como objeto (la máquina misma) y como medio. Como objeto, la televisión se compra, y se incorpora a la cultura de la casa por sus características estéticas y funcionales; luego se la exhibe (o se la oculta) en los espacios públicos o privados de aquella, y se la usa colectiva o individualmente. Como objeto, la televisión se trasforma, por un lado, en un elemento de la red de comunicación nacional e internacional y, además, en el símbolo de su apropiación doméstica. En tanto medio, por la estructura y los contenidos de su programación, así como —en un sentido más amplio— por la mediación de las esferas pública y privada, la televisión arrastra a los miembros de la casa hacia un mundo de sentidos públicos y compartidos y, al mismo tiempo, les proporciona parte de la materia prima con la que estos forjan su propia cultura doméstica privada. Bajo este aspecto, en virtud de su doble articulación, el medio se convierte en el mensaje, aunque ese mensaje no esté predeterminado por la tecnología. Es un mensaje que se elabora y se reelabora en el interior de las circunstancias sociales donde se produce y se recibe (véanse *infra* y Ferguson, 1990).

Esta doble articulación exige la participación activa del consumidor de la televisión (y de otras tecnologías); prueba de ello es la necesidad de que esas tecnologías sean domesticadas por la casa que las recibe. Por «domesticar» entiendo algo semejante a la domesticación de un animal salvaje, es

144

decir: el proceso por el cual ese animal se acostumbra a «vivir bajo el cuidado y cerca de las moradas del hombre», un proceso de doma o de control, que haga del objeto «un miembro más del hogar o lo instale así; hacer casero; naturalizar» (*Oxford English Dictionary*). Las tecnologías, la televisión y los programas mismos se deben domesticar para que encuentren un espacio o un lugar propios en el hogar. Este proceso de domesticación comienza, desde luego, con el procedimiento de producción (el clásico «fácil de usar», el dar a las audiencias «lo que ellas desean», son caracterizaciones bastante corrientes); continúa con los procedimientos de *marketing* y de publicidad, pero se completa en el momento del consumo (véase el capítulo 5). Por estas diversas etapas, tanto el objeto mismo como los servicios que ofrece, el *hardware* y el *software* terminan (o no) siendo aceptados y aceptables. La historia de las tecnologías es en parte la historia de este proceso de domesticación (véase Marvin, 1988, sobre el teléfono). Y la biografía de un caso específico de tecnología es también la biografía de su domesticación (véase Kopytoff, 1986). Una vez más, tengo que anunciar que volveré a tratar el tema; en este caso lo haré nuevamente en este capítulo y también en el siguiente.

Con todo, para mi argumento sobre la televisión en tanto tecnología, es decisiva su posición central en el sistema sociotécnico, un sistema tele-tecnológico (o, más precisamente, una serie de sistemas tele-tecnológicos que se superponen y modifican de continuo). Y en este marco quiero situar ahora la cuestión de la televisión.

La televisión como sistema sociotécnico

«En la memoria popular de la tecnología, los inventos de fines del siglo XIX, tales como la luz incandescente, la radiotelefonía, el avión y los automóviles abastecidos con gasolina, ocupan el centro de la escena, pero esos inventos se insertaron en sistemas tecnológicos. Tales sistemas abarcan mucho más que el llamado *hardware*, los artefactos, las máquinas y los procesos, incluso más que las redes de trasporte, comunicación e información que los conectan. Tales sistemas están constituidos además por personas y organizaciones. Por ejemplo, un sistema de fuerza y luz eléctricas puede abarcar generadores, motores, líneas de trasmisión, empresas proveedoras de repuestos, empresas manufactureras y bancos», Hughes, 1989, pág. 3.

Ver la tecnología como un sistema supone, ante todo, verla no sólo como fenómeno material, sino también como fenómeno social. Las relaciones entre objetos y artefactos; las relaciones entre personas e instituciones; el poder del Estado y la política de las organizaciones; la inclusión de las relaciones sistémicas de la tecnología en un ámbito siempre vulnerable de estructuras sociales, políticas y económicas: todos estos elementos definen un marco desde donde surgen las nuevas tecnologías, desde donde se descartan las antiguas y desde donde se producen y consumen todas las tecnologías.

Los sistemas no son solamente constructos analíticos. Como lo ha señalado Mackenzie (1987), los sistemas y las redes no deberían tomarse sencillamente como algo dado, pues son rasgos problemáticos del mundo; tampoco debería suponerse que el término «sistema»

«directamente implica estabilidad y ausencia de conflictos. Los sistemas (. . .) se mantienen unidos y en equilibrio sólo mientras prevalecen las condiciones correctas. Pero siempre existe la posibilidad potencial de que se disgreguen calamitosamente en las partes que los componen. Los actores crean y mantienen los sistemas, y si no logran hacerlo, los sistemas en cuestión dejan de existir. A menudo la estabilidad de los sistemas se consigue de manera precaria a causa de la acción de fuerzas, sociales y naturales, potencialmente hostiles», Mackenzie, 1987, pág. 197.

Siguiendo esta analogía, John Law (1987) sostiene que la tecnología está constituida por «elementos heterogéneos» que son a su vez el producto del trabajo de «técnicos heterogéneos». Aquí hay muchas observaciones por hacer. Para empezar, Law prefiere utilizar el término «red» en lugar de sistema. Su argumento se relaciona con la noción de sistema de Thomas Hughes y con otra perspectiva ya existente en la sociología de la tecnología que entiende esta última como una entidad construida socialmente del mismo modo que la ciencia (véase Woolgar, 1988, donde se ofrece un panorama de esta perspectiva). En cuanto a la metáfora de los sistemas, Law sugiere que tiende a subestimar la fragilidad del sistema emergente ante las condiciones y los ambientes conflictivos en los que se inserta (aunque la formulación de Mackenzie no parece tomar este aspecto en consideración). En lo que concierne a la metáfora de la construcción, Law sostiene que la preeminencia de lo social que exige esta metáfora (y la dependencia de lo social a la que están sometidos todos los demás elementos) deja de lado indebidamente la complejidad de las relaciones que es indispensable comprender si se pretende explicar la aparición de las tecnologías: «Otros factores —naturales, económicos o técnicos— pueden ser más inflexibles que los sociales y resistir los esfuerzos más denodados de reforma de los constructores del sistema» (Law, 1987, pág. 113). Sin embargo, puede uno aceptar esto y aun así dar prioridad a lo social; en realidad es preciso hacerlo, puesto que lo natural, lo económico y lo técnico, ya sea en su resistencia, ya sea en su maleabilidad, sólo adquieren significación a través de la acción social. Y es posible enmarcar el problema de la tecnología en esta perspectiva sin caer por ello en el constructivismo (ni en sus inevitables corolarios relativistas). Por consiguiente, el sistema sociotécnico es sólo eso: una concatenación más o menos frágil, más o menos segura de relaciones y de elementos humanos, sociales y materiales, que se estructuran en la acción social (y la estructuran) y se insertan en un contexto de relaciones políticas y económicas (y también físicas). Desde este punto de vista, la noción de red no agrega mucho a la de sistema.[2] Y en realidad, puesto que muchos de los elementos que sería necesario incluir dentro del modelo de sistema sociotécnico son a su vez sistemas o sistémicos (la familia, la organización, el conocimiento y las prácticas vinculadas con

---

[2] Esto resulta evidente incluso en la original declaración de Michel Callon: «De modo que la red de actores puede distinguirse de los actores tradicionales de la sociología, una categoría cuya característica generalmente es la de excluir todo componente no humano y cuya estructura interna raramente se asemeja a la de una red. Una red de actores es simultáneamente un actor cuya actividad pone en red elementos heterogéneos y también una red capaz de redefinir y trasformar aquello de lo que está compuesta» (Callon, 1987, pág. 93, y véase Callon, 1986, págs. 20 y sigs.).

el diseño y la producción de artefactos, etc.), yo conservaré esa noción en mi propia presentación.

No obstante, es indispensable hacer dos observaciones relacionadas entre sí. La primera surge directamente de otra hecha por Law. Y es que una explicación de la tecnología se basa en el estudio tanto de las condiciones como de las tácticas de la construcción del sistema. Las «tácticas» son importantes. En esos trabajos a los que me refiero, la tecnología surge como el resultado del espacio potencial creado dentro de una red para que allí se desarrollen las acciones de los individuos. La táctica supone un modo de acción reactivo-activo emprendido dentro de una estructura superior, pero al mismo tiempo (al menos potencialmente) capaz de afectar y definir esa estructura. Aquí puede hacerse una analogía militar. Pero, como observa Law en una nota al pie, «todos somos técnicos o ingenieros heterogéneos que combinamos elementos dispares en el "interés corriente" de nuestra vida cotidiana» (Law, 1987, pág. 133). Esto nos plantea una cantidad de cuestiones fascinantes e importantes, entre las cuales está sin duda la conciencia de que existen tales estructuras y sistemas particulares de la vida cotidiana (véase el capítulo 7, *infra*) y también la relevancia del modelo de sistemas (y de la red de actores) tanto para la producción de la tecnología donde se lo aplicó más consistentemente como para su uso o su consumo, en donde no se lo aplicó.[3]

Esto a su vez sugiere, con todo derecho, que aun cuando se trate de una sola tecnología —la luz eléctrica, el teléfono o la televisión— es posible, e incluso necesario, considerar, no un sistema individual de relaciones sociotécnicas, sino una cantidad de tales sistemas que están, potencialmente, relacionados todos entre sí. Ruth Schwartz Cowan (1987) ofrece un intento de este tipo en su estudio sobre la historia de la introducción de la calefacción hogareña en los Estados Unidos.

---

[3] Knut Sorenson (1990, págs. 17-8), en su estudio sobre la importancia del automóvil en Noruega, señala dos aspectos adicionales referidos a la teoría de la red de actores en su forma radical. El primero es que esta teoría subestima la significación de las «instituciones extracientíficas y tecnológicas», y el segundo, que subestima la capacidad de reacción de las estructuras de red establecidas ante cambios posteriores iniciados por los actores.

Cowan sitúa en el foco del estudio al consumidor y, en particular, al consumidor potencial de la estufa doméstica, que, en los Estados Unidos, no pudo materializarse en el siglo XVIII, pero que, a pesar de los pocos cambios tecnológicos ocurridos en esos tiempos, sí se materializó en los siglos XIX y XX.[4] La autora sostiene que la estufa pasó a ser una tecnología aceptable y aceptada no tanto por la innovación tecnológica en sí como por el cambio en la organización de la industria, que produjo una importante reducción de los costos. El éxito obtenido por la estufa dependió, entre otras cosas, de las reducciones que sufrió el precio del carbón, la aparición de los consumidores individuales y los consumidores múltiples y, finalmente, la decisión de las grandes compañías gasíferas de vender al por menor.

El modelo de Cowan para lo que ella llama la «confluencia de consumo» consiste en una cantidad de círculos más o menos concéntricos (pero que también se superponen entre sí) que tienen en el centro al consumidor: alguien activo que toma decisiones, definido por el sistema, y que, a su vez, define al sistema. Por supuesto, el carácter particular del sistema en red se modifica con el tiempo, así como cambian con el tiempo los elementos, las instituciones y las prácticas mismas. En su conjunto, todo esto da una idea de la complejidad estructurada de las relaciones sociales, políticas, económicas y técnicas, que se deben considerar en su interrelación para poder entender cabalmente la actividad del consumo de tecnología (así como la actividad de su producción).

Pero hay algo más que decir. El relato ofrecido por Cowan es limitado, tanto por generalizar su estudio de una tecnología específica como por —y esto me parece más grave— considerar esta solamente como un bien material y olvidar su dimensión simbólica. Precisamente quiero abordar ahora a ese segundo aspecto de la tecnología como un sistema social.

El aspecto simbólico se pone de manifiesto con absoluta claridad en un análisis de la tecnología orientado de un modo por completo diferente; me refiero al de Henri Lefebvre

---

[4] «Semejante análisis —enfocado en el consumidor, que extiende el alcance de las causas a otras esferas socioeconómicas y está abierto a diversos criterios de "mejoramiento"— me parece esencial para dar sentido a la historia no sólo de la tecnología de las estufas, sino a todas las tecnologías» (Cowan, 1987, pág. 273).

(1984). En el marco de una crítica de la cultura y la sociedad burguesas, Lefebvre emprende una excursión por el mundo de los automóviles, lo que él llama el compendio de los «objetos»: el Objeto-Guía. El autor define el automóvil como un ejemplo, un subsistema, de la cultura orientada hacia el consumo particular de la sociedad burguesa.[5] El automóvil es el foco de una amplia gama de relaciones comunicativas materiales y simbólicas, y trae consecuencias y tiene efectos para prácticamente todo, desde el diseño urbano hasta nuestra sensación de entusiasmo. El automóvil alienta jerarquías y alimenta la competencia (competimos dentro de él y a través de él); se lo consume como un signo, como un objeto de status. Y tiene su propio código, el código de la autopista:

«es un objeto técnico, no majestuoso, que depende de ciertos requerimientos funcionales relativamente sencillos (. . .) y de ciertos requerimientos estructurales (. . .) Además forma una parte cada vez más importante de un complejo social funcional y estructural simple, que tampoco es imponente; da nacimiento a una actitud (económica, psíquica, sociológica, etc.), adquiere la dimensión de un objeto completo y tiene una importancia (absurda); en realidad, el automóvil no ha conquistado tanto a la sociedad como a la *vida cotidiana*, en la cual impone sus leyes y cuya condición garantiza fijándola en un *nivel* (nivelándola)», Lefebvre, 1984, pág. 101, las bastardillas son del original.

El automóvil, en su condición de Objeto-Guía de la civilización moderna, ha producido «no sólo un sistema de comunicación sino también organismos e instituciones que lo usan y que él usa» (*ibid.*, pág. 103).

Mi argumento es, desde luego, que, en la sociedad moderna tardía o posmoderna, también la televisión se puede considerar un Objeto-Guía con un status equivalente al del automóvil, precisamente por tener un sistema semejante de

---

[5] «Lo importante (. . .) es el lugar que ocupa el automóvil en el único sistema global que hemos identificado, el sistema de los sustitutos; como sustituto del erotismo, de la aventura, de ciertas condiciones de vida y del contacto humano en las grandes ciudades, el automóvil es un mero peón en el "sistema", que cae tan pronto como ha sido identificado» (Lefebvre, 1984, pág. 101).

atributos: la televisión es un objeto técnico relativamente sencillo que, en el uso, define (y a su vez es definido por) una amplia red de canales de comunicación, formales e informales, institucionalizados y cotidianos; se la puede considerar (así lo hace Baudrillard) el centro de un sistema de elementos sustitutivos (erotismo, aventura, realidad, contacto); se la consume como un signo, como un objeto de status, tanto en sí misma como a través de sus comunicaciones (el consumo de programas que se comparten y se discuten); y además tiene su propio código, en los horarios de emisión, en los sistemas de regulación moral y política y en las diferentes pautas que guían a los productores de los medios. La televisión también es una gran niveladora que por su programación y la estandarización de sus tecnologías (a pesar de las microdiferencias del aspecto exterior y de los últimos accesorios) proporciona un sustrato profundo y fundamental para la conducta de la vida de todos los días.[6]

Tanto el automóvil como la televisión son manifestaciones de los mismos procesos sociológicos. Ambos suministran una expresión material y una expresión simbólica de algo bien específico: la singularidad de sus funciones y dispositivos técnicos. Pero ambos proporcionan además algo más general: su condición de centro y principio articulador de un sistema de relaciones técnicas y culturales definidas históricamente y con un sustento social. Su calidad sistémica es la clave: se trata de un sistema que incluye objetos y acciones, actores y estructuras, artefactos y valores, todo lo cual, en su conjunto, está determinado por —y está en relación con— otros sistemas y al propio tiempo es determinante (estamos atados a ellos en mayor o menor grado). La emisión es a la televisión lo que las carreteras son a los automóviles. Las redes de dependencias institucionales que sostienen a ambos objetos (y que ambos sostienen) son equivalentes. Sin embargo, la televisión da un paso más adelante en esta sistematicidad. Y hasta la trasciende. Mientras el automóvil llega a ser el foco de mediación (los automóviles son símbolos y son objeto de un considerable trabajo comunicativo y

---

[6] Sobre el automóvil como Objeto-Guía, aunque no expresado tan explícitamente, véanse, por ejemplo, Barthes, 1972; Bayley, 1986; Flink, 1988; y sobre un estudio nacional de la aparición del automóvil como sistema social, véase Sorenson, 1990.

simbólico), la televisión se constituyó como un medio *sui generis*. Y como tal, y en virtud de recientes adelantos tecnológicos, algunos aspectos de su sistematicidad se quiebran. La emisión restringida proporciona una fragmentación de la experiencia televisiva (una especie de tecnología «lateral»), pero aun así depende de una estructura de apoyo extensa de relaciones no sólo técnicas sino también culturales.

El sistema tele-tecnológico consiste, pues, en una multiplicidad de relaciones construidas y reconstruidas psicodinámica y sociológicamente en los ambientes domésticos y suburbanos, cada uno de los cuales, a su modo, es sistémico. El sistema consiste en (como lo precisaré en la próxima sección) las interrelaciones de artefactos (convergencias), las mediaciones (textualidades) y las regulaciones (controles) que definen las condiciones de su posibilidad como tecnología de la comunicación en la sociedad moderna. Consiste en la dinámica del consumo como proceso operacional (véase el capítulo 5) de la modernidad, y se nutre de ella. Y es una creación de la audiencia televisiva, constituida en el punto de conjunción de tecnología y vida cotidiana (capítulo 7), y la incorpora (capítulo 6).

Convergencias, textualidades y controles

Comencé este capítulo refiriéndome a los pescadores de Sri Lanka, forzados a entrar en un mundo de relaciones sociales, económicas y políticas capitalistas a consecuencia de haber decidido adoptar las nuevas tecnologías pesqueras. Por lo demás, esos mismos pescadores (o quizá fueran otros) se vieron situados al borde de un abismo cultural por haber adoptado las nuevas tecnologías de los medios de comunicación. La televisión, con o sin suministro de energía eléctrica, les suministraba un vínculo con un mundo nuevo que, sin embargo, en su materialidad (y me refiero no sólo al objeto mismo, sino también a su simbolismo) les ofrecía, al mismo tiempo, un espacio potencial para desarrollar su propio trabajo cultural: trabajo que sólo podía entenderse en el contexto (aunque velozmente cambiante) de su propia localidad, de su propia vida cotidiana. Por consiguiente, una presentación del sistema tele-tecnológico debe incluir no sólo los ambientes en el interior de los cuales se consumen los medios, sino también los ambientes —políticos, industriales y culturales— en los que se producen.

Por ahora me concentraré en la primera parte de esta ecuación, constituida por las estructuras emergentes del sistema tele-tecnológico tal como se manifiestan en tres niveles de convergencia (y a través de esos tres niveles): la convergencia expresada en la economía política del medio; la convergencia expresada en la cultura tecnológica del medio, y la convergencia expresada en el contenido del medio. Quizá la palabra convergencia sea algo exagerada. Ciertamente expresa algo diferente en cada uno de los contextos en los cuales la examinaré. Tampoco los niveles de convergencia se deben considerar simples reforzadores mutuos ni esferas indiscutibles y no problemáticas. La globalización de la cultura y de la sociedad, que ha llegado a convertirse en una de las palabras de orden más en boga de la posmodernidad, no es un proceso homogéneo ni inobjetable.[7]

No obstante, teorías recientes del cambio y la trasformación culturales se han concentrado en lo que parece ser una dinámica y un aspecto por completo novedosos del ambiente mundial: la globalización de la cultura (Featherstone, 1990; Harvey, 1989). Esta globalización no se percibe como una homogeneización, sino que se la describe variadamente: como una cultura híbrida, una cultura cosmopolita, una cultura de diferencias en red que se reflejan mutuamente. La globalización de la cultura sigue (o precede, o acompaña) a la globalización de las relaciones económicas, que a su vez sigue (o precede o acompaña) a la globalización del movimiento de la información y la comunicación —como mercancías— propaladas a su vez por la nueva generación de tecnologías electrónicas. En estas discusiones se juega la significación del Estado nacional como foco de identidad y de

---

[7] «El posmodernismo es tanto un síntoma como una imagen cultural potente que abandona una conceptualización de la cultura global que la refería a pretendidos procesos homogeneizantes (como las teorías que ven en el imperialismo cultural, la norteamericanización y la cultura del consumo masivo una cultura protouniversal que cabalga en el lomo de la dominación económica y política de Occidente), para insistir en la diversidad, la variedad y la riqueza de los discursos populares y locales, los códigos y las prácticas que resisten y repiten la sistematicidad y el orden» (Featherstone, 1990, pág. 2).

cambio cultural; se juegan justamente las cuestiones de la identidad individual y colectiva que se perciben amenazadas por las nuevas heterogeneidades y fragmentaciones de las formas y los productos culturales contemporáneos.

Las sociedades industriales pasaron de un mundo fordista a uno posfordista: de los regímenes de orden, control y producción en masa (de mercancías y de fuerza de trabajo) a los que Harvey (1989, pág. 127, siguiendo a Piore y Sabel, 1984) denomina regímenes de especialización flexible (pero que también recibieron otras denominaciones; por ejemplo, capitalismo desorganizado, Lash y Urry, 1987). En un régimen de este tipo, la organización y la distribución industriales adoptan pautas de producción y de consumo mucho más flexibles y sensibles (especialización, subcontratación, cooperación interempresaria; existencias a pedido) y también pautas de trabajo más dúctiles (horarios flexibles, contratos adaptables, etc.). Un régimen semejante genera además un producto mucho más «flexible» (los cambios veloces de la moda y la diversidad cada vez mayor de los objetos) y termina por crear una serie mucho más «flexible» de estilos de vida (culturas locales y neo-locales basadas en el género, la edad y/o la etnia, y entrecruzadas por la clase, la ideología y la geografía).

Dentro de este panorama combinado y altamente generalizado, parecen estar ocurriendo una cantidad de cosas diferentes. Muchas de ellas se vinculan directamente con los adelantos producidos en las industrias mediáticas mismas, y son al propio tiempo el producto y las productoras de las modificaciones generales de la organización y la regulación de la cultura nacional e internacional.

Los dos términos «concentración» y «globalización», si bien indican de manera dramática nuevas dimensiones del desarrollo de las industrias mediáticas, también han ofrecido, en muchos de los estudios recientes, las bases para analizar un cambio fundamental en la organización y el control generales de las industrias culturales. Junto con la disolución de un régimen fordista de acumulación y el ascenso de la especialización flexible (Harvey, 1989) o la integración flexible (Robins y Cornford, 1992), estos desarrollos industriales indujeron una serie de convergencias especiales en los medios nacionales e internacionales: convergencia en la propiedad, convergencia en los regímenes regulatorios, y una convergencia expresada en la internacionalización del producto (europeización o coproducción).[8]

Con respecto a la primera convergencia, la de la propiedad, se ha sostenido durante mucho tiempo que las industrias mediáticas se prestaron a concentrar fuertemente y a conglomerar su organización (Murdock, 1982, 1990). En el Reino Unido, en los Estados Unidos y, por supuesto, cada vez más en el Japón y en el resto del mundo, la economía política de la industria ha sido de integración no sólo horizontal sino también vertical porque las compañías procuraron controlar todos los aspectos de su propio mercado (como intentó hacerlo Sony con la compra de CBS y Columbia Pictures), así como diversificarse en una amplia gama de compañías interconectadas aunque no necesariamente interdependientes (la News International de Rupert Murdoch es sólo uno entre muchos de estos conglomerados).

Por supuesto, estos son movimientos que no pueden entenderse aisladamente. Forman parte de una internacionalización cada vez mayor del orden económico mundial, una internacionalización que se basa en (y resulta facilitada por) los cambios producidos en las tecnologías de la información y la comunicación, cambios que permiten ante todo la rápida trasferencia de información y de capital por todo el globo (Schiller, 1989, pág. 113). Como ha observado David Harvey (1989, pág. 161):

«La formación de un mercado mundial de valores, mercados globales de mercancías (y aun de deuda) a futuro, de transacciones entre divisas y de tasas de interés, junto con una acelerada movilidad geográfica de fondos, significó, por primera vez, la formación de un único mercado mundial para la oferta de dinero y de crédito».

Y no sólo para la oferta de dinero y de crédito, sino cada vez más para la oferta de información y de televisión, tanto de su *hardware* (la batalla actual sobre las normas de la televisión de alta definición es más que nada una batalla por

---

[8] Una cantidad de publicaciones recientes analizaron estas diversas tendencias, tanto en relación con las circunstancias específicas de Europa (Siune y Truetzschler, 1992) como en un ámbito más extenso (Mattelart y otros, 1984).

conquistar el mercado mundial para la próxima generación de televisores) como de sus programas (con la «satelización» de los noticiarios televisivos —CNN— o de los videos musicales —MTV— o de cualquier otro tipo de programación —el Supercanal europeo).

Graham Murdock (1990) identifica cuatro aspectos del proceso de formación de estos nuevos conglomerados mediáticos emergentes cada vez más poderosos. La nueva «desregulación» es en realidad una regulación disfrazada: una re-regulación de la propiedad y el control de los medios conferida en favor, no del público, sino de la corporación, y que ejerce significativos efectos sobre el poder de los gobiernos nacionales así como sobre el del ciudadano (véase Schiller, 1989). Murdock (1990, pág. 9) define este proceso como «privatización», por la que entiende «todas las formas de intervención pública que aumentan las dimensiones del sector del mercado en la esfera de las industrias de la comunicación y de la información y confieren a los empresarios que operan en el sector una mayor libertad de maniobra». Desnacionalización que, a pesar de sus intenciones (por lo menos en el caso del Reino Unido), produjo una mayor concentración de la propiedad de las acciones; liberalización que introduce la competencia en mercados que antes recibían sólo los servicios de la empresa pública; comercialización en la que las emisoras de servicio público abren todas o algunas de sus frecuencias al uso privado y comercial; y la re-regulación misma que, si bien liberó, no borró del todo las restricciones sobre la propiedad multimediática: todos estos elementos del proceso de privatización favorecieron enormemente a las grandes corporaciones.

Aunque no existe una tendencia uniforme (diferentes estrategias y ritmos de privatización; la aparición de la televisión comunitaria y del sector de producción independiente), la dirección y las consecuencias generales están claras. La comercialización de las industrias de la información y mediáticas está casi completada. Y Murdock (1990, pág. 15) concluye:

«El resultado acumulado de estos cambios y de las otras dimensiones del proceso de privatización (. . .) fue fortalecer y ampliar el poder de las principales corporaciones y plantear más francamente que nunca el dilema que afronta una sociedad democrática liberal en la que la mayoría de los servicios de comunicación clave están en manos privadas».

Convergencia de la propiedad, y en el ambiente regulador (desde luego, ambas se conectan estrechamente) tienden a sugerir una convergencia de otra clase: la del producto, los programas y el contenido de los medios. También aquí hay muchas dimensiones. La difusión del material dominado por los Estados Unidos, en particular pero de ningún modo exclusivamente, en el Tercer Mundo (Tunstall, 1977; Boyd-Barrett, 1977) —el llamado imperialismo de los medios— quizá sólo sea la punta de un iceberg cultural que hace circular no sólo los programas específicos sino los modelos de género y de formato de la televisión occidental (principalmente de los Estados Unidos). Los noticiarios televisivos, por ejemplo, son —por lo menos en algunos aspectos— el mismo *producto* en casi todo el mundo. Los programas de juegos también son igualmente ubicuos. La respuesta europea a *Dallas* fue, en parte, crear sus propios equivalentes con *Chateauvallon* y *Schwarzwaldklinik* (Silj, 1988). Las crecientes presiones presupuestarias que se ejercen sobre las series documentales que cubren los grandes sucesos, así como la demanda en favor de ellas y los beneficios económicos que producen, hicieron florecer los acuerdos internacionales de coproducción que generan, como se ha sostenido a menudo, una especie de anestesia cultural: un híbrido más en el que las diferencias culturales se desdibujan en un texto homogeneizado. Y, finalmente, la creación de una red de productos y textos —que Fiske caracteriza como la intertextualidad de los medios— define otro ámbito convergente del cual son expresión los programas de televisión, los discursos secundarios —de diarios y revistas— sobre los actores, los personajes y el relato entretejido de su vida pública y privada (Meyrowitz, 1985), y las interconexiones de productos de marca registrada como discos, videos y libros. En todo esto está presente, desde luego, la ubicuidad del «discurso comercial», los avisos publicitarios, que son los verdaderos sistemas de difusión de los medios modernos.

Evidentemente hay muchos argumentos para sostener que semejante totalitarismo de los medios, semejante proceso de globalización comercial y cultural hace agua. La especialización flexible —«elección»— inscrita en la estructura de los regímenes posfordistas de la producción mediática e informativa, como en la producción de otras mercancías, es un modo preciso de entender una suerte de diversificación cultural. Y en el contexto de la globalización de la forma y el contenido de los medios podemos reconocer la «contracorriente» (Sreberny-Mohammadi, 1991; Boyd-Barrett y Thussu, 1992) y la indigenización de los productos culturales (Miller, 1992) en tanto las culturas individuales afirman su condición propia y dan trámite a los productos de las multinacionales, y proporcionan, quizá sobre todo en el campo de la música, ofertas de alternativa que contrarrestan (y a veces hasta influyen en) las tendencias dominantes en la cultura de producción en masa que, si no, es predominantemente occidental. Estas dos dimensiones del mapa de la cultura contemporánea pueden considerarse un signo de lo vulnerable de la modernidad tardía o de la posmodernidad, y esto es lo que afirman la mayor parte de los teóricos de la cultura en sus trabajos recientes. Y también es esencial para mi propia argumentación tener en cuenta que este sistema presuntuoso se debe entender dentro de un marco más amplio de diferencia cultural y de resistencia más que nominal.

Hasta aquí el problema está planteado, pero no resuelto. El sistema mismo presenta sus contradicciones, sus debilidades y sus excesos (Thompson, 1990). Del mismo modo, puede decirse que contamos con numerosas oportunidades de contrarrestar, reelaborar y trasformar sus productos, y hay también numerosos ejemplos de que tenemos la capacidad de hacerlo. Sin embargo, cualquier discusión sobre el sistema tele-tecnológico en su conjunto debe estar preparada para reconocer dónde reside su poder, y cualquier proyecto que quiera construir una teoría del papel de la televisión en la vida cotidiana debe considerar central este aspecto. La libertad que tenemos de elegir y construir nuestro propio ámbito mediático; los mecanismos que adoptamos, las tácticas que aplicamos para integrar los productos masivos de comunicación en nuestra propia vida, en cualquier nivel, son todos aspectos esenciales. Pero no deberíamos olvidar que en los procesos de consumo masivo nadamos en un mar que no hemos creado nosotros mismos. En realidad, casi todos nosotros sabemos nadar. La mayor parte de nosotros tragará un poco de agua. Y sólo unos pocos se ahogarán.

Determinaciones tecnológicas

Por último debemos considerar otra dimensión de la globalización de los medios que estimo vital. Me refiero a la cuestión de la tecnología misma. El desarrollo de la comunicación satelital es, desde un punto de vista, una innovación radical si pensamos en la velocidad con que cantidades enormes de información pueden ser trasmitidas de un extremo al otro del mundo. Pero, desde otro punto de vista, se trata sencillamente del último adelanto producido en un proceso de trasmisión electrónica de información que comenzó con el telégrafo.

Tratar de determinar las consecuencias sociales y culturales de estos progresos ha sido siempre empresa discutible. Muchas de las posiciones adoptadas se pueden incluir en el llamado determinismo tecnológico y muchas otras se niegan a considerar los influjos sociales y culturales que sustentan la emergencia de estas nuevas tecnologías y que dan forma a su recepción. Aun así, muchas de esas discusiones son en alto grado sugestivas, sobre todo, paradójicamente, porque se caracterizan por aislar o por dar un lugar de privilegio a las tecnologías de los medios, y en virtud de ese aislamiento y de ese privilegio surgen importantes cuestiones sobre la significación que adquieren tales tecnologías casi independientemente de las determinaciones de la política o de la economía.

Me propongo seguir ahora brevemente esta línea de pensamiento a fin de dar paso, una vez más, a la fenomenología y de indagar también la política del sistema teletecnológico.

Existe una nutrida línea de teorización sobre la importancia de los medios electrónicos; la encontramos ya en Harold Innis, luego en Marshall McLuhan y Walter Ong, y finalmente en Joshua Meyrowitz, que insiste, de manera más o menos indistinta, en registrar sus efectos trasformadores sobre sensibilidades humanas y estructuras sociales. La frase famosa de McLuhan (pero que a menudo ha sido mal interpretada), «el medio es el mensaje», se estima hoy más como un síntoma de una generalización equivocada —de cómo no concebir los medios— que como una declaración que pueda tener alguna pretensión seria de validez empírica. Sin embargo, la posibilidad potencial (posibilidad que a menudo, si no ya siempre, se convierte en realidad) de que los medios alcancen la raíz misma de la vida social y la psicología individual no puede descartarse fácilmente, como ya lo expliqué en el capítulo 1. Tampoco para las discusiones mencionadas es válido que ese potencial se estudie siempre aislado de una consideración del contexto político y económico en el cual surgen las tecnologías y sobre el cual se afirma que estas producen esos potentes efectos.

En realidad, como observa James Carey (1989), el análisis pionero de Harold Innis sobre los medios considerados en una perspectiva de tiempo y espacio demuestra un interés por las consecuencias políticas de los cambiantes ambientes mediáticos y fue desarrollado dentro de un marco que indaga la interrelación de la tecnología y el cambio económico y social. Partiendo de su estudio sobre la industria papelera canadiense —industria que depende cada vez más de las decisiones que se toman en las grandes ciudades productoras de periódicos en el mundo—, Innis llegó a cobrar conciencia de la extraordinaria importancia de los cambios producidos en el terreno de las comunicaciones para la organización de imperios. No obstante, Innis consideraba que la frontera decisiva no se situaba entre los medios mecánicos y electrónicos de comunicación, sino entre la cultura preimpresión y la cultura posimpresión.[9] La aparición de la imprenta marcó la transición entre las sociedades basadas en el tiempo y las sociedades basadas en el espacio:

«Los medios que ponen el acento en el tiempo son los de carácter duradero, como el pergamino, el yeso y la piedra. Los materiales pesados se ajustan al desarrollo de la arquitectura y de la escultura. Los medios que ponen el acento en el espacio son menos durables y de carácter más ligero, como el papiro y el papel. Se adecuan a grandes sectores de la administración y el comercio (. . .) Los materiales que dan

[9] Véase Eisenstein (1979, pág. 704): «Pues el advenimiento de los tipos móviles, y el mejoramiento de la capacidad de almacenar y recuperar, de preservar y trasmitir acompañó en su ritmo al mejoramiento de la capacidad para crear y destruir, para innovar y descartar lo anticuado. La apariencia algo caótica de la moderna cultura occidental se debe al poder duplicador de la imprenta tal vez más que al dominio de nuevas fuentes de energía en el siglo pasado».

prioridad al tiempo favorecen la descentralización y los tipos jerárquicos de instituciones, mientras que los que dan preponderancia al espacio favorecen la centralización y los sistemas de gobierno de un carácter menos jerárquico», Innis, 1972, pág. 7.

Las culturas sujetas al tiempo ponen el acento en la historia, en la continuidad y en la permanencia. Sus símbolos se basan en la confianza: los mitos, los ritos, la tradición y la religión. Sus valores y sus comunidades tienen echadas las raíces en un sitio. Las culturas sujetas al espacio ponen el acento en la tierra considerada como bien inmueble, en los viajes, en el descubrimiento, en el movimiento y en la expansión. La ciencia, la burocracia y la razón les dan estructura y son sus símbolos. Y en la esfera de las comunidades, las culturas sujetas al espacio crean «comunidades de espacio: ellas no están en un lugar sino en un espacio, son comunidades móviles conectadas a través de vastas distancias por los símbolos, las formas y los intereses que les son propios» (Carey, 1989, pág. 160).

Pero Innis sostiene que los imperios sobreviven gracias a la habilidad que tienen para manejar las peculiaridades de los medios basados en el tiempo y de los basados en el espacio. La radio volvió a poner en el tiempo el acento de la comunicación (Innis, 1972, pág. 170) y planteó así una vez más a imperios y naciones enormes problemas de manejo. Se puede decir que la televisión fortaleció esta tendencia, como lo demostraron algunos acontecimientos recientes en los cuales la televisión parece haber sido un factor auxiliar importante: el derrumbe del comunismo (y la revaluación de las identidades nacionales y regionales) en la Europa Oriental y en la Unión Soviética.

Esta cambiante fenomenología de tiempo y espacio, averiguada por Innis con arreglo a la acción de los medios, tiene sus contradicciones. Porque si bien está claro que la radio y la televisión crean un ambiente trasformador para imperios basados en la imprenta, y si bien parecen brindar cierto retorno a una cultura basada en el tiempo, esta última no se basa ahora, paradójicamente, en la durabilidad del pergamino, el yeso y la piedra, sino en lo efímero de una emisión dramática, a una vasta audiencia, de la palabra hablada y la imagen visual. Esto sugiere más bien un retorno a la cultura oral, e Innis estima que acaso se trata de una forma potencial de contrarrestar las fuerzas burocratizantes y centralizadoras del Estado moderno, aunque esto también le hace pensar (como a Carey, 1989) en la posibilidad de que se fortalezcan las tendencias no liberales iniciadas con la imprenta. Es una contradicción que no ha sido debidamente aclarada.

¿Son sin embargo las preferencias de la radio y de la televisión diferentes de las de la prensa escrita, como parecen creer Innis y, después de él, McLuhan (1964) y Meyrowitz (1985)? ¿O son, como sostiene Carey (nada más que) una extensión y un fortalecimiento de las relaciones de poder ya existentes? Quizá tendríamos que pensar que la aparición de las tecnologías electrónicas ofreció una nueva síntesis: estos medios operan en el interior de sistemas políticos y económicos profundamente arraigados, pero obran en la cultura contemporánea, por diversos caminos, para desbalancear las estabilidades definidas más o menos claramente de una sociedad basada en la imprenta en favor de un nuevo tipo de oralidad, poderosa en sus implicaciones, sobre todo en la medida en que afecta el carácter básico de la comunicación en el mundo moderno.

Esta es la posición adoptada por Walter Ong (1971) cuando intenta caracterizar la cultura contemporánea, definida por lo tecnológico, desde el punto de vista de lo que él llama la oralidad secundaria:

«Esta nueva oralidad tiene semejanzas llamativas con la antigua por su mística participativa, su capacidad de alimentar un sentimiento comunal, su concentración en el momento presente e, incluso, el uso de fórmulas. Pero es esencialmente una oralidad más deliberada y consciente que se basa de continuo en el uso de la escritura y de la imprenta, elementos estos esenciales para la realización y operación del equipamiento así como para su empleo», Ong, 1971, pág. 299.

La oralidad secundaria es otro híbrido. Ong insiste en afirmar que las nuevas tecnologías tienen un potencial trasformador, pero regresivo, porque inauguran, por la difusión de imágenes y de voces, de formas de narración y de ciertas fórmulas, una nueva cultura colectiva, diferente en su foco y en sus efectos, de las tendencias individualizantes de la imprenta.

Otra versión de esta tesis es la ofrecida por Joshua Meyrowitz (1985). Su argumento es relativamente simple, y ya no nos puede sorprender. Meyrowitz sostiene que la televisión trasformó (no fue la única, pero fue sobre todo ella) nuestro ambiente social y cultural. Trasformó las relaciones entre las esferas pública y privada y entre los espacios físico y social. Además, afectó profundamente las fronteras normalmente claras que separaban los sexos, las generaciones; y a los poderosos, de los que carecen de poder. Hizo al mundo visible y accesible bajo aspectos dramáticamente novedosos. Los cambios introducidos por la televisión todavía continúan, tienen su propia dinámica y nos devuelven a una forma de experiencia social y cultural que, según Meyrowitz, es semejante a la de los cazadores y los recolectores: políticamente igualitaria, discrimina poco entre juego y trabajo, nos hace vivir cada vez una parte mayor de nuestra vida en público, cazando y recolectando información en lugar de alimentos. Desde luego, Meyrowitz pasa por alto todo lo referido a la otra cara de esta misma moneda tecnológica (su «doble vida»: De Sola Pool; y véase también Thompson, 1990) o cualquier insinuación de la posibilidad de negociar o resistir sus efectos. Meyrowitz se muestra igualmente ciego para los problemas del poder y de la diferencia cultural.

Como ya insinué antes, en todos estos relatos abundan las paradojas. Las fuerzas responsables de la institucionalización, la centralización y la consolidación del poder mediático se expresan en la integración vertical y horizontal y la internacionalización de las industrias mediáticas. La estrecha alianza establecida por estas con los intereses nacionales e internacionales; la capacidad de estas instituciones para dominar y extender el alcance de la tecnología, para acelerar el movimiento de la información y para ejercer el control sobre el tiempo y, fundamentalmente, sobre el espacio, son todos factores importantes en el ejercicio de ese poder. Pero son fuerzas que hay que sopesar con lo que los teóricos «mediático-céntricos» consideran las preferencias, los mensajes o los efectos de esos medios cambiantes, por debajo o más allá de las estructuras políticas; y que tienen por potencial consecuencia la de trasformar (o amenazar hacerlo) las sensibilidades y las relaciones sociales.

Centralizadores o descentralizadores, conservadores o radicales, orales o literarios, progresivos o regresivos: quizá no sea sorprendente que los resúmenes mediático-céntricos sobre el cambio social y cultural sigan siendo tan interminablemente inconcluyentes. Los textos de la tecnología continúan estando, por lo menos en parte, abiertos. Es evidente que la televisión ofrece nuevos horizontes y nuevas oportunidades y, en tanto es uno de los componentes de una red electrónica formada por las tecnologías de la información y la comunicación, suministra los medios para trasformaciones fundamentales en nuestras relaciones con el tiempo y con el espacio, y es resultado de esas trasformaciones. Pero estas predisposiciones de los medios son ambiguas y están abiertas a interpretación, precisamente porque, en su mayor parte, siguen enmarcadas (aunque desigualmente) por las estrategias políticas y económicas de los poderosos y son vulnerables a las tácticas de la vida cotidiana, a la dinámica con la que nos apropiamos de ellas en la cultura doméstica, local y regional (véase De Certeau, 1984).[10]

Ambiguos o no, inciertos o no, la televisión y los demás medios encarnan dimensiones sistémicas, tanto desde el punto de vista social como desde el punto de vista tecnológico, que interactúan entre sí y con otras dimensiones de la realidad social y técnica; y las ambigüedades e incertidumbres no son privativas de los regímenes de producción o de la institucionalización del poder dentro de los Estados nacionales. Como señala Marjorie Ferguson (1990, pág. 155):

«Está claro que los cambios que ocurren en el uso público y en el consumo privado de los nuevos sistemas y servicios de comunicación traen consecuencias para nuestra concepción de las relaciones y prioridades espaciotemporales. A pesar de la aparente facilidad tecnológica con que los medios

[10] Por supuesto, es no menos peligroso seguir la línea opuesta, esto es: dar por descontado que la televisión (y los demás medios) no produce ningún efecto material sobre los cambios sociales y culturales considerados en cada caso. Esto es lo que parece sostener Lodziak (1986, págs. 190-1) cuando sugiere que «esa "captación del tiempo y el espacio" por parte de la televisión [es] algo diferente de lo que parece ser (. . .) Nuestro espacio-tiempo está ya "capturado" como consecuencia de prácticas económicas y estatales en un contexto que ha sido en alto grado modelado por esas prácticas».

electrónicos dan trasparencia al tiempo (en virtud de su instantaneidad) y opacidad a la cultura (por su casi universalidad), tales mediaciones no necesariamente nos proporcionan nuevas certezas categóricas ni nuevos sentidos universales sobre la duración o la distancia.

»Parece en cambio más probable que la mayor internacionalización de todas las formas de comunicación domine sobre las ideas actuales y locales que se tienen acerca del tiempo y del espacio, y sobre las epistemologías anteriores, basadas en lo sensorial, en las que lo experimentado directamente (. . .) definía el mundo con definiciones y sentidos de alternativa».

Este es un aspecto importante porque lleva a indagar, una vez más, la compleja naturaleza del sistema tele-tecnológico. El sistema tiene un componente tecnológico que se puede averiguar separadamente; y en su condición de tecnología (como un sistema y como un servicio), la televisión ofrece, en cada nivel de su incorporación a la vida cotidiana, una capacidad potencial para reorientar sistemáticamente las relaciones y las percepciones de tiempo y espacio. Pero esto debe cotejarse con una comprensión de esa capacidad en relación con la importancia adquirida por otras tecnologías y en relación con los contextos específicos —y a menudo determinantes— de la producción y también del consumo. Estos contextos son, en su conjunto, internacionales, nacionales, locales y domésticos.

Volvamos, por última vez, al caso de los pescadores de Sri Lanka. Cuando compraban sus redes de pesca, sus lanchas de motor y sus televisores, adquirían no sólo una serie de objetos, sino también un cúmulo de relaciones y valores económicos, políticos y culturales: un sistema tecnológico. Este ejemplo inicial es extremo pero muy esclarecedor. Las consecuencias que trajo la compra de nuevas embarcaciones y de nuevas redes incluyeron la aparición de una jerarquía y de una estructura de explotación dentro de la vida de la aldea; y, sobre todo, incluyeron una dependencia: los pescadores comenzaron a depender de las máquinas, lo cual significó la pérdida de destrezas tradicionales. En la carretera creada por la tecnología, a veces literalmente la pista o el canal de comunicación (en el caso de la televisión, de manera mucho más dramática que en los casos de la radio y los periódicos), la modernidad relampaguea con todos sus colores camaleónicos (véase Betteridge, 1992). Inscritos en los textos de la tecnología están todos los jeroglíficos del poder del Estado y del poder comercial, que se ponen más visiblemente de manifiesto en la confrontación entre los países del Primer Mundo y del Tercer Mundo, pero que tienen la misma significación en nuestro propio ambiente. Como observó Stephen Hill:

«El texto que se nos presenta en las máquinas está "escrito" en el sentido de que está encarnado, es autónomo, no es algo derivado de la participación cultural en el mundo de vida inmediato, sino de sentidos acumulados y tesoros de conocimiento que en la máquina se "objetivan"», Stephen Hill, 1988, pág. 65.

«Las tecnologías que se han generado en una cultura más poderosa desde el punto de vista instrumental se introducen en una cultura tradicional y "prenden como un cigarro que se hubiera puesto en contacto con un tejido de seda" en la totalidad de las pautas culturales existentes hasta entonces», *op. cit.*, pág. 75.

Ciertos argumentos derivados del estudio de las culturas del Tercer Mundo, así como —principalmente— del estudio de las tecnologías industriales o mecánicas básicas, se deben tomar con pinzas cuando se los aplica a nuestra propia cultura y a las tecnologías de la comunicación y la información. Hill argumenta con mucha fuerza. Su presentación es elocuente y persuasiva pero admite varias restricciones. En primer lugar, la aparición de nuevas tecnologías no siempre, ni tampoco inmediatamente, produce cambios sustanciales en la estructura social o en los valores culturales de aquellos que las reciben. Ha quedado demostrado que es así, tanto en sociedades prealfabetas (Sahlins, 1974) como en sociedades modernas (Thrall, 1982). En realidad, los estudios sobre la aparición en el Primer Mundo de las nuevas tecnologías domésticas se concentraron, por ejemplo, en el modo en que éstas fortalecían la división doméstica del trabajo (Cowan, 1989). En segundo lugar, el uso de nuevas tecnologías, aun de una tan generalizada hoy como la televisión, es algo que debe aprenderse, y durante ese aprendizaje la tecnología misma y la cultura pueden cambiar. En tercer lugar, las tecnologías de la información y la comunicación, como lo señala De Sola Pool, tienen una doble vida; y están, como digo yo, doblemente articuladas. Tanto el medio como el mensaje se prestan a una muy variada apropiación. Los televisores pueden parecer todos más o menos semejantes, pero se los coloca en diferentes espacios, domésticos o de otro tipo, reciben diversas significaciones y, sobre todo, se los mira o se los usa diversamente: cada miembro de una audiencia, cada usuario, toma, de lo que todos ven y oyen, algo que es al propio tiempo general y particular (Liebes y Katz, 1991).

Precisamente quiero referirme ahora a este último pero esencial aspecto del sistema tele-tecnológico: su domesticación.

La domesticación del medio salvaje

La globalización de los medios —su alcance y sus consecuencias políticas, económicas y técnicas— es sólo una parte de lo que supone el sistema tele-tecnológico. Concentrarse sólo en esa parte trae el riesgo de producir una especie de vestido sin costuras cuya cola no se arruga ni se arruina al pasar por las escabrosidades y las fricciones del mundo complejo, diverso y contradictorio de las relaciones vividas. Muchas versiones de teorías de la innovación, economía política y análisis cultural tienen esa cualidad. Evidentemente son seductoras, pero deberíamos resistir a esa seducción. ¿Por qué?

Principalmente porque tenemos que conocer la diferencia y la variación cultural y porque podemos reconocer, en la historia y también en la vida contemporánea, la capacidad de las sociedades y de los grupos sociales, amplios y pequeños, para reelaborar los productos de un sistema colonial, religioso o basado en los medios, y su capacidad de trasformarlo y domesticarlo en virtud de esa reelaboración. Claro que esto no ocurre siempre y no siempre necesariamente con mucho éxito. Pero el mundo está lleno de ejemplos de naciones y aun de casas que producen algo diferente, algo novedoso, en su encuentro y en sus transacciones con

167

los productos de un sistema impuesto.[11] Este es el tema que desarrollaré en el resto de este capítulo y en el próximo.

Llegados a este punto, poniendo el acento en la tecnología —como objeto y como texto— y también en nuestra capacidad para «domar» aquellos objetos y aquellos sentidos para hacer de ellos algo propio, quiero indagar la noción de domesticación prestando particular atención a lo que llamaré (siguiendo a Kopytoff, 1986) las variadas biografías de la televisión, y prestando también atención a las cuestiones relacionadas con el género y el control.

Marilyn Strathern (1987) entiende que domesticar equivale a subordinar los objetos a nuestros propios fines y, por lo tanto, a nuestra propia subjetividad. En realidad, con la domesticación se trata de poner las cosas bajo control, pero, como observa Eric Hirsch (1989), también se trata de la expresión de la subjetividad de los interesados. La domesticación, quizás en sentido literal, implica hacer entrar en casa objetos traídos de un ámbito agreste: de los espacios públicos, de las tiendas, de las galerías, de los ambientes de trabajo; de las fábricas, las granjas y las canteras. El tránsito, que también es un traslado, de objetos a través de la frontera que separa el espacio público del espacio privado es un aspecto esencial de lo que yo entiendo por domesticación. En virtud de la domesticación existe la posibilidad potencial de formar y trasformar objetos y sentidos. Pero algunos objetos, algunas tecnologías y algunos sentidos son menos domesticables que otros. Hasta que cruzan esa frontera y hasta que surge la decisión de apropiarse de ellos, todos esos objetos, esas tecnologías y esos sentidos se hallan en un estado de alienación. Algunos de nosotros podemos tener más recursos para esta tarea que otros: más paciencia, más dinero, más habilidad. Y no siempre salimos indemnes del esfuerzo. Sin embargo, el punto final de todo trabajo de producción y reproducción social es esa transacción entre la

---

[11] Bastide (1978) sobre las religiones del Brasil; Parry y Bloch (1989) sobre el dinero; Ferguson (1990) sobre la tecnología de los medios; De Certeau (1984) sobre la vida cotidiana; Hebdige (1988) y Miller (1987) sobre la cultura contemporánea; todos ellos, desde un punto de vista o de otro, se remiten a esta cuestión. Al hacerlo retoman un tema que es familiar en la antropología (por ejemplo, Redfield, 1960) y la historia (por ejemplo, Burke, 1978): el intento de examinar la relación que se establece entre la gran tradición y la pequeña tradición.

esfera privada y la esfera pública (Appadurai, 1986; Parry y Bloch, 1989). Ya analicé esta cuestión cuando me referí a la economía moral de la casa, y desarrollaré más en detalle en el próximo capítulo la posición que encarna esa noción.

No obstante, en el contexto de la presente discusión, la domesticación de la tecnología denota la capacidad de un grupo social (una casa, una familia, pero también una organización) para apropiarse de los artefactos tecnológicos y los sistemas de trasmisión e incorporarlos a su propia cultura —sus propios espacios, sus propios tiempos, su propia estética y su propio funcionamiento—, para controlarlos y para hacerlos más o menos «invisibles» dentro de las rutinas diarias. El potencial inscrito dentro de la tecnología como objeto (y los sentidos de los textos que se trasmiten) y también los discursos de que dispone el grupo constituyen materiales que permiten comprender cómo ocurre cualquier transacción o cualquier conjunto de transacciones. Sostiene Daniel Miller (1987, pág. 175):

«Todos (. . .) los objetos (. . .) son el producto directo de intereses comerciales y procesos industriales. Tomados en su conjunto, parecen implicar que, en ciertas circunstancias, segmentos de la población pueden apropiarse de tales objetos industriales y utilizarlos para crear su propia imagen. En otros casos, las personas se ven forzadas a vivir en (y a través de) las imágenes que ofrece de ellos un sector diferente y dominante de la población. Las posibilidades de recontextualización pueden variar en el caso de cada objeto de acuerdo con su poder histórico, y de un individuo particular a otro, de acuerdo con su cambiante ambiente social».

Como surge de la afirmación de Daniel Miller, la domesticación es un proceso elástico. Se extiende por todo el trayecto desde la trasformación y la incorporación completas hasta una aceptación renuente, y desde la integración total, hasta la marginalización. Pero lo que une ambos extremos es la calidad del trabajo exigido, el esfuerzo y la actividad que aporta la gente cuando consume objetos y los incorpora en la estructura de su vida cotidiana.

Los objetos y sentidos —la televisión y sus textos— tienen vida propia. Tienen historias individuales: las historias de las tecnologías, las de los productos o las mercancías, las de los objetos individuales y de los sentidos trasmitidos, todas contribuyen a formar el carácter particular de una tecnología como objeto y a conferirle una condición cambiante dentro de las esferas pública y privada. Una vez que tales objetos cruzan el umbral de los espacios domésticos, su vida continúa y se manifiesta en los ambientes microsociales y culturales del hogar. Ya cuando se los produce y se los comercializa, se los prepara para esa vida puertas adentro. La senda particular que cada objeto recorre a medida que trascurre la historia de su vida desde sus comienzos hasta la obsolescencia (una condición que ya no está únicamente determinada por la aparición de un producto que lo remplaza, sino que depende también de su «muerte» por completo imprevisible en el uso individual) no sólo ilustra la biografía del propio objeto sino que además echa luz sobre las diversas culturas a través de las cuales se desplaza.

Por consiguiente las cosas, los objetos, las tecnologías, los textos tienen biografías del mismo modo en que las tienen los individuos. Sin embargo, su vida no implica únicamente cambios y trasformaciones. En virtud de los cambios y trasformaciones que experimentan desde su nacimiento, durante su madurez y su decadencia, todos ellos revelan las cualidades cambiantes de los ámbitos modeladores por los que pasan. Como indica Igor Kopytoff (1986, pág. 67):

«La biografía de un automóvil en Africa revelaría un cúmulo de datos culturales: el modo en que fue adquirido, cómo se juntó el dinero y de quién se obtuvo para adquirirlo, la relación del vendedor y el comprador, los usos que regularmente se dan al automóvil, la identidad de sus pasajeros más frecuentes y de aquellos que lo toman prestado, la frecuencia con que se lo presta, los talleres a los que se lo lleva y la relación entre el propietario y los mecánicos, los diversos dueños que tuvo a lo largo de los años y, por último, cuando el automóvil "no da más", el destino final de sus restos. Todos estos datos podrían revelar una biografía por entero diferente de la de un reposado automóvil perteneciente a un francés, a un navajo o a un integrante de la clase media norteamericana».

Es evidente que, en cierto sentido, Kopytoff cuenta sólo la mitad de la historia. Porque también es parte esencial de la biografía de ese automóvil adquirido en Africa la narrativa sobre cómo fue producido y por quién, cómo fue promocionado y vendido y el modo en que esos procesos echan luz sobre la relación entre la cultura productora y la cultura consumidora.

Algunas de estas cuestiones se ponen de manifiesto en los trabajos recientes sobre los primeros años de las tecnologías de la comunicación y la información, particularmente los referidos a la televisión (Spigel, 1989, 1990, 1992; Haralovich, 1988; Boddy, 1986), pero también en los que tratan sobre la radio (Moores, 1988), el teléfono (Marvin, 1988; De Sola Pool, 1977), la videograbadora (Keen, 1987) y las computadoras personales (Haddon, 1988). Sin embargo, aún falta hacer un trabajo más detallado, particularmente sobre la biografía de estas tecnologías a partir del momento en que trasponen el umbral de las casas y los hogares individuales (pero véase Silverstone y Hirsch, 1992).

Lynn Spigel (1992), en el estudio (en el que ya me he apoyado) sobre la aparición de la televisión en los Estados Unidos durante el período inmediato posterior a la Segunda Guerra Mundial caracteriza su representación mediante un análisis de los avisos publicitarios y los artículos que aparecían en las revistas hogareñas femeninas. La aparición de la televisión fue sin duda problemática y trajo consigo considerable ansiedad. Alentada como estuvo por la rápida expansión del desarrollo suburbano ocurrido durante algo más de una década desde 1945, la televisión suministró el foco indispensable que permitía expresar (e intentaba resolver) las nuevas contradicciones de los mundos público y privado, de los roles de género y del espacio doméstico que comenzaron a hacerse cada vez más visibles en el mundo disperso e híbrido de Levittown.

La ubicación del televisor y la práctica de mirarlo en los nuevos hogares de estilo rancho o con jardines abiertos de aquellos años llegaron a constituir una preocupación central. La importancia que adquirió la televisión en la familia y su capacidad para mantener unidas o para separar a las diversas familias: en la bibliografía de aquella época sobre estas cuestiones, el tema constante era el efecto que producía la televisión en la determinación de los roles de género, al fortalecer en su imaginería y en su *marketing* la domesticidad del ama de casa «que permanece en el hogar» y al amenazar con socavar la autoridad del padre. La televisión difundió tecnologías de apoyo y creó nuevos espacios: las cenas por televisión, las salas de estar de la televisión, las casas de ambientes conectados, las tecnologías hogareñas para facilitar los trabajos de la casa, fueron todas cosas que se diseñaron, de un modo u otro, para integrar la televisión a los espacios y los tiempos de la casa y, sobre todo, para legitimar su presencia, para hacerla invisible, para que los niños y las familias pudieran mirarla tranquilos, seguros, y para convertirla en un objeto decorativo: en suma, para domesticarla.

A lo largo de todo este procedimiento se produjeron diversas tecnologías fallidas con las que se pretendía hacer más manejable el proceso en general. Spigel informa sobre dos de las más extrañas: el horno-televisor, una cocina con televisor incorporado que permitía al ama de casa seguir viendo televisión sin descuidar la preparación de las comidas. La otra tecnología fracasada que menciona Spigel es el «duoscopio», un televisor con dos pantallas situadas en ángulo recto, diseñado para permitir que se miren simultáneamente dos programas diferentes, con lo cual se evitarían las tensiones vinculadas con la elección de programas. El problema de estos intentos fallidos es que fueron demasiado prematuros. Las casas con varios televisores, el televisor instalado sobre la mesa de la cocina (por lo general el viejo aparato en blanco y negro, desplazado de su lugar central en el living por los modelos más recientes en color, estéreo y conectados al satélite), la videocasetera, fueron luego los medios a través de los cuales se dio una solución a aquellas primeras angustias y preocupaciones. Como lo hace notar la propia Spigel (1990, pág. 93):

«Si bien el duoscopio nunca tuvo éxito, la problemática básica de unidad y división continúa existiendo. El intento de equilibrar los ideales de armonía familiar y de diferencia social a menudo condujo a soluciones estrafalarias, pero también dio como resultado una serie de pautas cotidianas de mirar televisión que se presentaron como procedimientos funcionales y normales de utilizar el aparato. Los discursos populares trataron de "domar a la bestia", sugiriendo modos de mantener las normas tradicionales de la conducta familiar y permitir al mismo tiempo el cambio social. Así proyectaron intrincados planes de resistencia y acomodación a la nueva máquina, y ayudaron a construir una nueva forma cultural».

Spigel nos narra la historia de un nuevo medio, un medio que, desde sus comienzos mismos, fue también una mercancía y, en su doble articulación en las casas de la Norteamérica de posguerra, se trasformó además en un medio para la posterior mercantilización de la vida cotidiana. La biografía de la televisión comienza aquí (por supuesto que en realidad comienza mucho antes, en el desarrollo de la tecnología y en el desarrollo del sistema de emisión creado por la radiofonía) y se mantiene, en muchos niveles diferentes, en la producción y la reproducción continuas de objetos y sentidos, tanto en el plano nacional como en el internacional; en los canales de difusión públicos y en los sistemas de distribución comerciales de aire y restringidos; en los hogares y en las charlas y chismorreos de todos los días. Es interesante observar que en el estudio de Spigel era el objeto —la televisión misma— lo que constituía el centro de todo el interés, como si se creyera que bastaba con «situarla» en los espacios y en los tiempos del hogar para ponerla a buen seguro. Quizás esto sea un poco desorientador porque, como admite la propia Spigel, el pánico moral que despertaba el contenido de la televisión también era algo por completo evidente. De modo que también había que resolver ese pánico y afrontar firmemente los desafíos que parecía plantear a la moralidad pública y privada. Sin embargo, está claro que las angustias respecto del contenido (el «mensaje») dependían de las angustias respecto del objeto (el «medio»); y esto era hasta tal punto cierto que gran parte del contenido mismo, particularmente de las comedias de situación y de las telenovelas, así como —por supuesto— de los anuncios publicitarios, estaba diseñado con el fin de proporcionar una serie de instrumentos culturales que ayudaran al público a adaptarse al nuevo medio.

Estos aspectos de la televisión: la integración del medio en la economía emergente de mercantilización y suburbanización de posguerra; el rol de la programación y los horarios televisivos, y las características particulares de las comedias de situación como un género doméstico, brindaron, en su conjunto, una especie de arquetipo ideológico que permitía definir los roles sexuales y un modelo particular —de clase media— de vida familiar. Haralovich (1988), Boddy (1986) y Modleski (1984) analizaron también esta cuestión. Ya examiné en los capítulos 2 y 3 ciertos aspectos de esos ensayos. Cada una de estas tesis pone el acento, como lo hace Spigel, sobre lo importante que fue la construcción de los roles sexuales para la domesticación de la televisión. Las mujeres que volvían al hogar después de los años de la guerra, durante los cuales habían incursionado en los ámbitos laborales masculinos, debían resocializarse en un rol familiar y en una estructura familiar que parecía no haber cambiado mucho, por lo menos desde el punto de vista de la idealización imaginada por la clase media victoriana. Que la mujer se quedara en casa era la clave del éxito de la casa como unidad de consumo, pero también la clave de su viabilidad como un componente más del sistema de producción. La mujer debía permanecer en el hogar y suministrar los recursos materiales y morales para apoyar a su marido, considerado el productor en la economía formal. La televisión era potencialmente una amenaza distractiva, pero también potencialmente una oportunidad para la educación y la socialización.

Pero la televisión era sólo un elemento de un sistema de relaciones políticas, arquitectónicas y comerciales que, o bien juntas, o bien separadas, imponían una versión de la vida social altamente marcada por la diferenciación entre los sexos, que hoy se da por descontada. La comedia de situación de la familia suburbana trasmitida durante las décadas de 1950 y 1960 hizo una importante contribución a «la construcción y distribución del conocimiento social sobre el lugar que ocupaban las mujeres» en la sociedad (Haralovich, 1988, pág. 39).[12]

[12] Haralovich (1988, págs. 39-40) ofrece un análisis de una «coyuntura histórica en la cual instituciones importantes para la aplicación de políticas sociales y económicas definían a las mujeres como amas de casa: la edificación de viviendas suburbanas, la industria de productos para el consumidor y la investigación de mercado. *Father Knows Best* y *Leave it to Beaver* [dos comedias de situación difundidas en los Estados Unidos en ese período] mediatizaron ese modo de dirigirse al ama de casa a través de su representación de la vida de una familia de clase media. Estas dos comedias se apropiaron de los rasgos que históricamente se representaron como específicos de cada género en una *mise-en-scène* realista del hogar destinada a crear un ambiente familiar cómodo, cálido y estable».

Sin embargo, estos diversos relatos sobre la demarcación de roles de género en la televisión como tecnología y su inclusión en un sistema de presuntuosas relaciones culturales y materiales plantean una serie de interrogantes. Estas cuestiones no necesariamente socavan la fuerza del análisis, pero exigen una consideración de la dinámica empírica de la televisión, como tecnología y como medio, en tanto ella se ha incorporado a la vida cotidiana de familias y casas. La biografía de la televisión, así como la biografía de cualquiera de las demás tecnologías, se caracteriza por cierto grado de irresolución y de apertura, que esos estudios tienden a relegar. El lugar que ocupa la televisión en el hogar, su domesticación, así como la construcción de la identidad individual, respecto de la cual la cuestión del género es un elemento importante aunque no el único, he ahí algo que no se puede entender exclusivamente partiendo del análisis de los textos públicos, sean estos los programas de televisión mismos, sean las estrategias de *marketing* diseñadas para ordenar el mundo de modo tal que la televisión sea aceptable. Hay una indeterminación en el sistema tele-tecnológico, precisamente en el punto en que la televisión cruza el umbral que separa la esfera pública de la esfera privada. Y esa indeterminación se registra tanto en el desorden y la letanía de las tecnologías fallidas o trasformadas como en los conflictos que se dan en la negociación y la renegociación de las relaciones domésticas de los sexos en la vida cotidiana de los miembros de una familia (Silverstone, 1991).

La asunción de los sexos en el sistema tele-tecnológico es, pues, un proceso dialógico construido partiendo de un diálogo entre relaciones definidas públicamente, inscritas en el diseño y en el *marketing* de todas las tecnologías —incluida la televisión—, y relaciones negociadas en privado, inscritas y desarrolladas en los discursos y las pautas de la vida cotidiana. Ya casi no quedan dudas de que las relaciones de género que se construyen en torno de la televisión, ya sea en el uso del control remoto (Morley, 1986), ya sea en la destreza para manejar la videograbadora (Gray, 1987, 1992) o en la propiedad y el empleo de la computadora personal (Haddon, 1988) o del teléfono (Moyal, 1989), expresan una división del trabajo por géneros que a su vez expresa la estructura de géneros dominante en la sociedad moderna (Cockburn,

175

1985). Pero también sabemos que esa división por los sexos en las tecnologías no es irrevocable, así como sabemos que esa división tampoco determina cómo y quién ha de utilizar tales tecnologías (véase Livingstone, 1992). Ciertamente, la relación que establece una mujer (y también un hombre) con la televisión (Hobson, 1982) o con el teléfono (Rakow, 1988; Mayer, 1977; Moyal, 1992) es una función del status y del rol de esa mujer (o de ese hombre) en la casa, pero esto sólo puede entenderse si se miran no sólo las estructuras dominantes que permiten definir la masculinidad y la feminidad en la esfera pública, sino también el carácter particular que tienen esas estructuras dentro de la economía moral de cada casa. También importa observar que la diferenciación por sexos que establece naturalmente el sistema tele-tecnológico debe concebirse en el marco de otras diferenciaciones, tales como las clases y las etnias, y en virtud de la dinámica de la edad y de la etapa del ciclo vital que vivan el individuo o la casa.

De modo que ya la domesticación de la televisión es un complejo proceso que se puede entender tanto desde el punto de vista filogenético como desde el punto de vista ontogenético. En el primer caso, la historia de la domesticación de la televisión es la historia de la aparición de una tecnología y de un medio dentro de un conjunto particular de condiciones sociales, políticas y económicas definidas históricamente. Esa emergencia demandó la confluencia de una cantidad de discursos diferentes que operaban en diferentes campos: el diseño del equipamiento, el *marketing*, la programación horaria y el contenido de los programas, la coherencia del diseño urbano, arquitectónico y doméstico, los cambios en la división del trabajo y, además, algo que hasta aquí yo di por descontado: un aumento del ingreso disponible. Desde el punto de vista ontogenético, la historia de la domesticación de la televisión es la historia de lo que cambió y lo que se conservó en las relaciones domésticas: la suburbanización de la vida social, pero también el carácter particular de la domesticidad propia de cada casa donde las distinciones de clase, etnicidad, ubicación, identidad religiosa, etc., establecen y definen las condiciones en las que cada miembro del hogar se apropia de la tecnología. Como ya lo sugerí, estas dos dimensiones de la domesticación de la televisión operan juntas, dialógicamente. Desde el momento en que los miembros de una casa (o quienes compartan cualquier otro ambiente) se apropian de la televisión, esta participa de una pugna por el control y la identidad, lucha en la que están implicados la casa misma —en su relación con el mundo exterior— y los individuos que la forman. Si pretendemos establecer el lugar de la televisión y el lugar de los programas de la televisión en el hogar (su literal acomodación), debemos comprender ante todo la interrelación de estos dos niveles.

Comencé este capítulo sosteniendo que el sistema teletecnológico estaba constituido en realidad por una serie de sistemas superpuestos y entrelazados que extraían su fuerza y su coherencia de la tensión existente entre las esferas y las presiones tecnológicas, políticas, económicas y domésticas. Y así es como deseo que lo veamos ahora. La televisión no es una simple ventana abierta, ni tampoco una esclusa abierta; no es inocente, y lleva las cicatrices de su producción y de su posición en el sistema del mundo moderno. Quienes la recibimos, quienes adquirimos las tecnologías más novedosas como compramos las antiguas, que miramos los últimos programas y también las reposiciones, cotejamos un medio con una historia y una biografía. Tenemos escaso control sobre la primera, pero poseemos un control considerable sobre la segunda. Por lo tanto, el sistema tele-tecnológico es el producto de las relaciones y las determinaciones de la producción y del consumo.

Ahora el desafío para la investigación de los medios en general y de la televisión en particular es tratar de encontrar sentido a la compleja trama que entreteje la economía política de los medios con su apropiación cultural. En este capítulo intenté ofrecer un marco que nos permita comenzar a afrontar tal desafío. En el próximo trataré el tema específico del consumo y desarrollaré mi argumentación considerando la dinámica de ese proceso.

5. Televisión y consumo

En el término mismo y en la actividad del consumo yace una paradoja. Consumir significa destruir. Y la palabra consumo se asocia con derroche, disipación caprichosa, decadencia (véase Williams, 1974). Un cuerpo consumido es el carcomido por la enfermedad. El fuego consume. El consumo ostentoso —desde el *potlach* hasta el uso de camisas de marcas costosas— es un despilfarro: un derroche público, visible y dramático (Veblen, 1925). Consumimos y alcanzamos la consumación.[1] Sin embargo, teóricos recientes —y otros no tan recientes— que buscaban la clave para comprender el carácter particular del capitalismo medio y tardío, la hallaron en el consumo. Y algunos de los críticos más recientes de la cultura contemporánea descubrieron en el consumo la base de una crítica definitoria de la cultura moderna y posmoderna: un motivo de celebración y una definición de la cultura, no como destructiva, sino como fuente de gran parte de (si no ya de todo) lo que es creador, tanto en el puntillismo de la vida cotidiana como en el surrealismo y el hiperrealismo de los medios masivos de comunicación.

Además hay otra paradoja. El consumo depende de la producción. No podemos consumir lo que no producimos. El consumo estimula la producción. Sin destruir, no podemos crear. Por lo demás, en la estimulación del consumo se nos hace olvidar la producción. En las promociones publicitarias se muestra muy poco de las condiciones en las que se producen nuestros bienes de consumo, como si el hecho de

---

[1] La palabra francesa «*consommer*» tiene una doble significación: la de plena realización y la de plena anulación [consumado y consumido] (véase Baudrillard, 1988, pág. 22) que el inglés [y el español] sólo puede expresar utilizando dos palabras: «consumo» (del latín, *consumere*) y «consumación» (del latín, *consumare*). Por supuesto, precisamente en la ambigüedad del «*consommer*» francés ocurre gran parte de la discusión de este capítulo.

reconocer toda esa faceta opacara el brillo o ahogara las llamas del deseo.

En este capítulo trataré sobre televisión y consumo. Deseo hacerlo como un modo de abordar al menos en parte la dinámica de la cultura contemporánea, los mecanismos a través de los cuales nos comprometemos con ella (o nos vemos por ella comprometidos), los sistemas y estructuras de vida bajo el capitalismo tardío. En todo esto, la televisión es sólo un elemento entre muchos. Pero podemos sostener que se trata de un elemento esencial. Brinda las más entre las imágenes principales, los halagos concertados, los acompañamientos musicales de toda esa actividad tan vital. Y quisiera, en lo posible, rescatar estas paradojas, porque ellas representan otra de las tensiones fundamentales de la sociedad contemporánea que este libro parece averiguar y que cualquier examen sobre la televisión revelará inevitablemente. Esta vez la tensión se establece entre el poder exigente de un complejo cultural industrial cada vez más internacional y las oportunidades que tal poder entrega a la expresión de sí, por negación, por trascendencia o por trasformación. Y esta es una tensión que se articula (y se perfecciona) por la televisión y por el resto de los medios masivos de comunicación. Con el consumo expresamos, al mismo tiempo y con las mismas acciones, no sólo nuestra irredimible dependencia, sino también nuestras libertades creadoras como partícipes de la cultura contemporánea. Quiero decir con esto que la televisión (lo mismo vale, desde luego, para los demás medios de comunicación social) nos suministra los modelos y también los medios para esa participación.

Temas y tensiones

Por lo que me propongo decir en las próximas páginas corre una cantidad de temas individualizables pero evidentemente interrelacionados. Los individualizo ahora para instilar el conocimiento de que, en el análisis que sigue, estos temas sólo intermitentemente serán asunto de indagación, pero nunca estarán lejos de la superficie. Son temas que jalonan la bibliografía sobre el consumo, tal como nació de la crítica marxista y posmarxista del capitalismo del siglo XX y, sobre todo, del emergente interés por la cultura como objeto de atención crítica. Pero esos temas reaparecen en las discusiones más recientes, que se centraron en la semiótica y tomaron el lenguaje de esta disciplina para comprender la dinámica particular de la tecnología, la economía política y las imágenes públicas tal como han surgido en la sociedad moderna y posmoderna.

El primer tema es el de la mercantilización. La mercantilización implica intercambio. Los objetos adquieren un valor que no depende de su utilidad, sino de su aptitud para ser intercambiados en un mercado. Marx caracterizó la aparición de la forma mercancía como la expresión dominante de la racionalidad económica propia del capitalismo, y estrechamente ligada a la producción y a las relaciones de producción. En realidad, la historia del capitalismo se puede trazar siguiendo la creciente importancia que adquirió la mercancía no sólo en relación con los bienes u objetos producidos, sino también en relación con la cultura, el tiempo libre y el consumo. Evidentemente, la crítica asociada a este análisis de la mercantilización fue la de la alienación (Meszaros, 1970). La crítica de la alienación implicaba la separación del trabajador de su producto, y la separación de los obreros entre sí, al tiempo que la atomización asociada con el valor de cambio o comercial (no el valor social o de uso) remplazaba a la economía moral (Thompson, 1971) de la sociedad preindustrial. Esa fracasada economía moral se articulaba con otras formas de racionalidad social y económica: más sensible al individuo y al apoyo comunitario.

Si bien algunos autores (por ejemplo, Kopytoff, 1986) sostuvieron que la mercantilización es antagónica de la cultura, porque esta garantiza que algunas cosas permanezcan fuera de la mercantilización: sagradas, singulares, no negociables, otros (como Haug, 1986) estiman, por el contrario, que la cultura no puede resistir (de hecho no lo hace en los países capitalistas) el proceso de mercantilización. Lo cual implica que la cultura desaparece bajo su peso. Los críticos de la escuela de Francfort (véase *infra*) tomaron precisamente esta cuestión como punto de partida. La insidiosa mercantilización y la reificación, que ellos consideran como una labor planificada por las industrias culturales, imprimen una racionalidad y una estética ajenas a las imágenes, los objetos y los placeres de la cultura contemporánea. El resultado de ello es una atomización y una homogeneización de la vida cotidiana: queda atomizada porque el valor descansa en los objetos individuales de cambio; y queda homogeneizada porque todo, en cierto sentido, es intercambiable y, por lo tanto, equivalente.

Sin embargo, hay otros autores que ven en la mercantilización no ya un antagonismo de la cultura, ni siquiera una represión a la cultura, sino una encarnación de esta (Appadurai, 1986). No hay intercambio sin significación. No hay economía sin valor. No hay cultura sin intercambio. En este enfoque dialéctico (que entiende la mercantilización como un proceso social), algunos de los argumentos sobre mercantilización y consumo se hacen mucho más complejos y desafiantes. Las historias del consumo que se atienen a semejante punto de vista (por ejemplo, McKracken, 1988) dejan un poco de lado el aspecto de la mercantilización, que requiere un análisis de su férrea imposición o de la maleabilidad o vulnerabilidad del nuevo consumidor, y se concentran más en la lógica constructiva, encarnada en el intercambio de mercancías, y en las posibilidades creadoras que abre esa lógica en el consumo mismo y a través de él.

Enfocar en esta perspectiva la mercantilización y el consumo implica entrar en otro de los temas que quiero examinar en este capítulo: los bienes en su condición de símbolos, y, podríamos decir, los símbolos en su condición de bienes.

Una vez que los bienes entran en un sistema de intercambio, también pasan a formar parte de un sistema de diferencias, de valores y sentidos diferenciados que suministran las bases no sólo para que alcancen su posición en una jerarquía de valores, sino también —y cada vez más, en una sociedad construida en torno del consumo, y por este— las bases para clasificar a los consumidores y a los propietarios, a los gustos y a los estilos. Y esos sentidos públicos tienen que ser sentidos visibles para tener algún peso o alguna significación, para que su expresión permita ejercer cierto poder. El consumo debe ser ostentoso. Y las necesidades que expresa, y que en cierta medida debe satisfacer, son sociales. Como señala Appadurai (1986, pág. 31), el consumo (y la demanda que lo hace posible) es «un foco no sólo para *enviar* mensajes (. . .) sino también para *recibirlos*».

Los bienes y las mercancías se convierten en objetos simbólicos dentro de un sistema de sentidos. Pero ese sistema puede concebirse en una cantidad de formas superpuestas. Se lo puede considerar opresivo, el motor y la motivación de una sociedad del espectáculo, el espectador, lo espectacular. Se lo puede entender como un sistema de clasificación, un código. O se puede ver en él la base de una compleja trama de posibilidades creadoras. Desde el primer punto de vista, el consumo, la moda, el estilo son todas cosas que se consideran expresión de una realidad falsa, en la que los objetos carecen ya de sentido, pues un objeto es útil, pero sólo se lo juzga así porque está provisto de sentido; y en la que la imagen remplaza a la realidad como base de su valor y de todo valor (véase Debord, 1977, 1990). El resultado de ello es un sistema impuesto y reificante: una tiranía de la apariencia.

Desde el segundo punto de vista, el consumo es una dinámica que, sin embargo, contiene un código en el cual:

«virtualmente todos los objetos y mensajes ahora se ordenan en un discurso más o menos coherente. El consumo, en tanto provisto de sentido, constituye un acto sistemático de manipulación de signos», Baudrillard, 1988, pág. 22.

También en esto el signo nos engaña; caemos ante la seducción de creer que la imagen es la realidad. Pero también participamos voluntariamente de esta seducción. Nos confabulamos con ella.

La tercera perspectiva, siempre dentro de la metáfora lingüística, ve en el consumo y en el intercambio de bienes un lenguaje en el sentido estricto del término, un lenguaje que crea las posibilidades de un decir y de una comunicación en el manejo de sus sentidos (véanse Bourdieu, 1984; Douglas e Isherwood, 1979). Desde este punto de vista, las identidades personales y sociales se forman en la red de posibilidades que tiene el consumidor y en la elección y la exhibición de los objetos que penden de esa red. Hablamos por medio de nuestros bienes, hablamos de nosotros y entre nosotros, declaramos nuestros status y nuestras diferencias y demarcamos activa y creadoramente un mapa en el que llevamos a cabo la negociación de la vida cotidiana.

En el consumo, el signo es, en realidad, la arena donde se desarrolla la lucha, aunque no sea exclusivamente una lucha de clases (Voloshinov, 1973). Pero, ¿hasta dónde tiene sentido luchar y con qué consecuencias? El aspecto central de la cuestión es establecer cómo llegamos a juzgar entre las definiciones de poder rivales que los discursos del consumo nos ofrecen, entre las posibilidades de libertad y los grados de libertad, así como la significación que tienen esas libertades. El análisis del papel que desempeña en esto la televisión se presenta una vez más como esencial, porque, como observa Robert Dunn (1986): «primariamente, es la forma visual de la televisión lo que ejemplifica la mercantilización de la cultura (. . .) Como un sistema de signos dentro de otro sistema de signos, la televisión refleja el código magistral del consumismo, sólo para fortalecerlo en un nivel lógico y psicológico más profundo» (Dunn, 1986, págs. 53 y 55).

Esta observación (que es al mismo tiempo un cuestionamiento) nos lleva a considerar el tercer tema que subyace en el argumento desarrollado en este capítulo: el de la articulación. La articulación se refiere a los diversos niveles en los que es posible considerar que la televisión se encuentra encerrada dentro de los discursos consumistas de la sociedad contemporánea. Leo Lowenthal (citado en Adorno, 1957, pág. 480) hablaba de la televisión enfocándola como un «psicoanálisis al revés», con lo cual quería decir que la noción psicoanalítica de la personalidad había sido aceptada dentro de la industria cultural como un mecanismo discursivo para atrapar y seducir a los televidentes. Los programas se estratificarían de acuerdo con los diferentes estratos de la personalidad, y esta coincidencia de estructura permitiría tender la trampa: los mensajes latentes e ideológicos.

Trabajos psicoanalíticos más recientes y más concentrados expresan opiniones semejantes (por ejemplo, el periódico *Screen*, Mellencamp, 1990). Ciertamente puede argumentarse que la televisión en realidad suministra en sus programas, a través de sus narrativas, sus géneros y su retórica una articulación de la lógica de la cultura mercantil con los intereses, valores y significaciones de la vida cotidiana. Es difícil que los programas de la televisión y los avisos publicitarios no ofrezcan una expresión y un fortalecimiento de las ideologías dominantes de la sociedad de consumo; Jerry Mander (1978, pág. 132) lo llama «un sistema de trasmisión para la vida mercantil». Es igualmente evidente que —en las formas de la televisión, en las estructuras de sus horarios, en las pautas calendarias de los medios y en las guías de elección de los programas— el medio traza una senda más por la cultura consumista, ofreciéndose como un objeto de elección a un espectador más o menos activo o pasivo. Y finalmente, también puede afirmarse que la televisión como tecnología se articula en la cultura contemporánea (en la cultura doméstica y en la cultura del consumo) a través de la producción y reproducción de las formas mismas de la relación entre objeto y consumidor que definen el sistema en su conjunto. Consumimos televisión y consumimos a través de la televisión.[2] Y, como sostuvo Lynn Spigel (1992), tuvimos que aprender a hacer ambas cosas.

Incluso en esta breve discusión sobre la articulación es importante reconocer sus límites. Argumentos como los mencionados nos ponen por delante el espectro de una pasividad total, de una visión de la audiencia como un conjunto de ratones encerrados en un laberinto que hacen elecciones artificiales y sin sentido abrigando la ilusión (supuesto que los ratones tengan ilusiones) de que son significativas. Hablar de articulación como si ese fuera el fin del cuento, como si no hubiera lugar para la diferencia, la trasformación, la negociación o la negación es, desde luego, un error. También en este caso hay una tensión esencial: una tensión entre la estructura y las posibilidades de acción; entre la representación y la lectura; entre las mercancías públicas y los objetos privados. Volveré a tratar esta cuestión a lo largo de este capítulo.

El último de los temas a los que me referí al comienzo también puede plantearse como una tensión. Las argumentaciones surgidas en la teoría cultural contemporánea, y en particular las que adoptan la postura posmodernista, se concentraron en dos tendencias por completo opuestas dentro de la esfera del consumo; por un lado, la de la homogeneización, y por el otro, la de la fragmentación y la desintegración de las culturas y los gustos (Featherstone, 1991). Ya me he referido a ellas. La crítica de la internacionalización creciente de la producción cultural industrial, que tiene sus orígenes en el trabajo de la escuela de Francfort, considera que el resultado de esa internacionalización es una cultura global, el producto del imperialismo cultural y mediático norteamericano que genera, tanto en la forma como en el

[2] Esto es lo que en otra parte llamé doble articulación (Silverstone y otros, 1992).

185

contenido, un marco cultural universal del que hay pocas oportunidades de escapar (véase Schiller, 1989). La crítica posmoderna, si discierne las mismas tendencias, produce sin embargo un argumento diferente. La globalización reconoce y además trasmite lo nacional, lo étnico y lo individual. El hecho de que todo se incorpore a la cultura global (lo que puede o no ser malo) también crea un espacio para la valoración de lo diferente y hasta cierto punto lo legitima.

Esta tensión se manifiesta en los niveles nacional y regional, y también en el nivel local y en el nivel individual. El derrumbe del bloque comunista (que, podría argumentarse, es, también él, en parte el resultado de las atracciones del consumo) abrió un nuevo mercado para las mercancías capitalistas (una fuerza para la integración y la homogeneización) y al mismo tiempo liberó enormes presiones hacia la autonomía cultural y la valoración de la identidad nacional y regional. De manera similar puede sostenerse —y se sostendrá— que las mercancías elaboradas en una industria cultural cada vez más consolidada ya no se producen en masa sino que surgen dentro de un régimen de acumulación flexible (Harvey, 1989), se producen para mercados intensamente fragmentados y al mismo tiempo en alto grado diferenciados (tanto en el tiempo como en el espacio), y además están sujetas a nuevas fragmentaciones y diferenciaciones en su uso.

Estos cuatro temas, el de la mercantilización, la simbolización, la articulación y la globalización/fragmentación constituyen la base para muchos de los argumentos relacionados con el estudio del consumo en la sociedad contemporánea, y también servirán para lo que sigue. Y en lo que sigue, intentaré esbozar un modelo de la dinámica del consumo, particularmente en tanto esta afecta al consumidor en la esfera doméstica o en la esfera privada.

La construcción modelo comienza con la averiguación de los elementos clave y, a través de ellos, de algunas ideas teóricas clave que definen cualquier discusión sobre el consumo. Mi intención es proponer que el consumo se conciba —literal y metafóricamente— como uno de los procesos principales por los cuales los individuos se incorporan a las estructuras de la sociedad contemporánea, pero entendiendo que esa incorporación es un proceso complejo y ambiguo. Es un proceso que supone actividad y también pasividad, competencia y también incompetencia, pericia y también ignorancia. Pero además pone de algún modo de manifiesto y da cierta expresión a las dinámicas particulares de la estructura y de la acción (Archer, 1988) —y especialmente al rol de los medios en la articulación de esas dinámicas— que constituyen una de las problemáticas centrales de la teoría social y cultural.

Al explicar el consumo de este modo, retomo discusiones que elaboré en los primeros capítulos, pero también las amplío, pues mi idea es apresar el consumo en la trama que se entreteje entre los siguientes elementos: la industria, las «tecnologías», los gustos, las identidades, las recontextualizaciones y el poder; obrando así, tengo la esperanza de introducir una serie de perspectivas teóricas diferentes pero complementarias que constituirán el modelo tal como surge en la última sección del capítulo.

La industria

«La industria de la cultura fusiona lo antiguo y familiar en una nueva cualidad. En todas sus ramas, los productos hechos a la medida del consumo masivo, y que en gran parte determinan la naturaleza de ese consumo, se manufacturan de acuerdo con un plan más o menos organizado. Las ramas individuales son similares en su estructura o, por lo menos, encajan unas con otras ordenándose en un sistema que casi no presenta hiatos. Esto es posible gracias a las habilidades técnicas contemporáneas, así como a la concentración económica y administrativa. La industria de la cultura integra intencionalmente a sus consumidores desde lo alto», Adorno, 1991, pág. 85.

«El poder de la sociedad industrial se aloja en la mente de los hombres», Horkheimer y Adorno, 1972, pág. 127.

Horkheimer y Adorno, recién llegados del totalitarismo político y económico de la Alemania nazi, descubrieron una nueva forma de tiranía en los Estados Unidos, con Hollywood y la industria cultural. El análisis y la crítica que hicieron de esa industria, un elemento de su desesperanzada interro-

187

gación sobre el éxito punitivo del capitalismo conquistador, proporcionan un punto de partida para examinar todas sus imperfecciones. Y es porque identifican, con visos de verosimilitud y notable anticipación, esa industria como la fuente de lo que consideran una remistificación profunda y perniciosa de la cultura contemporánea. Además, porque la crítica de Horkheimer y Adorno, que insiste en la integración de economía política y análisis cultural, ejerce (a pesar de su pesimismo o hasta por ese pesimismo) una influencia notable en un conjunto de críticas recientes que, de un modo muy similar, estiman que los cambios producidos en los complejos industrial y tecnológico del capitalismo tardío son la clave que permite comprender las contradicciones de la posmodernidad (Baudrillard, 1988; Harvey, 1989; Lash, 1990; y véase Adorno, 1991, pág. 23).

En realidad, Horkheimer y Adorno no se internan por supuesto en un análisis circunstanciado de la propiedad y el control de la industria cultural. En cambio, desarrollan un análisis posweberiano de las formas de racionalidad que se expresan simultáneamente en la organización industrial, la tecnología y las formas culturales. Esa racionalidad es la racionalidad punitiva de la jaula de hierro de Weber y, en su otra expresión, del hombre unidimensional de Marcuse. Esta racionalidad expresa y fortalece el poder económico (Horkheimer y Adorno, 1972, pág. 121) y las estructuras de la producción industrial que definen la lógica y los valores de la sociedad bajo el capitalismo.

La industria cultural produce una cultura masiva, estandarizada y homogeneizada, en la cual el mercado, como un río de lava, consume a su paso todo lo que tiene valor. Los ciudadanos se convierten en consumidores. Cultura y entretenimiento se fusionan. La negación, la posibilidad de rechazar las seducciones de la cultura burguesa afirmativa se desvanece. Se clasifica a los consumidores y se les coloca un rótulo como se hace con las mercancías a fin de venderlas. Los medios y especialmente el nuevo medio de la televisión (Adorno y Horkheimer escribieron originalmente sobre esta materia en 1944) suministran una corriente constante y dediferenciadora de una programación repetitiva, predecible, presumida y superficial. Ya no es posible distinguir la vida real de su mediación en el cine o en la televisión. Todo es falso: el placer, la felicidad, el espectáculo, las risas, la sexualidad, la individualidad. La diversión se estructura de acuerdo con los ritmos que exige la industria. Y la publicidad es la prueba de tornasol, la fuente y al mismo tiempo el símbolo del triunfo de la industria cultural. Los avisos publicitarios ofrecen signos sin sentido dentro de una repetición (en cadena de montaje) de apariencia constante, apariencia sin la cual las mercancías y los objetos mismos carecen de sentido:

«las reacciones más íntimas de los seres humanos han sido reificadas tan completamente que la sola idea de algo específico que les sea propio ahora persiste sólo como un mero concepto abstracto: la personalidad es apenas un poco más que tener unos dientes resplandecientemente blancos y estar libre de olores y emociones. El triunfo de los anuncios publicitarios en la industria de la cultura es que los consumidores se sientan impulsados a comprar y usar sus productos aunque adviertan cuál es el juego», Horkheimer y Adorno, 1972, pág. 167.

En estas observaciones y en la cruel mordacidad de la crítica que hacen Horkheimer y Adorno hay muchos elementos valiosos. Sin embargo, son observaciones que constituyen un obstáculo para los teóricos contemporáneos que ven en las formas culturales populares expresiones de placer auténtico y de deseos satisfechos (véanse Caughie, 1991; Born, 1993). En el presente contexto, el estudio citado es valioso en otros aspectos, pues suministra, aun dentro de su pesimismo exagerado y elitista, un enfoque de los medios que no depende sólo del análisis de los medios y, de modo semejante, un enfoque del consumo que no depende sólo del análisis del consumidor. El poder de la televisión debe entenderse, como luego reconoce Conrad Lodziak (1986, pág. 3), no mediante cualquiera de los análisis de sus efectos descontextualizados, sino en su ubicación adecuada dentro de un marco político y económico.

El análisis de Horkheimer y Adorno también es valioso porque especifica, desde el punto de vista de su racionalidad particular, el mercantilismo y el consumo como las claves que permiten comprender la dinámica y la lógica del capitalismo tardío. Dentro del consumo, de sus reificaciones y de sus desublimaciones represivas, las masas se construyen de modo tal que se les niega libertad, se les niega sus verdades y se les niega los placeres auténticos. Dentro de la hegemonía ejercida por la industria cultural, los ritmos y las rutinas de la vida cotidiana se amoldan a un cronómetro industrial. El consumo remplaza a la producción como la señal visible de la vida social, sin negar por ello —deberíamos agregar— la importancia material, fundamental, a la segunda. Por lo tanto, el consumo es doblemente significativo: es el significante y el significado del orden del capitalismo tardío. Pero, desde el punto de vista de Horkheimer y Adorno, sigue siendo una realidad de segundo orden.

Ya defendí (capítulo 4) una visión de la televisión que exige que se la considere un elemento dentro de una racionalidad económica, política y tecnológica más amplia. Y también sostuve ya que por lo menos uno de los principales componentes de su relación con el tiempo y el espacio es aquel que definen los horarios de programación y su expresión e imposición de un cronómetro industrial y público en la esfera privada. Otros autores han analizado las pautas actuales del orden industrial: el transnacionalismo, la integración vertical y horizontal, el imperialismo mediático, la corriente de información y la especialización flexible que marca el carácter actual de la industria cultural (Murdock, 1982, 1990; Garnham, 1991). Implícitamente esos análisis dan sustento a la dirección general de la crítica señalada por la escuela de Francfort, pues proporcionan una abundante prueba empírica de las tendencias y consecuencias averiguadas por esta. Sin embargo, no todos defienden sus conclusiones ni su falta de sutileza.

Pero a veces sí revelan las mismas ausencias y la misma ceguera: la ausencia de actores y la ceguera ante la participación activa de los ciudadanos consumidores en la tarea de crear y recrear, modificar y trasformar la cultura. Estos autores también tienden a suponer que del análisis de la lógica industrial puede extraerse una lógica cultural; tienden a suponer que existe una homogeneidad de cultura que a menudo es más una expresión de sus propias teorías homogeneizadoras; y generalmente no reconocen que la cultura es plural, que las culturas son los productos de acciones individuales y colectivas, más o menos diferentes, más o menos auténticas, más o menos independizadas de los tentáculos de la industria cultural.

Las «tecnologías»

«Hemos llegado al punto en que el "consumo" ha invadido la vida toda; en que todas las actividades siguen la misma secuencia en un mismo modo combinatorio; en que el programa de la gratificación se define con antelación, una hora por vez, y en que el "ambiente" está completo: completamente climatizado, amoblado y culturalizado. En la fenomenología del consumo, la climatización general de la vida, de los bienes, los objetos, los servicios, los comportamientos y las relaciones sociales representa la etapa perfeccionada, "consumada"[3] de la evolución, que, a través de redes articuladas de objetos, asciende desde la pura y simple abundancia hasta un condicionamiento completo de la acción y del tiempo y, en fin, hasta la organización sistemática de la ambientación, que es característica de las grandes tiendas, de los *shoppings malls* o de los modernos aeropuertos de nuestras ciudades futuristas», Baudrillard, 1988, pág. 33.

Jean Baudrillard hace en su obra una doble referencia a la tecnología. La primera es su presentación literal en la crítica pos-McLuhan del efecto de las tecnologías electrónicas sobre la cultura. La segunda es metafórica, porque puede suponerse, como lo indica nuestra cita, que Baudrillard considera el consumo como una forma de tecnología (véase Douglas e Isherwood, 1979 e *infra*, quienes también hablan de la tecnología del consumo): como una máquina totalizadora que opera en la trasformación de la sociedad. En los primeros trabajos de Baudrillard (dejo de lado gran parte de su trabajo posterior), los medios y el consumo aparecen esencialmente interrelacionados. En ellos, la fenomenología del consumo se expresa mediante una fenomenología equivalente de los medios, una fenomenología dominada y subsumida por el signo, su proliferación, la fusión de realidad y fantasía y la resurrección de lo real en lo simbólico.

En los análisis de la tecnología y del consumo que hace Baudrillard, hay tres elementos que quiero destacar, aunque sé que obrando así no hago justicia a la riqueza de su crítica (del mismo modo como paso por alto sus contradic-

---

[3] Véase la nota 1 de este capítulo. Baudrillard utiliza el término francés «consommation» en el sentido de «consumación».

ciones y exageraciones).[4] El primer elemento es considerar
la televisión como un objeto. El segundo es su reformulación
del eslogan de que el medio es el mensaje. Y el tercero es su
modo de representar el consumo mismo como una característica operante y definitoria de la sociedad (pos)moderna.

En un análisis que Baudrillard publicó originalmente en
1969, donde intenta relacionar la función social de los objetos con un análisis de las prácticas basado en las clases
—que a su vez constituye un modo de plantear la cuestión
del consumo—, llama la atención sobre la importancia de la
televisión en su condición de objeto. Baudrillard señala que
se puede comprar un televisor por dos razones diferentes:
como un objeto en sí y, en cuanto tal, un reclamo de status o
de pertenencia ya que la posesión de ese objeto sería un in-
dicio de «reconocimiento, de integración y de legitimidad social». Baudrillard sugiere que este es el valor de la televisión
en domicilios de clase baja, que debemos oponer a los de clase media y alta, en los cuales se adquiere la televisión no
por lo que es sino por lo que puede hacer. Los extremos son
aquellos en los que la televisión constituye el sitio de una
práctica ritual, un objeto cuya importancia se define por su
valor de intercambio; y aquellos en los que la televisión
llega a ser el sitio de una práctica cultural racional, un medio cuyo valor se define por su utilidad:

«Están aquellos para quienes la televisión es un objeto, están aquellos otros para quienes la televisión es un ejercicio
cultural: en esta oposición radical se establece un privilegio
cultural de clase que se interpreta como un privilegio social
esencial», Baudrillard, 1981, pág. 57.

Evidentemente, estas dos marcas moderadas de status social nunca están presentes en su estado puro (aunque Baudrillard da a entender que las clases sí lo están). Con todo, lo
más interesante es, me parece, que reconozca no sólo la importancia de los objetos como indicadores de la posición de
clase (véase Bourdieu, 1984 e *infra*) sino que reconozca además que esa importancia es una función de la dinámica particular propia del consumo en la sociedad contemporánea.

[4] Para una crítica reciente de Baudrillard, véase Kellner, 1989; y para
una defensa, véase Gane, 1991.

En realidad, la televisión puede significar cosas diferentes para distintas personas. Pero también es interesante que Baudrillard reconozca lo que ya mencioné como la doble articulación de la televisión, a saber: las dimensiones separadas de su sentido cultural no sólo como objeto, sino también como medio. Volveré sobre esto al finalizar el capítulo.

En segundo lugar, y en lo que parece ser una indagación por completo distinta y separada, Baudrillard reformula la caracterización de McLuhan acerca de las consecuencias de la mediación electrónica en la vida social y psíquica: una reformulación a la que Baudrillard regresa continuamente a lo largo de su obra. El surgimiento de los medios de emisión fue para Baudrillard un factor importante del advenimiento de la posmodernidad, porque a través de ellos y, en particular, a través de la televisión, surge como característica predominante de la cultura una forma fundamental (y fundamentalmente nueva) de reproducción que el autor define como simulación.[5]

«A fines de la década de 1970, Baudrillard interpretaba que los medios son máquinas de simulación clave que reproducen imágenes, signos y códigos que a su vez llegan a constituir un terreno autónomo de (hiper)realidad y también a desempeñar un rol clave en la vida cotidiana y en la borradura de lo social (. . .) Baudrillard afirma que la proliferación de signos y de información en los medios borra el sentido al neutralizar y disolver todo contenido, un proceso que produce no sólo el descalabro del sentido, sino también la destrucción de las distinciones entre los medios y la realidad», Kellner, 1989, pág. 68.

Esta es una posición que comparte un análisis (aunque no una evaluación) con la de McLuhan. También comparte el análisis y la evaluación con los teóricos de la escuela de Francfort. Con todo, mientras que, en su discusión sobre la

[5] En *Symbolic Exchange and Death* (Baudrillard, 1988, págs. 135 y sigs.), Baudrillard distingue entre tres órdenes de simulación: la falsificación asociada con la cultura clásica desde el Renacimiento hasta la Revolución Industrial; la producción (la «reproducción» de Walter Benjamin) del período industrial; y la simulación propiamente dicha: la eterna reproducción y la autorreferencialidad de los signos gobernados por un código «cibernético».

televisión como objeto, Baudrillard reserva un papel a la discriminación, a la distinción, aquí, en ese desvanecimiento mediático del sentido, todo se desdibuja y evapora; y lo único que queda es una cultura masiva, tecnológicamente conducida e interiorizada, de experiencias e ideas homogeneizadas. (Véase Horkheimer y Adorno (1972): «El poder de la sociedad industrial se aloja en la mente de los hombres».)

Aparentemente resulta problemático conciliar la fuerza de estas dos discusiones, pues la primera reconoce, como lo hace Bourdieu, las prácticas de discriminación en el consumo basadas en la clase social, y la otra niega cualquier significación a tal actividad. Efectivamente hay un problema. . . hasta que uno reconoce que el análisis mismo del consumo que ofrece Baudrillard depende de la integración de dichas prácticas. Para Baudrillard, el consumo parece ser una actividad que se realiza dentro de un espacio de simulación; discriminaciones y elecciones se producen, y ellas expresan y refuerzan la identidad, pero ello ocurre en un mundo de objetos y sentidos ajenos a cualquier realidad de experiencia. Las elecciones son elecciones reales (y finalmente elecciones insatisfactorias) en un mundo falso de simulaciones e irrealidades. Por lo tanto, el consumo tiene «meramente» que ver con la manipulación de los signos:

«Si el consumo parece ser irrefrenable, ello se debe precisamente a que se trata de una práctica totalmente idealista que ya no tiene nada que ver (pasado cierto umbral) con la satisfacción de necesidades ni con el principio de realidad», Baudrillard, 1988, pág. 25.

De modo que no sólo la televisión es una tecnología. El mismo consumo es una actividad trasformadora, mágicamente efectiva que opera como una especie de máquina cultural que constantemente suministra una nueva gama de símbolos y representaciones de identidad, refinados, reciclados y producidos masivamente partiendo de productos descartados y obsoletos de una época anterior. La televisión es un elemento central de este proceso. Baudrillard acaso cambie su opinión sobre la influencia de la televisión, pero no modifica su concepción de lo que esa influencia es. La televisión es un objeto, pero también un promotor del consumo y, en su condición de tal, provee el papel moneda: la eternamente implosiva y profusa esterilidad de una simulación tras otra que definen tanto los límites como las posibilidades de la conducta consumista, de la cual no se puede huir.

Los gustos

«El consumo es, en este caso, una etapa de un proceso de comunicación, o sea, un acto de descifrar, decodificar, que supone un dominio práctico o explícito de una cifra o un código (. . .) Una obra de arte tiene sentido e interés sólo para quien posee la competencia cultural, es decir, el código en el que la obra ha sido codificada. El gusto clasifica al clasificador. Los sujetos sociales, clasificados por sus clasificaciones, se distinguen por las distinciones que hacen entre lo bello y lo feo, lo distinguido y lo vulgar, y así se expresa o se revela la posición que ocupan en las clasificaciones objetivas», Bourdieu, 1984, págs. 2 y 6.

Para Bourdieu, el consumo es una actividad material que tiene consecuencias reales. Supone una discriminación activa a través de la compra, el uso y la evaluación (y, por consiguiente, la «construcción») de objetos. Los objetos se presentan para el consumo como bienes materiales y también simbólicos. Nuestra capacidad para consumir está restringida tanto por nuestras posiciones sociales como por la disponibilidad de recursos, así como por la materialidad de los objetos mismos. Pero el consumo es también una actividad simbólica, y Bourdieu no ve la cultura contemporánea homogénea, como la ve la escuela de Francfort, ni tiene de ella una visión fragmentada (pero igualmente reductora), como Baudrillard. La cultura es un *patchwork*, un *patchwork* de diferencias, en continuo cambio. Esas diferencias son, en última instancia, expresión de la posición de clase, pero de una posición de clase que se construye precisamente en el consumo antes que por su sola ubicación en las relaciones de producción.[6]

[6] «Una clase se define tanto por su ser percibida como por su ser, por su consumo —que no necesita ser ostentoso para ser simbólico—, no menos que por su posición en las relaciones de producción (aunque es cierto que lo último gobierna a lo primero)» (Bourdieu, 1984, pág. 483).

El consumo expresa el gusto y el gusto expresa el estilo de vida. Y todos a su turno expresan el *habitus*. El *habitus* —«el principio generativo de improvisación regulada, instalado de manera duradera» (Bourdieu, 1977, pág. 78)— se define por una serie de valores y prácticas de distinción por los que cada cual puede distinguir y defender su propia cultura de los que se encuentran por encima o por debajo desde el punto de vista social. Es también un conjunto de valores y prácticas de absorción por el que se puede incorporar lo nuevo y lo no familiar y aceptarlo como parte de lo familiar y lo que se da por descontado. Compramos y exhibimos lo que valoramos; y valoramos los objetos de acuerdo con nuestra posición social. Nuestra posición social es el producto no sólo de nuestro ingreso o nuestra riqueza, sino también de la influencia relativamente independiente que ejercen la educación y la cultura familiar. El *habitus* es el residuo cultural de los cambios históricos y del modo en que estos afectan la clase, el status y el poder de un individuo o de una familia. Pero se trata de un residuo que es a su vez generador de identidad y diferencia por la aplicación práctica de sistemas estructurantes (y estructurados) de percepción y de gusto. El *habitus* mismo es una expresión de diversas formas de capital —cultural y económico— que definen las condiciones de su posibilidad. El *habitus* se interpone entre la determinación del ingreso y las manifestaciones del gusto.

Por lo tanto, en la perspectiva de Bourdieu, el consumo es una cuestión de distinción. Es una cuestión de status, nuestra pretensión de status y nuestra negación de status a los otros. El consumo es una expresión de competencia, y de una competencia entre los códigos y las convenciones, los conocimientos, las aptitudes y las diferencias (reales e imaginadas) que conforman el mosaico de la cultura contemporánea. Las distinciones entre clases (y las que se dan dentro de cada clase) se articulan por demostraciones de competencia. Los objetos, las obras de arte, están todos marcados y ordenados en una matriz de diferencia claramente definida aunque en constante cambio e interacción. Esas diferencias no son esenciales sino que están definidas socialmente. Están sujetas a pretensiones y reclamos. Sus valores cambian, pero siempre en el marco de una jerarquía establecida e insistente de juicios y de clase. Las culturas de la clase obrera y de la clase media se distinguen por las diferencias de poder cultural y por la ausencia o la presencia de la necesidad. Se expresan en las diferencias entre lo «auténtico» y la «imitación» —por ejemplo, la tan declamada diferencia entre el verdadero champaña y el vino blanco espumante—. Mientras tanto, en el análisis que hace Bourdieu de la pequeña burguesía francesa, hay otra relación para tener en cuenta, una relación que no es de imitación sino de reverencia, no de copia sino de una especie de simulación (aunque él no la llama así), en la cual la pequeña burguesía, en su dependencia eterna y suburbana, reduce, hibridiza, ilegitima todo aquello que alguna vez fue legitimado mediante el verdadero don de gentes: una actitud glacial forzosamente adoptada en virtud de su posición social.

Por supuesto, he condensado de manera bastante tosca los argumentos de la que quizá sea la contribución antropológica más significativa al estudio del consumo en la sociedad contemporánea. Sin embargo, creo que ha quedado claro el peso de la posición de Bourdieu. El valor de los objetos no es algo dado previamente ni es inherente a ellos. El valor se les asigna por la práctica y por la práctica de un consumo informado. Todo consumo, aun el de los oprimidos, está informado: informado por las demandas y el status, las necesidades y los deseos definidos socialmente de aquellos que consumen. Al consumir nos comunicamos. Y como ya lo mencioné, para Bourdieu, en oposición a Baudrillard, esa comunicación es real en sus consecuencias. Suministra la matriz fundamental para la conducción de nuestra vida cotidiana y para una política de la diferencia que mantiene a la cultura burguesa como árbitro del gusto y la distinción, y garantiza su lugar en la jerarquía en virtud de la educación, la tradición y la riqueza.

Aquí podemos hacer una serie de observaciones y señalar algunas ausencias. Para Bourdieu, la clase sigue siendo el determinante más poderoso de la conducta del consumo y del status. Y la percepción que tiene Bourdieu de la clase, como algo dado y, en última instancia, explicable atendiendo a las relaciones de producción, impone al análisis un marco demasiado rígido y restrictivo. A pesar de toda su sutileza y toda su sensibilidad, *Distinción* tiene poco que decir sobre las variaciones, las trasformaciones y las oposiciones que se dan en particular dentro de la cultura de la clase obrera; como también es poco lo que tiene que decir sobre otras dimensiones de la diferenciación social que pueden estar articuladas (y de hecho lo están) en el consumo (diferencias de religión, de etnia y de sexo); o sobre los códigos previos asignados a los objetos en la producción y por ella y, como diría Daniel Miller (1987, pág. 155), tiene poco que decir sobre «el brillo que exhibe a menudo hoy la gente de todas las clases sociales en el arte de vivir en la sociedad moderna [con la consecuencia de que] se pierda el empleo de las ambigüedades, las inconsistencias, la resistencia, el encuadre y otros artificios semejantes propios de las estrategias individuales y sociales». Daniel Miller (véase *infra*) enuncia su propia visión romántica del consumo al tiempo que condena a Bourdieu por la de él. No obstante, si bien Bourdieu utiliza el análisis del consumo para mostrar la estructuración de pautas de vida cotidiana en la sociedad contemporánea, y lo hace hasta obtener un efecto muy convincente, me parece que descuida la dinámica: los cambios y los giros, los torcimientos y las resistencias que, por ser importantes o por carecer de importancia, hacen en realidad del consumo un proceso activo y a veces creador en el cual se pretenden, se reclaman y se negocian permanentemente los status y las identidades individuales y sociales. En su aporte a la enunciación de gusto, estilo y cultura, Bourdieu también descuida (hasta la casi invisibilidad) la importancia de los medios en general y de la televisión en particular.

Las identidades

«las decisiones sobre el consumo pasan a ser la fuente vital de la cultura del momento (. . .) El consumo es la auténtica arena donde se debate la cultura y se la obliga a adquirir su forma», Douglas e Isherwood, 1979, pág. 57.

En otro trabajo fundamental sobre el tema del consumo, el de Mary Douglas y Baron Isherwood (1979), surge la posibilidad de hallar en las prácticas de consumo un mecanismo para la creación y la expresión de identidades más sutilmente armonizadas. El trabajo de estos autores comparte con el de Bourdieu y el de Baudrillard un interés por los lenguajes del consumo, por los bienes y los objetos como señaladores dentro de una compleja red comunicativa en la cual se pretenden y se niegan los status y se articula y se exhibe la pertenencia a grupos en cada una de las acciones consumidoras. Douglas e Isherwood sugieren que el consumo, como los mitos de Lévi-Strauss, es un buen elemento de apoyo para el pensamiento.[7] Sin embargo, estos autores insisten en lo individual:

«Dentro del tiempo y el espacio de que dispone, el individuo utiliza el consumo para decir algo acerca de sí mismo, su familia, su localización urbana o rural, esté de vacaciones o en su hogar (. . .) El consumo es un proceso activo en el que continuamente se redefinen todas las categorías sociales», Douglas e Isherwood, 1979, pág. 68.

En su perspectiva, los bienes de consumo no son los mensajes; son el sistema de sentidos mismo. Si los dejamos de lado, el sistema desaparece. Son el *hardware* y también el *software* del sistema de información que es el consumo. Por consiguiente, el consumo es principalmente una actividad simbólica. Es importante por lo que dice y por lo que deja de decir, por reforzar o por borrar las fronteras culturales. Y además es una actividad diaria. Proporciona un mecanismo (una retórica) de clasificación social. El consumo es racional. Y las tecnologías mediáticas son un elemento esencial del consumo no sólo (a pesar de Baudrillard) como objetos que deben ser clasificados sino también como lazos que unen a una red más amplia de actividades y oportunidades de consumo.

Para Douglas e Isherwood, el consumo es en buena medida una actividad que se desenvuelve distanciada de las condiciones materiales de producción y de existencia. Los objetos y los bienes no tienen una utilidad inherente y tampoco parecen ofrecer resistencia a las actividades cognitivas, afectivas y simbólicas del consumidor. Evidentemente, como reconocen Douglas e Isherwood, la capacidad del indi-

---

[7] «El flujo de bienes consumibles [dentro del hogar] deja un sedimento que construye la estructura de la cultura como si fuera una isla de coral. El sedimento es el conjunto aprendido de nombres de conjuntos, operaciones que deben realizarse sobre nombres, un medio de pensamiento» (Douglas e Isherwood, 1979, pág. 75).

viduo de consumir y el modo en que consume (el acceso a la información sobre el consumo y a través del consumo, por ejemplo) son cuestiones que tienen su base en la clase social y dependen de los recursos de que disponga. También es evidente, como lo reconocen estos autores, que el consumo concierne al acceso y, por eso mismo, a las estructuras y al ejercicio del poder y a la denegación del acceso (Douglas e Isherwood, 1979, pág. 89). Pero, como hace notar Daniel Miller (1987, pág. 146) en su análisis del trabajo de estos investigadores y de otro de Marshall Sahlins (1976), de orientación similar, estos estudios «tienden a afirmar el deseo abrumador de un orden cognitivo, con lo cual ofrecen un modelo ilusoriamente cohesivo de la cognición misma que desconoce los problemas de ideología y encuadre». Las identidades pueden forjarse o fortalecerse dentro de un sistema de consumo predominantemente cognitivo —de información— y, si es posible reconocer las varias racionalidades que podrían intervenir en esto, Douglas e Isherwood ofrecen una versión de ese sistema de la que están ausentes los conflictos, las ambigüedades y las luchas. Estos autores consideran que el sistema de objetos es una expresión de divisiones sociales previas. Pero el uso que se haga de los objetos puede tener un alcance mayor y constituir una referencia mucho más amplia, como sostiene el propio Daniel Miller. Precisamente quiero referirme ahora brevemente a su estudio sobre el consumo.

Las recontextualizaciones

«Los bienes masivos representan cultura, no por su mera presencia en tanto el ambiente dentro del cual operamos, sino porque constituyen una parte integrante de ese proceso de objetivación por el cual nos modelamos como una sociedad industrial: nuestras identidades, nuestras afiliaciones sociales, nuestras prácticas de vida cotidianas. La autenticidad de los artefactos como parte de la cultura procede, no de la relación que establecen con cierto estilo histórico o con cierto proceso de fabricación (. . .) sino, antes bien, de su participación activa en un proceso de autocreación social de nosotros mismos y de otros. El criterio clave que nos permite juzgar la utilidad de los objetos contemporáneos es el grado hasta el cual es posible o no lo es apropiarse de ellos a partir de las fuerzas que los crearon y que sobre todo son, forzosamente, alienantes», Miller, 1987, pág. 215.

Daniel Miller construye su modelo de consumo basándose en un análisis del objeto en la obra de Hegel, Munn y Simmel, y en una consideración del trabajo teórico y empírico contemporáneo sobre prácticas de consumo en la sociedad moderna. En la médula misma de la posición de Miller puede advertirse que este autor concibe el consumo como una negación, y que ve en él un potencial liberador, a despecho, por ejemplo, de la escuela de Francfort. Las mercancías se trasforman (o no) cuando abandonan el mundo de los sentidos públicos y son objeto de apropiación por un mundo más privado (o menos público): un mundo doméstico, subcultural, marcado por las divisiones de género o de edad. Desde este punto de vista, el consumo es trabajo. Las mercancías alienantes (alienantes porque son el producto de una producción masiva) se trasforman en objetos inalienables como resultado de un proceso de recontextualización. El trabajo de consumo no es necesariamente un trabajo físico (puede implicar meramente la propiedad de largo plazo, por ejemplo) ni tampoco es sólo el trabajo visible sobre la mercancía/objeto. El trabajo de consumo incluye «la construcción más general de un medio de cultura que confiere a tales objetos su sentido social». Miller (1987, pág. 191) reelabora un ejemplo de Bourdieu (1984, pág. 183) para ilustrar lo que él quiere decir. El trabajo que se realiza sobre un jarro de cerveza en un *pub* incluye toda la cultura de la conducta del *pub*; del mismo modo que «ir a un café» no significa simplemente beber café, sino ir a un lugar a beber algo en compañía y, al mismo tiempo, afirmar y exhibir una forma especial de sociabilidad y orden cognitivo.

Los que crean los avisos publicitarios lo saben, desde luego, y orientan sus campañas de modo que sus productos sean vistos por (y apelen a) grupos e individuos definidos y situados socialmente. Y todo el movimiento consumista opera sobre un conjunto de supuestos compartidos, aunque no muy a menudo enunciados, a saber: las mercancías deben forzosamente asociarse a estilos de vida y a formas especiales de sociabilidad, y en efecto constituyen cada vez más una parte indisoluble de esos estilos y esas formas. Sin embargo, lo que merece destacarse es que hay cierta indeterminación en el corazón mismo del proceso de consumo. El consumo es indeterminado a causa de los diferentes tipos de capacidades potenciales de recontextualización para diferentes mercancías. Y también es indeterminado porque, en la sociedad, los individuos y los grupos disponen de recursos económicos y culturales diferenciados para emprender el trabajo de recontextualización. En muchos casos, las personas se ven obligadas a aceptar en todo su alcance los sentidos inscritos en la mercancía; en otros casos, las mercancías pueden ser domesticadas y convertidas en cosas que tienen sentidos privados y también públicos, u opuestos a los públicos.

Por más que Miller se empeñe en evitarlo, en su análisis se advierte una inspiración romántica; un romanticismo de lo popular, que surge de no reconocer las contradicciones y frustraciones a las que necesariamente va asociado el consumo, en particular el consumo fallido o insuficiente. La plena realización por el consumo es casi con seguridad un ideal (en realidad debería ser un ideal en aras del capitalismo). Como observa Alfred Gell (1988b) en un estudio sobre el libro de Miller, toda decisión de consumo es al mismo tiempo una aceptación de sus limitaciones. Una comprensión del consumo como forma satisfactoria de objetivación sólo se puede alcanzar si se le agrega el trabajo paralelo de la imaginación y la fantasía, o sea, de lo simbólico. En ausencia de una percepción de esas frustraciones y limitaciones, y de una percepción de las desigualdades de poder que ellas expresan, los análisis del consumo tienden a idealizar las libertades de que goza el consumidor (y, como sostendré en el próximo capítulo, las libertades de que gozan también las audiencias de la televisión).

El poder

«En realidad una producción racionalizada, expansionista, centralizada, espectacular y glamorosa se enfrenta a un tipo de producción por entero diferente, llamada "consumo" y caracterizada por sus ardides, por su fragmentación (el fruto de las circunstancias), por su carácter furtivo y su naturaleza clandestina, por su actividad tranquila pero incansable; en suma, por una casi invisibilidad, puesto que no se muestra en sus productos sino (...) en el arte de utilizar los que se le impusieron», De Certeau, 1984, pág. 31.

Para De Certeau, el consumo está en el corazón mismo de la política de la vida cotidiana. Y el consumo es, en muchos sentidos, inescrutable. De Certeau habla de la «esfinge del consumidor» y acerca de ello señala tres aspectos vinculados entre sí pero separables. El primero es que la mayor parte de los actos de consumo son invisibles. El segundo es que esos mismos actos son esencialmente indeterminados. Y el tercero, que son potencial y realmente trasformadores. Consumo y vida cotidiana son términos coextensivos: uno equivale al otro. Esto es así porque el consumo implica producción, debe ser entendido como una actividad productiva. Comprar, usar, leer, observar... todas estas actividades tocan de algún modo al sujeto, al objeto o incluso al sistema. Suponer que no lo hacen (como sostiene Bourdieu, según el propio De Certau) es entender mal la naturaleza esencialmente dinámica, por no decir creadora, del consumo.[8]

De Certeau desarrolla su análisis en forma de metáforas y sus metáforas son geográficas y militares. El autor percibe la cultura como un campo de batalla, pero es un campo de batalla traicionero y ocupado de manera desigual. Los poderosos nunca son invulnerables. Y a los débiles nunca les faltan esperanzas. Pequeños triunfos a veces pueden conducir a grandes victorias. La vida diaria es una especie de guerra de guerrillas en la que, en presencia de las racionalidades, las tecnologías y las fuerzas productivas de la sociedad contemporánea, descubrimos sus brechas o caemos sobre sus puntos débiles, atacamos o nos batimos en retirada, o nos convertimos en ocasionales y efímeros francotiradores que disparamos contra ellas.

De Certeau ofrece una visión de una dialéctica —aunque desigual— de la cultura: la dialéctica entre los dominantes y los dominados, en la cual a estos últimos no se los condena

---

[8] «Esta tergiversación supone que "asimilar" significa necesariamente "hacerse similar a" lo que uno absorbe y no "hacer que algo sea similar" a lo que uno es, haciéndolo propio, apropiándose y reapropiándose de ello» (De Certeau, 1984, pág. 166).

a prisión, sino que se les dejan (o más probablemente se les roban) oportunidades para conseguir los placeres del pensamiento y la expresión utópicos, en los procedimientos y en la narrativa de lo cotidiano. En este sentido, la cultura de la vida cotidiana constituye un escudo defensivo no sólo contra la amenaza del caos y lo desconocido, sino también contra las amenazas de dominación por parte de la ciencia, la razón y la necesidad económica. Pero, al propio tiempo, ese carácter defensivo es también (¿no lo es siempre?) agresivo. Y es creador. Resiste. La cultura de la vida cotidiana traza lo que De Certeau llama *lignes d'erres*, trayectorias indeterminadas a través de las estructuras, «las rocas y los desfiladeros» de un orden establecido (De Certeau, 1984, pág. 34). Las distinciones operativas que señala el autor son distinciones entre lugar y espacio, y entre estrategias y tácticas; y la articulación operativa es política.

Las estrategias son las jugadas de los poderosos para ocupar los espacios materiales y teóricos: un lugar para cada cosa y cada cosa en su lugar, físicamente, burocráticamente, científicamente, panópticamente, políticamente. El poderoso trasforma el tiempo en espacio (no puede haber control del tiempo sin control de los espacios donde puedan desarrollarse las actividades), y el espacio, en lugar. De Certeau considera las estrategias como fuerzas que operan en un territorio ocupado, que sólo puede conservarse con éxito si se tiene capacidad para trasformar y restringir las libertades temporales, la libertad de la ocasión y la oportunidad. Las tácticas, por su parte, se apoderan del tiempo; son la expresión de una lógica oportunista: la retórica, las vanidades y las estratagemas de lo cotidiano:

«las estrategias cifran sus esperanzas en la resistencia que ofrece *el establecimiento de un lugar* a la erosión del tiempo; las tácticas, por su parte, se basan en una *sagaz utilización del tiempo*, de las oportunidades que este ofrece y también del juego que el tiempo introduce en los fundamentos del poder», De Certeau, 1984, págs 38-9, las bastardillas son del original.

Las tácticas son, o pueden ser, políticas a sabiendas y también apolíticas sin saberlo. Sin embargo, la cultura es fundamentalmente política. Y la política es cultural. Sus intereses primarios están en las prácticas y los procedimientos del manejo de la vida cotidiana: vivir, moverse de acá para allá, hablar, leer, hacer compras, cocinar, vestirse, mirar televisión; en otras palabras, están en todos los aspectos del consumo en los que se encuentran la cultura pública y la cultura privada, en los que las mercancías se convierten en objetos. Estas tácticas del débil no deben concebirse como algo exterior a la vida social, como actividades irrelevantes respecto del ejercicio del poder o de los cambios de la estructura social. *Son* parte integrante de la vida social y, como tales, no pueden ser ignoradas.

Hay por lo menos dos maneras de interpretar a De Certeau. Podemos descubrir en sus teorías una oportunidad de indagar y, así, de celebrar los actos privados, orales, poéticos; las minucias, las creatividades tenaces, las trasformaciones potenciales de las culturas públicas que marcan y sustentan nuestras identidades y nuestros lugares en una sociedad contemporánea abrumadora y que se impone cada vez. O podemos reconocer la escala y la extensión de esa imposición y ver en las mismas actividades una especie de arañazos superficiales, el equivalente de los garabatos que los niños hacen en la contratapa de sus cuadernos de escuela, que dejan marcas pero no afectan la estructura, e intermitentemente (cuando se descubren nuestros garabatos) nos traen algún castigo como consecuencia de la falta de respeto demostrada hacia los proyectos y las estructuras —y, sobre todo, hacia la autoridad— de las instituciones y los valores legitimados.

A pesar de las ambigüedades deliberadas de sus argumentos y de sus juicios, De Certeau ofrece un enfoque no sólo del consumo, sino también del papel de la televisión en la articulación de la cultura diaria que es indudablemente muy sugestivo. Al reconocer las tensiones que existen entre la industria, las tecnologías, los objetos, los gustos y las formaciones de identidad, a las que acabo de referirme, De Certeau habilita su propio espacio discursivo para considerar la dinámica de apropiación y resistencia (inestable, incierta, torcida, creadora, pero también con harta frecuencia estéril) que determina los mecanismos de la vida cotidiana.

Los argumentos de De Certeau no solamente nos permiten concebir de manera más crítica el papel de la televisión en la mediación entre la vida cotidiana y los lugares ocupados por el Otro (esto es, en la ciencia, en la política y en las demás expresiones de la cultura pública y dominante), sino que además ofrecen una senda razonable para explorar la relación entre la televisión, como medio, institución y tecnología, y su audiencia. Pero, sobre todo, ofrecen un marco razonable para repensar el problema de la audiencia televisiva como un problema de consumo, de mediación y de «acción» —para definir el problema de la audiencia como un problema sociológico y antropológico— y nos insinúan las metodologías posibles para abordarlo.

Trataré de lleno el problema de la audiencia en el próximo capítulo. Por el momento deseo presentar el bosquejo de un modelo del consumo, basado en los argumentos elaborados hasta aquí, y que presta particular atención al papel de la televisión en esta actividad tan esencial.

La dinámica del consumo[9]

Los argumentos que presento en esta sección remiten a mi examen sobre la moral económica de la casa elaborado al final de los capítulos 2 y 4. Allí defendí un enfoque de la casa considerada como un sistema de transacciones, activamente comprometido, tanto desde el punto de vista económico como desde el cultural, con los productos de la economía pública, formal, y sostuve que en esa interacción, y en la dinámica correlativa de la apropiación de bienes y sentidos, podía llegar a entenderse por lo menos en parte el puesto de la casa en relación con los discursos y el espacio públicos. Ahora quiero desarrollar esos argumentos especificando los elementos que parecen significativos dentro del proceso. Quiero aclarar que con esto no pretendo hacer una reificación de la casa. Por el contrario: la casa, como una expresión particular de lo doméstico, es el sitio donde ocurre la mayor parte de nuestro consumo, pero, como también sostuve antes —en el capítulo 3—, no es necesariamente una entidad fija o simplemente material. Tiene una realidad fenomenológica, y lo doméstico como tal se extiende más allá de sus

---

[9] Los argumentos ofrecidos en esta sección se basan en material publicado en Silverstone y otros, 1992, y lo amplían.

límites literales. Por lo tanto, en el análisis que presento seguidamente doy prioridad a la casa, pero no la presento como el asiento necesario o único del consumo (sobre otros sitios de consumo, véanse Shields, 1992; Fiske, 1989a). En realidad, sostendré (aunque principalmente por implicación) que este modelo tiene un campo de referencia más amplio que revela —según espero— algo de los procesos de mayor alcance del consumo y del papel de los medios, especialmente la televisión, en esos procesos.

El segundo conjunto de observaciones introductorias se refiere a la condición de la televisión (y de otras tecnologías de la información y la comunicación) en tanto presenta una doble articulación en la cultura doméstica. Cité antes la discusión planteada por Baudrillard sobre la televisión como objeto y, sin suscribir necesariamente a todo el alcance de su análisis, quiero llamar la atención sobre los aspectos específicos que distinguen a la televisión y al resto de los medios de las demás tecnologías y objetos que se usan en la esfera doméstica (véanse también mis comentarios en el capítulo 4).

El concepto de doble articulación procede de la obra de André Martinet (1969), quien sostuvo que la capacidad singular que tiene el lenguaje natural de trasmitir sentidos complejos es el resultado de la articulación de su nivel fonémico y su nivel morfológico. Los sonidos (sin sentido) fueron una condición previa de las palabras o signos (con sentido). El carácter significativo del lenguaje natural existe gracias a las palabras y los signos y necesita de ellos. Los sentidos de todos los objetos y todas las tecnologías se articulan a través de las prácticas y los discursos de su producción, su comercialización y su uso. Las dimensiones técnicas de la máquina, su diseño, su imagen construida mediante la publicidad y su apropiación final en las culturas domésticas (véanse los artículos correspondientes en Silverstone y Hirsch, 1992) conforman un todo: lo que se comunica es el sentido de la mercancía como objeto y, si bien ese sentido es significante, comparado con el que se genera en la comunicación mediante palabras e imágenes resulta invisible y relativamente no significativo.

Sin embargo, la televisión y las demás tecnologías de la información y la comunicación poseen un segundo nivel de sentido cuya comunicación depende de su status y sentido anteriores en tanto objetos. La televisión es un medio y sus

207

comunicaciones —sus programas, sus narrativas, su retórica y sus géneros— suministran la base para su segunda articulación. Sólo se tiene acceso a ellas como resultado de la apropiación anterior de las tecnologías mismas (véanse Haralovich, 1988; Spigel, 1992).

Vengo a sostener que el valor cultural de un aparato como es la televisión reside en su sentido como objeto —incorporado como está en los discursos públicos del capitalismo moderno, sin embargo ese sentido aún está sujeto a negociación en los discursos privados de la casa (véase Miller, 1987)— y en su contenido, incorporado de manera semejante (Morley y Silverstone, 1990). El consumo tanto de la tecnología como de su contenido define la significatividad de la televisión como objeto de consumo. En este sentido, precisamente, digo que la televisión está doblemente articulada.

Vale la pena señalar que, según Baudrillard, estas dos articulaciones son separables y constituyen la base de diferentes relaciones con la televisión, ligadas a la clase. Yo en cambio sostengo que no son separables (aunque admito que hay una inflexión de clase), y que los individuos y las casas se relacionan con la televisión a través de ambas articulaciones, aunque con diferentes grados de énfasis y con cambios. Habrá quienes (los que consideran importante la exhibición del status) adquieran las nuevas tecnologías (o las tecnologías que pretendan novedad) a causa del status que tienen como objetos. Otros podrán comprarlas a causa de su funcionalidad y por lo que ellas ofrecen gracias a su mediación propia. La televisión es un ejemplo paradigmático de lo que quiero decir. Con su doble articulación en la cultura, su significación rebasa su «mero» status como objeto o como medio porque (en su condición de medio y por proporcionar información y entretenimiento) la televisión suministra las bases para una «educación», una competencia, en todos los aspectos de la cultura contemporánea (Haralovich, 1988).

En el proceso del consumo pueden señalarse seis momentos que quiero destacar. Se los define como: mercantilización, imaginación, apropiación, objetivación, incorporación y conversión. Seguidamente consideraré por turnos cada una de estas etapas, y reconozco que puede estimarse que estos momentos ni son discretos ni están necesariamente presentes, en las mismas proporciones, en todos los actos de consumo. En realidad, este «modelo» del proceso de consumo es más que nada un bosquejo.

La mercantilización

Ya he mencionado la mercantilización como un proceso esencial para establecer y mantener el capitalismo, y para sostener las lógicas más o menos constructivas inherentes al intercambio de mercancías (constructivas, en el sentido de que son, o pueden ser, lógicas abiertas al trabajo creativo del consumidor). Un punto de vista semejante implica considerar la mercantilización no sólo como algo lineal o impuesto, sino como un proceso cíclico y dialéctico.

Así, mercantilización denota los procesos industriales y comerciales que crean artefactos no sólo materiales sino también simbólicos, y que los convierten en mercancías que luego se venden en la economía formal de mercado. También denota los procesos ideológicos que operan dentro de esos artefactos materiales y simbólicos, operación que los define como los productos y, en diferentes grados, las expresiones de los valores y las ideas dominantes en las sociedades que los producen.

Podría concebirse la mercantilización como el comienzo de una trayectoria que finaliza (véase *infra*) en la conversión. Pero esto sería un error porque, aunque es fácil exagerar la situación, sin embargo está claro que el consumo debe entenderse como un ciclo en el que los momentos dependientes del consumo (imaginación, apropiación, objetivación, incorporación y conversión) se retroalimentan, especialmente el último, hasta el punto de afectar y (alguien podría sostener que ello ocurre particularmente en un contexto posmoderno) definir la estructura y el patrón de la mercantilización misma (Featherstone, 1991; Lash, 1990).

Ver el consumo en esta perspectiva, es decir, en su dimensión cíclica, es no sólo cuestionar la sobredeterminación de la industria cultural (en la que tanto han insistido los miembros de la escuela de Francfort), sino también atenuar esa especie de romanticismo que se encarna en la frase de Miller sobre «la real brillantez» del consumidor. Además implica un rechazo de muchas de las dicotomías que caracterizan a las discusiones sobre el consumo y, en particular, de esa dicotomía que expresa la oposición entre alienación (en la mercancía) y su negación (mediante la apropiación). El ciclo del consumo, que forma más de una espiral en su movimiento dialéctico, reconoce que los objetos entran y salen de la mercantilización como tal (véase Kopytoff, 1986), pero que su condición de mercancías (y su sentido como una mercancía) está en permanente movimiento. Los objetos pueden ser simultáneamente (y lo son) mercancías y no mercancías. El trabajo desalienante del consumidor se retroalimenta en el proceso de mercantilización y está en la base de ese proceso, que a su vez facilita las actividades del consumo (véase Hebdige, 1988, para un análisis de algunos de los aspectos de este proceso).

Por consiguiente, el ciclo exige que se considere la dinámica de los diversos elementos del proceso de consumo, y las interrelaciones de estos. Y además proporciona un foco sobre el particular papel de la televisión —objeto de producción, en tanto tecnología y medio— en calidad de facilitador primario (principalmente, pero no exclusivamente, a través de la publicidad) del consumo.

La imaginación

El trabajo de la imaginación es contradictorio. Las mercancías se construyen como objetos de deseo en el seno de un sistema de publicidad y de mercado cuya eficacia depende de la elaboración de una retórica de metáfora y mito: una seducción de la imagen y a través de la imagen (Ewen y Ewen, 1982; Ewen, 1984; Leiss y otros, 1990). Pero el trabajo de la publicidad y la participación de los consumidores en lo imaginario, que es su resultado, termina siendo, necesaria e inevitablemente, como ya lo observé, una experiencia frustrante (Gell, 1988a). Es frustrante a causa de los límites que impone el consumo mismo: por cada acto de consumo placentero —sostiene Alfred Gell— hay muchos otros que resultan un fracaso, determinado este por limitaciones económicas, recursos inadecuados y objetos y productos defectuosos. Pero ese fracaso es inherente al sistema de consumo mismo. Baudrillard define el consumo como una especie de histeria general, basada en un insaciable deseo de poseer objetos, un deseo que nunca puede satisfacerse por completo. Por lo tanto, no es posible definir las necesidades, ya que el consumo se basa, no en un deseo de obtener objetos que permitan satisfacer funciones específicas, sino en el deseo de diferencia, un deseo «de sentido social» (1988a, pág. 45).

Grant McKracken (1988) escribe sobre el «sentido desplazado» y el papel del consumo en la creación de ese sentido. El desplazamiento es el que se produce entre lo real y lo ideal. En nuestra cultura, tal desplazamiento es mediado por los objetos y las mercancías de consumo masivo: «Los bienes de consumo son puentes hacia (. . .) las esperanzas y los ideales. Los utilizamos para recuperar ese sentido cultural desplazado, para cultivar lo que de otro modo estaría fuera de nuestro alcance» (ibid., pág. 104). El sentido desplazado es una forma que tiene la cultura de resolver el problema de ser la realidad impermeable a los ideales culturales. Los ideales se desplazan de la vida cotidiana a otro universo cultural; en nuestro propio caso, al sistema cultural creado por la publicidad y que se expresa en bienes.

Lo que la publicidad crea y mantiene es justamente ese deseo de sentido social. Los bienes que se ofrecen por ella, que se representan por sus imágenes, sus tropos y sus metáforas, crean un discurso utópico en el interior del cual compradores, potenciales y reales, adquieren. En su codicia, imaginan esos bienes y sueñan con ellos. El foco de tales sueños es el mundo ideal que esos bienes llegan a significar, y el mundo real que exaltan con un nuevo sentido. Mientras el primero puede estar (y está) protegido en el mundo de los bienes (la infinidad de bienes así como la infinidad de sueños), el segundo es enteramente vulnerable a la erosión de la vida cotidiana. McKracken sostiene también que los bienes ofrecen un medio de fijar nuestras identidades en la fantasía (así es como nos gustaría ser) antes que en la realidad (así es como somos). El autor señala la contradicción que existe entre estos dos tipos de sentidos, sin afirmar por ello con claridad que precisamente esa contradicción es el combustible que alimenta el motor del consumo.

Sin embargo, muchos autores han querido ver a la publicidad operante en la movilización de la fantasía, en la busca de identidad y en la aptitud de nuestros bienes para fijar

211

una identidad en un discurso más o menos sistémico de sentidos mercantiles. Stuart Ewen, por ejemplo, ve su apoteosis en un estilo y el estilo es, en su esencia, algo que cambia de continuo. Ewen cita el estudio clásico de Sheldon y Arens (1932), que encontraron en el psicoanálisis la clave para la creación de las superficies interminablemente mutantes de la moda. La apelación al deseo y su refuerzo es el mercado accionario de la publicidad y la comercialización.

Pero la construcción del deseo no es una prerrogativa exclusiva de la publicidad. Como ya lo señalaron Leiss y otros (1990, pág. 290), cerca de un ochenta por ciento de los nuevos productos no logran alcanzar sus objetivos de ganancia. Los consumidores crean selectivamente asociaciones simbólicas cuando reconocen nuevos deseos y construyen nuevos estilos de vida. En otras palabras, el proceso de la imaginación es, una vez más, un proceso dialéctico: impulsado por la estimulación y el deseo, frenado por la frustración y la indiferencia, trasformado por el compromiso activo de los consumidores en el proceso mismo de mercantilización.

Por lo tanto, como hicieron notar algunos comentaristas (por ejemplo, Schwach, 1992), en la práctica real del consumo, el consumidor imagina los bienes antes de comprarlos, y ese proceso es anterior a la pérdida de ilusión que se experimenta cuando se obtiene la posesión. La compra es, en este sentido, potencialmente, una actividad trasformadora que deslinda un límite entre la fantasía y la realidad y abre (o no) un espacio para el trabajo imaginativo y práctico (las tácticas a las que se refiere De Certeau) sobre el sentido del objeto, se trate de una compensación por el deseo insatisfecho o de una celebración por el deseo cumplido.

La apropiación

Como dijo Daniel Miller (1987, pág. 215 y *supra*; 1992), un objeto —sea este una tecnología o un mensaje— es objeto de apropiación desde el momento en que se lo compra, desde el momento en que abandona el mundo de las mercancías y el sistema generalizado de equivalencia e intercambio y pasa a manos de un individuo o a formar parte de una casa, es decir, pasa a ser *propiedad* de alguien. Los artefactos llegan a ser auténticos en virtud de su apropiación (las mercancías se convierten en objetos) y logran significación:

«el trabajo del consumo puede definirse como la tarea de trasladar el objeto de una condición alienable a una condición inalienable; es decir, de ser un símbolo de distanciamiento y de precio a ser un artefacto en el que se han depositado connotaciones inseparables particulares. Evidentemente, el comercio trata de adelantarse a este proceso mediante prácticas tales como la publicidad, que casi siempre se relacionan con el objeto en los términos de un estilo general de vida, pero esto no quiere decir que la publicidad cree la demanda de que los bienes se subsuman bajo ese estilo», Miller, 1987, pág. 190.

En esta perspectiva, la apropiación representa el proceso de consumo en su conjunto, así como ese momento en el que un objeto cruza el umbral que separa la economía formal de la economía moral. También encarna la tensión particular que opera en el corazón mismo del consumo, a la que me refería al comenzar este capítulo: la tensión que está en nuestros actos diarios de consumo, en los que expresamos nuestra irredimible dependencia de los objetos materiales y simbólicos de producción masiva y, al mismo tiempo, con las mismas acciones, expresamos nuestras libertades como participantes creadores de la cultura masiva.

Pero como reconoce Miller (1988) y como también lo reconoce Carrier (1990), los sentidos asociados con los actos y los objetos de posesión, el retiro de objetos desde el espacio público hacia el espacio privado, se anticipan a menudo en los discursos de la publicidad y el *marketing*, de modo tal que, por ejemplo, en los catálogos de ventas por correo analizados por Carrier, se nos presentan objetos (o imágenes de objetos) que ya están construidos como posesiones. Los catálogos de compras por correo pueden lograr esto haciendo que la producción y la venta del producto parezcan un asunto personal. Se recubre el intercambio de mercancías con el simbolismo del obsequio, y el anonimato que caracteriza a la producción deja su lugar a la personalidad del productor imaginario. Sin embargo, aun en estos casos, las libertades asociadas con los actos de apropiación, e indispensables para ellos, las libertades para manipular los símbolos y revaluarlos ya están anticipadas, y deben estarlo, con toda la antelación posible en el sistema de sentidos en el que debemos sumergirnos en nuestra condición de consumidores.

Aquí hay una serie de aspectos adicionales que merecen mencionarse. El primero es el señalado por el propio Miller (1988, pág. 75; véase Carrier, 1990) cuando llama la atención sobre los constreñimientos que operan diferencialmente sobre la aptitud de un individuo o de una casa para realizar una apropiación trasformadora. Son muchas las personas que no disponen ni de los recursos materiales ni de los recursos simbólicos para hacer otra cosa que aceptar pasivamente las pretensiones de sentido que ya vienen incorporadas en las tecnologías o en los textos mediatizados. E incluso en quienes parecen tener una gran capacidad de resistencia o de trasformación —salvo en el caso extremo del completo rechazo—, es improbable que no se instilen algunos aspectos de los sentidos incorporados pública o sistémicamente.

Esto es cierto tanto en el caso de la apropiación de la televisión en su condición de objeto cuanto en el de la apropiación de los sentidos que ella trasmite (véase Morley, 1980, para una discusión referida a la relaciones que se establecen entre los televidentes y los textos de *Nationwide*, y compárese este análisis con el de Miller, 1988, así como con el de Parkin, 1972).

La objetivación

Así como la apropiación se pone de manifiesto en la posesión y la propiedad, la objetivación se revela en la exhibición y, a su vez, revela los principios clasificadores que dan forma al sentimiento de sí de una casa, y al sentimiento de su lugar en el mundo (véase Czikszentmihalyi y Rochberg-Halton, 1981). Estos principios clasificatorios tienen su origen en las percepciones y en las pretensiones de status (véase la conversión, *infra*) y, a su vez, definen las diferencias de género y de edad según se hayan construido esas categorías en el seno de la cultura de cada casa.

La objetivación se expresa en el uso (véase la incorporación, *infra*) pero también en las disposiciones físicas de los objetos dentro del ambiente espacial del hogar.[10] Además se expresa en la construcción de ese ambiente como tal. Claramente es posible advertir que artefactos físicos de todo tipo (por el modo en que se los ordena y se los exhibe, así como por el modo en que se construyen y en el que se les crea un ambiente para ser exhibidos) constituyen una objetivación de los valores, del universo estético y cognitivo de quienes se sienten cómodos, o identificados, con ellos. Comprender la dinámica de la objetivación de la casa pone además claramente de relieve la configuración de la diferenciación espacial (privada, compartida, discutida: adulto, niño, mujer, varón, etc.) que establece las bases de la geografía doméstica.

Una vez más, la televisión no es la excepción, como lo muestra Ondina Faschel Leal en su estudio sobre la televisión en los hogares brasileños:

«La televisión es el elemento más importante entre la serie de objetos con que cuenta un hogar de clase obrera. El televisor está instalado en su propia mesita y aparenta tener la importancia de un monumento, decorado típicamente con una carpeta tejida al *crochet*. El televisor, encendido o apagado, representa la busca de su propietario del reconocimiento social que implica su posesión, por lo cual debe estar ubicado de modo tal que se lo pueda ver desde la calle. El viejo aparato de radio, situado cerca del televisor, ya ha perdido su carisma, pero aún permanece allí como un modo de documentar la forma anterior de este atributo social. La televisión, en su condición de objeto, es vehículo de un discurso reconocible y moderno, representa la racionalidad en el universo doméstico donde, paradójicamente, el orden racional se sacraliza», Leal, 1990, pág. 24.

La televisión es, entre muchos otros, un objeto que puede exhibirse de este modo y no sólo en las casas de clase obrera

[10] «Lo que una ciencia debe establecer es la objetividad del objeto que se establece en la relación entre un objeto definido por las posibilidades e imposibilidades que ofrece, posibilidades e imposibilidades que sólo se revelan en el mundo de los usos sociales (incluyendo, en el caso de un objeto técnico, el uso o la función para el que fue diseñado) y las disposiciones de un agente o una clase de agentes, esto es, los esquemas de percepción, apreciación y acción que constituyen su utilidad objetiva en un uso práctico» (Bourdieu, 1984, pág. 100).

(aunque conviene recordar las observaciones hechas por Baudrillard, citado antes). Y, como señala Charlotte Brunsdon (1991) en su análisis sobre la exhibición obligada de la antena satelital, los mensajes comunicados no carecen de ambigüedades ni siempre se los exhibe con orgullo. Deberíamos también observar que la apropiación y la exhibición de artefactos, en este caso de la televisión, no ocurre (ni se puede entender) aisladamente. En el ejemplo del Brasil, la televisión, un jarrón, una pintura, una rosa de plástico son todos objetos que Leal señala como significativos, pero tales en el sentido de que son una expresión colectiva de la cualidad sistemática de una estética doméstica que a su vez pone de manifiesto, con diferentes grados de coherencia, las dimensiones particulares de la economía moral de la casa.

Evidentemente, la objetivación no se limita a los objetos materiales. Los programas de televisión (y otros textos mediáticos) participan igualmente en los mecanismos de exhibición, y lo hacen de muchas maneras diferentes. La primera es a través de programas de televisión que tienen (como los artefactos materiales) el rango de mercancías. El espectador puede apropiarse de ellos (y lo hace) tal como se apropia de objetos materiales, porque los sentidos de esos programas no se fijan inequívocamente en la producción. Se los puede objetivar en la economía moral de la casa por su exhibición física en fotografías de estrellas de telenovelas o de rock. Por fin, es fácil ver que el contenido de los medios, y sobre todo el de los programas de televisión, se objetiva en las charlas mantenidas en la casa, por ejemplo, en el modo en que los relatos de los programas televisivos, los personajes de las telenovelas o los sucesos narrados en los noticiarios suministran una base de identificación y de auto-representación (Hobson, 1982, 1989; Radway, 1984; Ang, 1986).

La incorporación

Con la idea de la incorporación quiero llamar la atención sobre el uso de la televisión, y el de las demás tecnologías y objetos. Las tecnologías son funcionales. Quien las compra puede tener presentes otros rasgos, y en realidad pueden servir a otros fines culturales. Acaso sean funcionales muy

216

lejos de las intenciones de sus diseñadores o vendedores. Las funciones pueden cambiar o desaparecer (es por ejemplo el caso de esas computadoras personales que se compraron originalmente con fines educativos pero que luego se trasformaron en máquinas de juegos o quedaron abandonadas en lo alto de un armario o en el fondo de un guardarropa) (véase Kopytoff, 1986, sobre la biografía del objeto, y el capítulo 2 *supra*). Para ser funcional, una tecnología tiene que encontrar su lugar en la economía moral de la casa, específicamente en tanto se incorpora a las rutinas de la vida cotidiana. Esa incorporación puede dejar tiempo libre para hacer otras cosas (véase Gershuny, 1982); por ejemplo, facilitará el «control» del tiempo, como en los casos de las capacidades de programación horaria de la videocasetera y el horno de microondas; o sencillamente permitirá disfrutar mejor de algunos momentos, por ejemplo, cuando se utiliza la radio como compañía durante una pausa a la hora del té, o como parte de la rutina de levantarse por las mañanas.

Mientras que el interés por la objetivación realza sobre todo los aspectos espaciales de la economía moral, la incorporación destaca, entre otras cosas, sus temporalidades. Una vez más, esto es más claro en el estudio de la televisión, y ya lo examiné con bastante detenimiento en el capítulo anterior cuando me referí a los diferentes modos en que la televisión abierta establece un marco para que la casa participe en las secuencias del tiempo público, y para que las rutinas domésticas se mantengan de acuerdo con los horarios televisivos. Sostuve entonces que esas dimensiones de la temporalidad de la televisión estaban sujetas a su incorporación en la temporalidad de una casa, por la propia orientación temporal y horaria de esa casa (Silverstone, 1993).

La incorporación a la economía moral de la casa también introduce las cuestiones previas de la edad y el género, así como de la visibilidad y la invisibilidad de las tecnologías. Estas se incorporan en la casa como una expresión de la diferenciación por género (véase Gray, 1987 y 1992 sobre la VCR) y por edad, y como un refuerzo o afirmación del status. Los adolescentes crean un muro de sonido en su dormitorio, con sus equipos estéreo. Se inician y se ganan batallas por el control remoto de la televisión (Morley, 1986) o por el enchufe principal de una habitación colmada de tecnologías de la información y la comunicación (Silverstone y Morley,

1990). La propiedad y el uso de la computadora personal seguirá y reforzará la cultura tecnológica de una familia en orden a los sexos (véase Livingstone, 1992).

La conversión

Así como la objetivación y la incorporación son sobre todo aspectos de la estructura interna de la casa, la conversión —como la apropiación— define la relación entre la casa y el mundo exterior, la frontera por la cual artefactos y sentidos, textos y tecnologías pasan a medida que la casa define y reclama para sí y para sus miembros un status en el vecindario, en el grupo de trabajo y de los pares dentro de la «sociedad más amplia».

La metáfora es monetaria. Los sentidos son como las monedas. Algunas son convertibles; otras —los sentidos privados, personales— no lo son. La economía moral de una casa establece la base para la negociación y el cambio del sentido de mercancías potencialmente alienantes; pero sin la exhibición y sin la aceptación de esos sentidos fuera del hogar, ese trabajo de mediación sigue siendo privado: inaccesible e irrelevante en la esfera pública. El trabajo de apropiación debe tener por equivalente un trabajo de conversión si aquel ha de tener una importancia fuera del hogar (véanse Douglas e Isherwood, 1980; Bourdieu, 1984).

La televisión nos ofrece un excelente ejemplo de esto que acabo de decir. Ya sostuve antes que la televisión es la fuente de la mayor parte de las charlas y el chismorreo de la vida cotidiana (Hobson, 1982). El contenido de sus programas, los retorcimientos de su narrativa, la moral de sus personajes, todo lo que se publica sobre los actores que desempeñan los papeles protagónicos de las telenovelas, las angustias que despiertan los noticiarios, suministran en muchos lugares y para muchos de nosotros, con un grado mayor o menor de intensidad, gran parte de las «monedas» del discurso cotidiano (Fiske, 1989a). Para ciertos grupos (desde los que trabajan desde el hogar a través del *modem* hasta los adolescentes), el *software* de computación tiene un status semejante (Haddon, 1992). Las conversaciones telefónicas son tan importantes como la conversación frente a frente como

218

medios de trasmisión (Moyal, 1992). Son similarmente ubicuas las discusiones sobre una compra reciente o futura, una compra alentada desde un anuncio publicitario de la televisión, tal vez, o por la cultura particular del vecindario o de la clase. Una vez más podemos observar la manera en que una cultura integrada de tecnologías de la información y la comunicación, que verosímilmente tiene en su centro a la televisión, opera dentro de las casas y expresa la doble articulación a la que ya me he referido antes: facilita la conversión (y la conversación) así como constituye el objeto de la conversión (y la conversación).

Es evidente que algunos individuos y casas se opondrán a este aspecto (o por lo menos no lo reconocerán) del sistema de transacción y a veces, como ocurre en el caso de la antena satelital (Brunsdon, 1991; Moores, 1993), la exhibición obligada probaría tener su pro y su contra. Pero igualmente, la conversión de la experiencia de la apropiación de sentidos derivados de la televisión, por ejemplo, es un indicador de pertenencia o de competencia dentro de una cultura pública, a cuya construcción contribuye activamente.

Este último punto nos lleva a cerrar el círculo. Porque el ciclo del consumo exige que el proceso mercantilizador, encarnado en las actividades de los tecnólogos, los diseñadores, los investigadores de mercado y los publicistas, así como por las estructuras industriales mismas, tome nota del trabajo hecho en objetivación, incorporación y conversión. La investigación de mercado es por supuesto un intento de intervenir en ese momento del ciclo del consumo. No hace falta exagerar la importancia del consumo en la dinámica de la mercantilización, pero tampoco es necesario subestimarla. Cada vez con mayor frecuencia, los tecnólogos y las industrias en su conjunto responden a las variaciones declaradas de la cultura del gusto, así como a los modos particulares en que se reciben las nuevas tecnologías.

Mi análisis del consumo fue proyectado con la intención de señalar una cantidad de puntos relacionados entre sí. El primero es colocar el consumo en el lugar que le corresponde como una dinámica central motivadora y movilizadora que está en el corazón mismo de la cultura y la sociedad contemporáneas, como el aceite que lubrica la estructura y la acción de la vida de todos los días. Lo individual, lo doméstico, lo suburbano, lo tecno-industrial son esferas interrelacionadas a través del consumo, el punto en que se interceptan y negocian la mercantilización y la apropiación. A través del consumo expresamos no sólo una parte importante de nuestra identidad, sino que además trazamos los límites, aunque vulnerables, entre los espacios y los tiempos públicos y privados. En este sentido, el consumo es también el principio operador de la construcción de la economía moral de una casa individual y establece los mecanismos vinculantes que permiten a esa casa integrarse en (y separarse de) los valores y las ideas de la esfera pública. La televisión está sometida a ese proceso dinámico y trascendente, y al mismo tiempo lo facilita: es una tecnología en todos los sentidos que puedan dársele al término, que aplica su insidiosa magia —su propia *poiesis*— a través de la normalidad interminable de sus comunicaciones diarias.

De modo que el consumo está en la médula misma de la privatización móvil: en su contenido, así como en su forma, entretejiendo ilusión y realidad, mercantilización y posesión, pasividad y actividad, en una red de relaciones sociales, culturales y económicas que permanecen en una tensión esencial. Esa tensión —la tensión de dependencia y libertad, de integración y aislamiento, que se revela de modo tan vigoroso en las prácticas del consumo— merece un análisis adicional, sólo que esta vez nos ceñiremos a abordarlo en su relación con la audiencia de la televisión.

6. Sobre la audiencia

La historia de los estudios sobre la televisión ha estado marcada por una constante agitación, enteramente justificada, en torno de la cuestión de la influencia que ejerce el medio. Abundaron los argumentos de todo tipo. El péndulo osciló entre posiciones rivales. Las insondables complejidades de la significación de la audiencia (y de la comprensión de ella) fueron prolijamente desmenuzadas por quienes se plantearon las preguntas que hoy parecen más obvias y de la mayor importancia: ¿ejerce la televisión alguna influencia? ¿tiene importancia lo que mira la gente?

Algunas reseñas recientes (Curran, 1990; Morley, 1989; Fejes, 1984; Moores, 1990) documentaron muy bien la configuración del debate y las disputas, aunque en algunos casos tales discusiones parecen perder de vista la audiencia misma y preferir, tercamente, ahondar más en la metodología que en la sustancia. Se nos han ofrecido explicaciones de los conflictos, que van desde el enfoque conductista hasta el enfoque crítico, desde el enfoque pluralista hasta el enfoque radical. Se nos ilustró sobre la utilidad de diferentes metodologías y discusiones de argumentos sobre convergencia y revisionismo. Como dijo Ien Ang (1991), la audiencia se hizo cada vez más problemática, no sólo para los investigadores académicos, que la vieron desreificada hasta el punto de la invisibilidad, sino también para los intereses comerciales, a los que les conviene que vuelva a reificársela a fin de maximizar los beneficios que esta puede brindarles.

La argumentación que desarrollaré en este capítulo se basa en una visión de las audiencias entendidas como entidades individuales, sociales y culturales y, siguiendo la terminología de Janice Radway, «nómadas». Aun cuando las audiencias entran al espacio televisual y salen de él, se puede decir que siempre están literalmente presentes y en el presente. En realidad, las audiencias televisivas viven en

221

diferentes espacios y tiempos superpuestos pero no siempre sobredeterminantes: espacios domésticos; espacios nacionales; espacios de televisión abierta y de televisión restringida; tiempos biográficos; tiempos diarios; tiempos horarios, tiempos espontáneos pero también tiempos socio-geológicos: los de la *longue durée* (véase Scannell, 1988).

La influencia de la televisión se desplaza y se difunde por la posición que ocupa dentro de esa multiplicidad de tiempos y espacios. Y, en efecto, la posición de la audiencia en estas múltiples temporalidades y espacialidades es esencial. El hecho de no haber reconocido esta multiplicidad o no haber medido el alcance de sus contradicciones es una de las causas principales de la relativa incapacidad para comprender el papel de la televisión en la vida cotidiana. En este capítulo, en el que adopto hacia la investigación existente una postura más crítica de la que adopté hasta ahora, quiero ilustrar y explicar esas falencias, pero también señalar los logros. En el capítulo final ofreceré un razonamiento más sintético que tiende a situar a la audiencia dentro de las estructuras y prácticas continentes de la vida cotidiana.

El poder de la televisión, o su falta de poder, está constituido dinámicamente en su diferencia y su desparejura. También las audiencias poseen diferentes grados de libertad para construir una relación con los textos individuales del medio o con el medio en su conjunto. Algunos individuos pueden sentirse profundamente conmovidos (para bien o para mal) por lo que ven y oyen en la televisión. Otros pueden ignorar (y lo hacen) esas imágenes y esos sonidos o dejarlos correr como agua en la arena. Y hay otros, como ya sostuve antes, a quienes las telenovelas, las series y la televisión misma ofrecen una especie de seguridad que otros medios no les dan. Y es más, está el gota a gota de la *longue durée*, la dieta más o menos coherente, más o menos resistente, de la ideología y los valores inalterables que invisiblemente dan forma a la diversidad de la acción y la creencia sociales, y la constriñen.

Sostengo que el campo de los estudios sobre la audiencia ha estado en permanente tensión porque no llegó a reconocer realmente esas diferencias en las posiciones que ocupan las audiencias en el espacio y en el tiempo, ni logró incorporar en sus metodologías las diferencias que sí reconoció. Por último, nuestra investigación resultó minada, no sólo por las complejidades del papel de la televisión en la vida cotidiana, que por supuesto son reales, sino además por nuestra relativa omisión, presente incluso en la nueva hornada de investigación sobre la audiencia, de reconocer tanto los límites de nuestras pretensiones como las faltas de conmensurabilidad que presentan.

En este capítulo intentaré desenmarañar los supuestos e implicaciones de los diversos enfoques que han ejercido influencia en los estudios sobre la audiencia televisiva. Y en esa tarea, sostendré que los investigadores de la audiencia también necesitan ser «nómadas». Tienen que reconocer, por supuesto, que el problema del poder de la televisión no admite una solución sencilla, pero además tienen que reconocer que no es posible siquiera concebir una solución sin tomar previa nota de la complejidad de las relaciones sociales y culturales de las que las audiencias son parte integrante. En este sentido, una indagación de la audiencia no debería circunscribirse a un conjunto preconstituido de individuos ni a grupos sociales definidos rígidamente, sino estudiar una serie de prácticas y discursos cotidianos, dentro de los cuales se realiza, junto con otros, el complejo acto de mirar televisión, y a través de los cuales se constituye a su vez dicho acto.

De las páginas que siguen, tanto de este capítulo como del último, surgirán, según espero, la base para una teoría mediadora de la audiencia televisiva y una teoría de la mediación en el sentido más amplio de la palabra. No tengo grandes pretensiones de ser original. La investigación reciente ha suministrado ya gran parte de las claves y las demostraciones que importan a mi argumentación.

A grandes rasgos podemos distinguir dos enfoques diferentes dentro del estudio de la audiencia: por un lado, el que pone el acento en la dinámica de la mediación y hace derivar cierta idea de la audiencia a través de un análisis de los efectos, la influencia o los placeres, según dónde sitúe los momentos clave en el proceso de mediación; y por el otro, el enfoque que insiste en la recepción y hace derivar cierta idea de la audiencia de un análisis de su actividad y su pasividad, de su status individual o social, según cómo sitúe y entienda los momentos clave de la recepción. Corre por ambos enfoques una serie de supuestos que tienen implicaciones significativas por su carácter conmensurable e inconmensurable —especialmente respecto del espacio y el tiempo— para la ubicación y la temporalidad de las audiencias y la medición de estas.

Mediación

Las teorías de la mediación son aquellas que dan prioridad al medio mismo como el sitio crítico partiendo del cual se construye la audiencia. En esta perspectiva, la audiencia constituye una variable dependiente, una consecuencia: es el producto, la creación de los medios. Tales teorías y puntos de vista ponen el acento en la dinámica de la mediación y se extienden a lo largo de un continuo que comienza con la audiencia como entidad casi invisible y termina con la audiencia como la única cosa que efectivamente puede verse, pero que sigue siendo en cierto sentido un producto. Las teorías basadas en la mediación pueden, como veremos luego, construir la audiencia como algo pasivo o como algo activo y, por supuesto, a medida que tienen a considerarla activa, cruzan la frontera que divide estas teorías de las teorías de la recepción. Estos dos tipos de teoría difieren entre sí —y de manera esencial— precisamente en el aspecto sobre el que ponen el acento.

Al analizarlas quiero distinguir cuatro niveles de mediación no discretos, cada uno de los cuales establece el punto de partida de una concepción diferente de la audiencia por dar prioridad a una de sus dimensiones. Las tres primeras, basadas en una concepción tecnológica, ideológica y cultural, respectivamente, de la mediación, tienden a considerar que la influencia que ejerce la televisión sobre la audiencia es fundamental y de largo plazo. La cuarta, que sitúa el momento decisivo de la mediación en el texto, presenta una temporalidad diferente y, por lo tanto, una relación más compleja entre el medio y su audiencia.

Tecnología

Las teorías de la mediación basadas en la tecnología ofrecen la más importante sociogeología de la televisión. La

224

obra de McLuhan y la de su seguidor Walter Ong sitúan el poder de la televisión en las particularidades de sus características tecnológicas que generan un potente ámbito invasivo —un espacio electrónico— cuyas consecuencias son universales e irreversibles:

«La tecnología casi siempre produce una amplificación enteramente explícita al separar los sentidos. La radio es una extensión de lo aural, la fotografía de alta fidelidad lo es de lo visual. Pero la televisión es ante todo una extensión del sentido del tacto, que supone el máximo juego cruzado de todos los sentidos (. . .) La imagen de la televisión invierte este proceso letrado de fragmentación analítica de la vida sensorial (. . .) La modalidad de percepción táctil es repentina pero no especializada. Es total, sinestésica, abarca todos los sentidos. Invadido por la imagen de mosaico de la televisión, el niño "televisivo" se enfrenta al mundo con un espíritu que es la antítesis del espíritu letrado», McLuhan, 1964, págs. 332-4.

La retórica hoy familiar de McLuhan construyó implícitamente a la audiencia como un mero efecto de la mediación de la televisión. Con la televisión apareció todo un nuevo tipo de experiencia sensorial, omnipotente, a la que la sociedad o la cultura no impusieron ninguna restricción. Los televidentes eran los esclavos del mensaje televisivo y estaban a merced de un medio de comunicación trasformador que, sobre todo, remplazó una base de cultura letrada por otra de cultura oral. Una cultura lineal de lo fragmentario se trasformó en una cultura de integración abarcadora —la aldea global— en todos los niveles de la vida social.

Este es un argumento tomado, aunque con algunas modificaciones, por Walter Ong (1977, y *supra*). Ong ofrece un relato paralelo pero más sutil que considera la televisión como responsable del derrumbe de los sistemas cerrados asociados con la escritura y la imprenta, un desmoronamiento que tuvo serias consecuencias para nuestras percepciones del mundo:

«La televisión desdibuja los límites entre lo ficticio y lo real en una escala antes inconcebible. Y lo hace, no con decisiones deliberadas tomadas por sus ejecutivos, directores, guionistas, técnicos, realizadores o espectadores, sino más bien por su naturaleza misma. El "tubo de la abundancia" generó un mundo diferente del real, que no es exactamente la vida, pero es más que la ficción», Ong, 1977, pág. 315.

Ong viene a decir que la televisión como sistema abierto se distingue (en comparación con el sistema relativamente cerrado de la escritura y la imprenta) por su peculiar capacidad para presentar la presencia y superponer la vida y el escenario, lo real y lo imaginado, lo espontáneo y lo ensayado. La televisión es narcisista, pero también participativa. Si bien su audiencia está diseminada y es, en un sentido real, una ficción, la identidad de experiencia que crea un solo momento de visión compartida es una vigorosa fuerza para la comunidad. La clave de la postura de Ong es su visión de la televisión en su carácter de fenómeno *sui generis*, irreductible a la sociedad o la cultura. La televisión tiene una naturaleza.

Hay dos modos levemente diferentes de interpretar esto. El primero es ver aquí un determinismo tecnológico según el cual los televidentes son, en el mejor de los casos, epifenómenos. La otra versión, levemente más débil, es reconocer, como lo hace el propio Ong (véase Silverstone, 1991*b*), que no se trata de una simple cuestión de determinación, sino que tenemos ante nosotros un nuevo conjunto de demandas que acompañan a las nuevas tecnologías, una serie de exigencias dirigidas tanto al emisor como al receptor, nuevas (o raras) habilidades, así como una relación diferente entre el mensaje y el referente.

Pero es fácil plantear la cuestión por lo que toca a la audiencia. No existen audiencias. Las trasformaciones se dan simultáneamente con la aparición de tecnología nueva, tanto en el nivel supraconsciente como en el inconsciente: una especie de coincidencia junguiana de tecnología, mito y psique, aunque sin que se preste atención —salvo la más mecánica— a los procesos, en particular a los procesos psicodinámicos que los enlazan. Esta es una perspectiva que aparece, como ya observé antes, en muchas de las críticas de la influencia de la televisión, críticas que no incluyen una consideración detallada del contenido y que, cuando la incluyen, lo hacen una vez más atendiendo al modo en que el contenido depende de la significación previa del medio (por ejemplo, Mander, Meyrowitz, Postman). Con todo, este enfoque implica —y creo que esto es importante— una posición sobre la relación medio-televidentes que en su escala temporal es geológica. Cambios imperceptibles pero acumulativos y fundamentales ocurren en las relaciones de la audiencia con los medios, y en cada uno de estos, por obra de su recepción y lectura, pero no directamente como resultado de estas actividades. Tales cambios sobrevienen como resultado de una inmersión más o menos total en una cultura tecnológicamente modificada y modificante. La mención de la influencia de la televisión y de otros medios en nuestra vida cotidiana alude a una dimensión importante, que la investigación empírica a menudo pasa por alto (por obvias razones) o interpreta erróneamente.

Ideología

Las teorías de la audiencia televisiva originadas (o situadas) en un enfoque marxista, posmarxista o submarxista de la ideología también tienden a considerarla como un epifenómeno de fuerzas que actúan en otra parte. Las teorías de la ideología —por más que difieran entre sí— se ven obligadas a suponer que una sociedad es capaz de crear y mantener una forma de cultura dominante e imbuida de sí misma, y que genera representaciones e imágenes, ideas y valores donde se disfrazan las realidades de la existencia social (Hall, 1977). También deben admitir, aunque con reservas, que el disfraz consigue en efecto sostener a los grupos dominantes de la sociedad, y consigue que lo acepten, igualmente sin oposición, aquellos a quienes es presentado. En el marco de estas teorías, las audiencias son —a priori— dependientes. Por la capacidad de la ideología para legitimar, disimular, unificar, fragmentar y reificar (Thompson, 1990, pág. 60), las audiencias se incorporan (y deben incorporarse) a una cultura esencialmente «falsa».

John Thompson sostiene que los medios masivos de comunicación no se incorporaron en verdad a estas teorías de manera satisfactoria, aunque se podría argumentar, en su mismo espíritu, que desde el trabajo de la escuela de Francfort en adelante, e incluidos los trabajos de Gramsci, Barthes, Althusser y Habermas (para no mencionar a los teóricos de la escuela de Birmingham), los medios obtuvieron consideración explícita como elemento central de lo que Althusser llamó «los aparatos ideológicos del Estado» y que la escuela de Francfort llama «las industrias culturales».

La crítica de Thompson se basa sin embargo en este reconocimiento de ausencia: que los medios nunca fueron considerados centrales para la operación de la ideología. Pero se basa también en el reconocimiento de que tampoco las teorías que abordan el rol de los medios —Thompson menciona sobre todo los primeros trabajos de Jürgen Habermas— contemplan la complejidad de la comunicación masiva en las sociedades modernas (Thompson, 1990, pág. 121). Y el hecho de que no la contemplen depende, por un lado, de no haber reconocido a los medios masivos su condición formativa para las sociedades modernas y, por el otro —y esto es esencial para el argumento que quiero exponer—, de no haber reconocido los límites con los que tropieza la ideología para dominar a los individuos e incorporarlos al orden social:

«Demasiado despreocupadamente se supone que, porque se trató a los individuos como consumidores pasivos de imágenes e ideas, estos realmente *se convirtieron* en consumidores pasivos (. . .) Este supuesto (. . .) incurre en la falacia de internalismo: de manera injustificable infiere, partiendo de la producción y las características de un producto cultural particular, que ese producto ha de tener un efecto determinado cuando sea recibido por los individuos en el curso de su vida cotidiana», Thompson, 1990, pág. 116.

La reformulación de la ideología (que hace el propio Thompson) como una herramienta crítica para el análisis del papel de los medios masivos de comunicación integra a la audiencia, a los telespectadores, a los ciudadanos, como partícipes activamente comprometidos en producir y reproducir (y al hablar de producir se piensa también en cierto grado de oposición y trasformación) la cultura massmediática.

Esta reformulación reproduce las controversias sobre el preciso alcance de la determinación, tal como se plantearon en la década de 1970 en las páginas de *Screen* y en los trabajos de la escuela de Birmingham, y es una reflexión sobre ellas. Esas controversias ya han sido bien analizadas en otra parte (Morley, 1980; Moores, 1990) en el contexto de los estudios sobre la audiencia. *Screen* también ofreció un enfoque de la audiencia como epifenómeno de las ideologías encarnadas en los textos fílmicos y televisivos, y aunque presentaba una perspectiva más psicoanalítica de ese supuesto nexo, negaba sin embargo a la audiencia empírica cualquier status o consecuencia. Se consideraba que la audiencia no era más que una sombra de las formas, las discriminaciones y las relaciones de poder dominantes que ya se habían definido y enunciado en otra parte.[1]

Pero incluso la teoría de *Screen* ya había comenzado a bosquejar una perspectiva (secundada y defendida dentro de una semiótica que apenas surgía pero cuyos fundamentos eran más amplios) que reconocía la necesidad de luchar por ese lector-sujeto-espectador-audiencia y de construirlo dentro del texto. Este nuevo enfoque, especialmente visible en el trabajo de Hall y Morley (véase *infra*), permitió reconcebir de un modo diferente la relación entre el texto y el espectador. Pero también estableció una nueva reificación —esta vez del texto mismo— relativamente desligada de las estructuras políticas y económicas y de la dinámica institucional que creaban el texto y le daban sustento. En lo tocante a la comprensión de la audiencia mediática, este nuevo enfoque no representó un gran adelanto, pero fue un importante paso intermedio entre el análisis ideológico e institucional, por un lado, y la audiencia, por el otro.

Algunos intentos más recientes de sostener que la ideología constituye el respaldo de la crítica de los medios en la sociedad moderna (incluso el del propio Thompson, y véase White, 1992) ofrecen una versión más fragmentada de la ideología. Se concentran menos en la integridad de esta que en sus contradicciones, menos en su uniformidad que en sus variaciones; y necesariamente afirman que, a despecho de la comprobable quiebra de las formaciones en una sociedad posmoderna (una visión que quizá refleje más la teoría que la realidad), persisten formas de dominación cultural. En estos argumentos, la audiencia televisiva sale de las sombras, pero sigue siendo vulnerable, porque los trabajos de la

---

[1] «La teoría *Screen* elide siempre al individuo concreto, su constitución como "sujeto para el discurso" y las posiciones discursivas de sujeto constituidas por prácticas y operaciones discursivas» (Morley, 1980, pág. 169).

ideología exigen invisibilidad. Como dijo una vez Stuart Hall, en su análisis sobre el sentido común, paradójicamente el más ideológico de los discursos contemporáneos: «No podemos aprender, a través del sentido común, *cómo son las cosas*; lo único que podemos descubrir es *cómo encajan* en el orden existente de cosas» (Hall, 1977, pág. 325).

Ningún análisis de la audiencia, de la posición que esta ocupa en la formación social, de su relación con los textos y las tecnologías de los medios, puede descuidar la manera en que las ideologías se forman y en que estas, a su vez, reclaman posiciones de sujeto para los que reciben una dieta constante de comunicaciones públicas. La unidad en la diversidad de la televisión misma, sus extravagancias naturalizadas y naturalizantes, sus poderes de legitimación y exclusión, la familiaridad con que aborda los temas o los da por descontados, son todos elementos fácilmente reconocibles como parte de una cultura ultraabarcadora que contiene y restringe una multiplicidad de alternativas, diferencias y oposiciones. Este trabajo se cumple en otra escala temporal, esta vez es una escala histórica y social antes que tecnológica; pero aun así sigue siendo difícil llevarlo al campo del análisis empírico basado, como lo debe estar todo análisis empírico, en los detalles de la respuesta cognitiva o afectiva a específicos temas o urdimbres de comunicación. El trabajo de la ideología no es mensurable. Y una vez más, las audiencias, como tales, desaparecen. Siguen siendo, aun cuando se las considere activas, nada más que sombras.

Con todo, esto no equivale a decir que no se hayan hecho esfuerzos para medir sus efectos.

Cultura

El trabajo que George Gerbner y su equipo realizaron durante veinte años suministró al campo de la investigación de los medios un vigoroso, aunque controvertido, análisis de la relación televisión-audiencia que toma firmemente por las astas la intratabilidad empírica de la televisión. Este trabajo se basa en una conceptualización de la cultura que incluye un interés por los cambios de largo plazo en valores y creencias, y por el papel de la televisión en esos cambios. Lo llamaron análisis del cultivo:

«Diseñado en principio para la televisión y concentrado sobre todo en sus pautas generalizadas y recurrentes de representación y de contemplación, el análisis del cultivo toma por eje las consecuencias comunes y duraderas que trae la circunstancia de crecer con la televisión y vivir con ella: el cultivo de supuestos, de imágenes y de concepciones estables, resistentes y compartidos por muchas personas, que reflejan las características y los intereses institucionales del medio mismo y de la sociedad en general. La televisión ha llegado a ser el ambiente simbólico común que interactúa con la mayor parte de lo que pensamos y hacemos», Morgan y Signorielli, 1990, pág. 23.

También estos autores prefieren un marco de largo plazo para situar su enfoque y afirman que la ubicuidad de la televisión, su persistencia, su redundancia, su omnipresencia en el corazón mismo de la cultura contemporánea son precisamente los rasgos que garantizan su posición singular, y su fuerza quizás impar, para definir la realidad cultural, en particular la de quienes la miran con mucha frecuencia. La definición que ofrecen sobre lo que llaman «captación hacia la corriente principal» es un intento de trazar (en realidad de medir) las consecuencias que tiene para la formación de las creencias y las actitudes el hábito de ver asiduamente televisión durante mucho tiempo. Desde luego, se interesan sobre todo por los conjuntos de valores dominantes encarnados en las narrativas y representaciones más o menos consistentes de la televisión. La captación hacia la corriente principal es un modo de averiguar las consecuencias que tienen las diferentes intensidades de «exposición» a la televisión dentro de grupos sociales cuya demografía y cuyas situaciones vitales se pueden considerar, a grandes rasgos, constantes. Según sugieren estos autores, los televidentes que caen bajo el influjo de esta captación articulan una cosmovisión más parecida a la que ofrece la televisión (en su presumible coherencia) que la que podría esperarse de ellos teniendo en cuenta sus circunstancias sociales, culturales y económicas. En un plano sustantivo y metodológico se hicieron distinciones en la investigación entre efectos de primer orden (los televidentes de «alta exposición» que describen el mundo a través de una visión televisiva deformada) y efectos de segundo orden (es decir, los efectos más intangibles en los que las consecuencias de una alta exposición a la televisión se relacionan con actitudes específicas; por ejemplo, hacia la ley y el orden, o la seguridad personal, más que con una creencia general según la cual la televisión ofrecería un reflejo exacto del aumento de la violencia en el mundo).[2]

En una reciente revisión de su propio trabajo, Morgan y Signorielli (1990) sostienen que el análisis del cultivo suministra un modo de examinar y medir la influencia que ejerce la televisión dentro de un marco de tiempo socio-geológico que, como ya dije, estuvo ausente de los enfoques tecnológicos e ideológicos de la audiencia. La ubicuidad de la televisión hace que sea muy difícil separar su influencia de otras fuentes de influencia igualmente probables, tales como la experiencia o la información personales, las representaciones e imágenes procedentes de otros medios, pero Morgan y Signorielli sostienen que, teniendo en cuenta esa ubicuidad y el hecho de que todos miramos algo de televisión, las variaciones pequeñas pero constantes en las actitudes y su correlación con la intensidad y la densidad de la práctica de ver televisión deben de ser significativas.

Pero como advierte Sonia Livingstone (1990), correlación no es relación de causa y efecto. La investigación no pudo imitarse fácilmente en otra parte (aunque ese puede haber sido el resultado de una cultura de los medios más diversificada, como es el caso, por ejemplo, en el Reino Unido) (Wober y Gunter, 1987). En realidad, hay muchas dificultades metodológicas, incluyendo la de especificar qué procesos psicológicos participan en el nivel de los efectos (esto es, el largo plazo, la escala pequeña pero de efectos significativos, que el análisis del cultivo considera como lo esencial). Igualmente problemática es la relativa falta de atención que se presta a la dinámica social del procesamiento televisivo, dentro de una familia o una casa, así como a la condición

[2] Hawkins y Pingree (1983 y 1990) ofrecen una crítica de la investigación de análisis de cultivo con diversos fundamentos, y no es el menos importante de ellos la dificultad para dar una explicación psicológica o sociopsicológica de las correlaciones averiguadas (por ejemplo, en un nivel individual). También señalan que no cuentan con ninguna prueba de que las creencias de primer y segundo orden estén correlacionadas, de modo que no es en absoluto claro cómo se relacionan (si es que lo hacen) los dos órdenes ni cómo la práctica de ver televisión debe entenderse en esta relación (o en esta falta de relación) (Hawkins y Pingree, 1990, especialmente las págs. 43 y sigs.).

supuestamente no problemática de la actividad de «mirar» televisión. Finalmente, para muchos investigadores, la falta de atención que manifiestan prestar los mencionados autores a las especificidades del género televisivo y la programación, a la indeterminación del contenido mediático, así como a las consecuencias del cambio tecnológico, reduce seriamente el alcance de las conclusiones de la que, después de todo es (a pesar de todas sus reservas) una teoría general de la televisión y la vida cotidiana.

A pesar de esas dificultades, hay una especie de verosimilitud *prima facie* en los argumentos de la investigación hecha según el análisis del cultivo. Aun quienes en el pasado se mostraron relativamente hostiles (y siguen siendo hoy críticos) observan que, con la creciente homogeneización de los productos de la televisión (Wober, 1990) y con la especificidad de la textualidad televisiva (por ejemplo, la redundancia presente en sus diversas y sólo superficialmente distintas narrativas), que exige un tipo de psicología social diferente de la basada en la comunicación interpersonal (Hawkins y Pingree, 1990), el análisis del cultivo ofrece un marco consistente y relevante para examinar el lugar que ocupa la televisión en la sociedad contemporánea.[3]

Pero, en esta investigación, la audiencia televisiva parece aún surgir más bien como plancton flotante sobre la superficie de la corriente del Golfo y la corriente del Atlántico Norte, viva pero por completo impotente para afectar la dirección dominante.[4] Es parte de una cadena alimentaria

[3] Sonia Livingstone, en otra reseña reciente, se opone a esto: «su relativa ingenuidad teórica en la concepción del proceso de los efectos (un proceso inespecífico de cultivo), su confianza en los métodos más criticados de análisis del contenido destinados a determinar el sentido de un programa (. . .) y el modo en que emplea las estadísticas de opinión y los sondeos de opinión (. . .) hacen que el análisis de cultivo sólo sea un paso más dentro de un largo desarrollo teórico» (Livingstone, 1990, pág. 16). Un gran paso en un desarrollo teórico mal encaminado, evidentemente. Más adelante discuto el enfoque de la propia Livingstone.

[4] La insistencia de Gerbner en señalar el proceso del cultivo como un proceso más «gravitacional» que «unidireccional» no lo invalida en realidad, puesto que, como él mismo dice: «Grupos [distintos] de televidentes pueden forzar su interpretación en diferentes direcciones, pero todos los grupos están afectados por la misma corriente central. El cultivo es, pues, parte de un proceso en marcha, continuo, dinámico, de interacción, entre los mensajes y los contextos» (Gerbner y otros, 1986, pág. 24).

(sólo que en este caso es una cadena alimentaria cultural).
En apariencia, y sin especificar la dinámica de los procesos
considerados tan significativos ni las rutas por las que pueden ser desviados, esta puede parecer simplemente otra
versión de una tesis de la sociedad de masas: una especie de
teoría híbrida basada en marcos de referencia ideológicos y
tecnológicos y apenas si reformulada en un relato de mayor
sensibilidad sociológica. No obstante, lo que la hace verosímil es su compromiso con la mediación en tanto proceso
constitutivo y también el definir la televisión como una fuerza simbólica que opera en los niveles mismos donde se sitúan los programas y géneros individuales de televisión, los
actos individuales de mirar televisión y las personalidades
individuales de los espectadores. Es una teoría que reconoce
las continuidades y las ubicuidades de la televisión y basa
su análisis del poder del medio precisamente en ese nivel
estructural de determinación. Al hacerlo y al ofrecer alguna
justificación (aunque defectuosa) en la observación empírica y en las mediciones, abre la posibilidad de ver a la audiencia adecuadamente situada en los espacios cultural, social y psicológico.

Texto

Quizá la idea de enfocar el texto como el sitio donde la televisión ejerce su poder mediador sea la más antigua de todas. «El mensaje es el medio» es, después de todo, lo que Mc-
Luhan negaba explícitamente en su propia formulación. La
investigación sobre los efectos y su modelo de la audiencia
concebida como una paciente receptora de la aguja hipodér-
mica cargada de influencia iba dirigida a averiguar, principalmente a través de experimentos de laboratorio, el tipo
de estímulos textuales que generarían los mayores efectos.
Lasswell alentaba a preguntarse «Quién dice qué a quién,
por qué canal y con qué efecto», y la respuesta a ello depen-
día, principalmente, de la relación entre el texto y el espectador.

En esta tradición de investigación empírica, el texto,
aunque central, se consideraba relativamente no problemático. Se mostraban a los sujetos retazos de material violento
o pornográfico y se medían sus respuestas. La investigación

ponía especial atención en las diferencias entre los distintos sujetos y las diversas situaciones en que se realizaba la práctica de mirar televisión, pero el texto mismo no se modificaba ni se discutía. El texto era contenido, no estructura (véase Burgelin, 1972). Además, el texto se descontextualizaba, se lo separaba no sólo de su posición junto a otros textos en el fluir del contenido mediático sino también (y esto es crucial) de los contextos de recepción, respecto de los cuales se daban por descontados y en general se descuidaban, como si fueran variables independientes, la dinámica de mirar televisión, los compromisos con determinado género y las variaciones de las características sociales y demográficas. En otras palabras, estos estudios no brindaron una base adecuada ni desde el punto de vista empírico ni, lo que es más significativo, desde el punto de vista teórico, que permitiera comprender nexos y determinaciones entre texto y audiencia.

Este foco puesto en el texto como sede de la influencia y los efectos también trajo consigo, sobre todo en la experimentación de laboratorio, una temporalidad diferente, y la suposición de que las relaciones entre el texto y el espectador no dependían de la localización. El tiempo considerado era el de corto plazo; los efectos se medían casi al mismo tiempo que se cumplía la práctica de mirar televisión o inmediatamente después. Sólo unas pocas metodologías intentaron evaluar los efectos de largo plazo. Igualmente, el traslado de la situación desde el laboratorio (donde podía controlarse casi todo) hasta el campo (donde era muy poco lo que podía controlarse) no necesariamente llevó a reconsiderar la naturaleza de la relación existente entre el espectador y el texto. El flujo seguía siempre la misma dirección. Los efectos del texto sobre la audiencia podían medirse, y en efecto se los medía: se mostró que los espectadores, dentro de los límites de las diversas metodologías, eran vulnerables a la influencia (pero, ¿por cuánto tiempo y cómo?) de diversas maneras y a consecuencia de una cantidad de estímulos diferentes (puede encontrarse una reseña en Comstock y otros, 1978).

Con la aplicación de las teorías estructuralistas, posestructuralistas y psicoanalíticas del lenguaje y el discurso al estudio del texto televisual (o fílmico), nació un enfoque del texto de la televisión y del cine más sensible a ciertos aspec-

235

tos antes descuidados. Con todo, esos enfoques rechazaron la indagación empírica, y por eso siguieron considerando a la audiencia como un epifenómeno. Fue ciertamente el caso, como acabo de mencionarlo, de la teoría *Screen*, que se redujo a analizar esa complejidad, a analizar los sesgos del contenido (en la naturaleza de las representaciones de, por ejemplo, las minorías; en la frecuencia de las apariciones de, por ejemplo, las mujeres, los ancianos o los negros; en las deformaciones de la «verdad» en los noticiarios, las actualidades, las telenovelas o las comedias de situación), así como a producir análisis más profundos de las estructuras —lingüística, narrativa y, más ampliamente, discursiva— que definen las condiciones en las que puede leerse un texto, y también en las que la audiencia puede «leerse a sí misma» dentro del texto. El «efecto» fue remplazado por la «interpelación»: ya la audiencia no recibía una «influencia», sino que era «llamada». El texto se consideró el sitio donde se ejercía el poder ideológico, con distintos grados de «lucha» (Hall, 1977; Voloshinov, 1973). El texto mismo se comenzó a considerar una tecnología que desplegaba su magia ideológica por los mecanismos y las maquinaciones de su discurso.

Estos últimos análisis de los textos televisivos en función de determinaciones múltiples adoptaron muchas formas diferentes. A menudo en un marco estructuralista, se consideró que los textos, en su conjunto o separadamente, ofrecían una serie ideológica, o mítica o folklórica de sentidos. Desde el análisis de los múltiples niveles del texto realista clásico y las interpelaciones hechas al espectador en un marco textual ideológico y de géneros bien específicos hasta la visión del texto como trasmisor de narrativas de resolución mítica o dominación, estas teorías basadas en la importancia del texto también dejaron por completo de lado a la audiencia. Tanto el texto como la audiencia fueron inscritos en los textos (y descritos por los textos) de los propios analistas que ofrecían relatos sobre lecturas preferenciales, las narrativas míticas o «el posicionamiento del espectador como sujeto» (Heath y Skirrow, 1977, pág. 9), que dejaban poco lugar, o ninguno, a los matices.

Lo que evidentemente suministraron estos análisis fue una perspectiva del texto televisivo que lo caracterizaba como algo mucho más complejo (y, como veremos, cada vez más *in*determinado y polisémico) de lo que habían supuesto los primeros investigadores de los efectos. Estos análisis también ofrecieron, sobre la base del texto, explicaciones del poder de la televisión como medio, que invocaban niveles ideológicos de análisis y que, en consecuencia, abarcaban un lapso mucho mayor de influencia. Aunque rechazaron la insustancial inmediatez de las explicaciones conductistas de las relaciones texto-espectador, la remplazaron por una nueva trivialidad: el resultado de proyectar las interpretaciones de los propios analistas sobre la presunta vulnerabilidad de un espectador inocente. Sin embargo, esos análisis incluyeron además una evaluación, y en cierto sentido hasta una legitimación, de la televisión como potente fuerza cultural que opera en más de una dimensión y ofrece no sólo placeres individuales sino también daño cultural, es decir, vieron que los textos televisivos proporcionaban recursos culturales así como dominación ideológica.[5]

La teoría semiótica (Eco, 1972) y la aparición de los estudios culturales, particularmente con el trabajo que llevó a cabo la escuela de los estudios culturales contemporáneos de Birmingham con la dirección de Stuart Hall, iniciaron una tendencia que se apartó de esta tiránica preocupación textual. La clave de esta nueva tendencia fue definir el texto como un fenómeno procesal. No se habló de estructura sino de estructuración, ya no era el texto sino la textualidad, y en esta, los textos no se debían entender como entidades completas y estáticas, sino como algo incompleto y dinámico que, para completarse, exigía la actividad de la lectura (o, en algunas formulaciones más radicales, la exigía para construirse). Estas novedosas percepciones del texto suponían entonces reconocer la naturaleza polisémica y discutida, o discutible, del signo (que puede ser o no la «arena de la lucha de clases») y reconocer también que «cada codificación exige una decodificación» (Hall, 1981). Los textos ya no se pudieron considerar autónomos o determinantes. Tampoco fue posible continuar con su reificación. El análisis inmi-

---

[5] Acerca de un estudio más reciente, y significativo, de la influencia que ejerce la televisión, particularmente referido a la capacidad de la audiencia de aprender y reproducir lo que ve en los noticiarios y, por lo tanto, a sus funciones como medio de fijación de agenda, véase Philo (1990, especialmente su conclusión, págs. 154-5). Philo relaciona además sus descubrimientos con el trabajo de Gerbner y otros, aunque pretende ser más preciso.

nente era cosa del pasado. Los textos podían ser abiertos o cerrados, y hasta presentar diferentes grados de determinación y de indeterminación (aunque esto continuara siendo profundamente problemático).[6]

Todo este cambio dio lugar, por supuesto, a que los estudios volvieran a concentrarse en la audiencia (y esto se refleja vívidamente en las dos partes del estudio sobre *Nationwide* llevado a cabo por David Morley y Charlotte Brunsden) y a poner el acento más en la recepción que en la mediación como el sitio donde convenía estudiar el poder de la televisión. Como lo señalaron algunos comentaristas recientes (sobre todo Curran, 1990), esto pareció implicar una reinvención de la rueda, porque las audiencias como consumidoras activas o como constructoras de los mensajes de los medios ya habían sido parte de la bibliografía desde el trabajo pionero de Katz y Lazarsfeld (1955), y también, en relación con la audiencia infantil, desde la primera obra de Schramm, Lyle y Parker (1961).

El «descubrimiento» de la condición de la audiencia en tanto ella es lectora y el «descubrimiento» correlativo del carácter polisémico del texto han tenido, y continúan teniendo hoy, significativas consecuencias para entender el poder de la televisión. Pero, por otra parte, han puesto más de relieve (o han ayudado muy poco a resolver) la considerable indeterminación que registramos en la médula de nuestra comprensión de la audiencia, y que también registramos en las relaciones que mantiene la audiencia con los textos, y en las múltiples, pero estructuradas, determinaciones del sentido y de la influencia, que debemos resolver mejor si pretendemos entender después el papel que desempeña la televisión en la vida cotidiana.

---

[6] Eco luchó por distinguir entre apertura e indeterminación. Como lo señala Sonia Livingstone, ese es un análisis que han pasado por alto la mayor parte de los estudios recientes: «Quizás a causa de suposiciones aberrantes y de circunstancias de parcialidad deformante, no advirtieron ninguna apertura y sólo produjeron, en cambio, meras declaraciones de indeterminación. Lo que yo llamo textos abiertos más bien reducen semejante indeterminación, mientras que los textos cerrados, aun cuando intenten fijar una especie de "obediente" cooperación, están, en un análisis último, abiertos al azar a cualquier accidente pragmático» (Eco, 1979, págs. 6-7, citado en Livingstone, 1990, pág. 42).

Recepción

La senda dominante a lo largo de la cual se ha indagado esta diversidad de sentido y de interpretación fue la que trazaron varios trabajos de investigación de la audiencia basados en el momento de la recepción. Evidentemente es en este momento cuando parecen comenzar a resquebrajarse las hasta entonces supuestas e indiscutidas integridad y autoridad de los mensajes mediáticos. La fragmentación resultante planteó a los analistas de los medios un enorme problema de investigación. Como observa Denis McQuail:

«El uso de los medios puede (. . .) considerarse tanto limitado como motivado por fuerzas complejas e interactivas presentes en la sociedad y en la biografía personal del individuo. Esto da que pensar a aquellos que tienen la esperanza de poder explicar y describir las pautas de conducta de la audiencia», McQuail, 1987, pág. 236.

El juicio sumario que hace Denis McQuail sobre los desafíos que afrontan los investigadores de la audiencia pone punto final a una discusión del estudio sobre la actividad, las satisfacciones y los usos de la audiencia. La investigación que a él le interesa particularmente, a menudo llamada «de los usos y gratificaciones», se origina en la obra de posguerra de Katz y Lazarsfeld (1955). Este trabajo pone el acento en el rol de lo individual en la mediación de la información dentro de la sociedad; información de todo tipo y no sólo la suministrada por los medios. Este fue un intento de comprender lo individual, aunque se trataba de lo individual dentro del «grupo», como un elemento clave en la trasmisión y la incorporación de la información generada públicamente en las configuraciones de acción y de creencias de la vida cotidiana. De ahí procede una visión del uso de los medios basada a su vez en una concepción de la audiencia como elemento activo, activo de un modo individual y que elige los distintos tipos de contenido de acuerdo con necesidades racionales y emocionales. David Morley (1980), en su trabajo sobre la audiencia televisiva, objetó precisamente esta individualización del uso de los medios: una psicología social de la audiencia, que la enfocaba como algo descontextualizado, si no ya de las interacciones que responden a las pautas de la vida cotidiana, por lo menos de las estructuras más determinantes de la vida social, tales como la clase, el sexo o la etnia.

Si la investigación de los usos y gratificaciones postuló un individuo contextualizado, se trataba del individuo como miembro (o no miembro) de una red social que tenía su peso. El contexto definitorio era el de las relaciones interpersonales.[7] El argumento elaborado por Katz y Lazarsfeld se basaba en una idea de sociabilidad: que el individuo formaba parte de una red de relaciones de vecindad, comunidad y grupo, y que la información de los medios pasaba a través de esa red, generalmente en una corriente de dos etapas, es decir, pasaba primero por la opinión de los líderes. Morley interpretó mal esto y entendió que la problemática de Katz se basaba en sustancia en el individuo descontextualizado. Una manera más precisa de definir este diferendo es señalar la necesidad de reconocer otros niveles de socialidad (antes que mera sociabilidad), que Morley por entonces consideraba de mayor importancia que las actividades empíricamente observables de la vida cotidiana.

El «da que pensar» que menciona McQuail en realidad señala una de las tensiones esenciales presentes en el campo del estudio de la audiencia, aun cuando se asigne a esa audiencia un rol dinámico en el proceso de mediación: se trata de la tensión entre lo individual y lo social. Por supuesto, la otra tensión esencial subyace en la concepción de una audiencia que es o bien activa o bien pasiva, aunque en este caso, como sostendré luego, la tensión es no menos un producto de la incapacidad demostrada por los investigadores de los medios para imaginar concretos modos de defi-

---

[7] «La investigación de la comunicación dirigida al estudio de los efectos de los medios masivos en el corto plazo debe tomar sistemáticamente en cuenta la disposición del individuo a relacionarse con los demás (. . .) La investigación sobre los medios masivos de comunicación ya no puede limitarse a ofrecer una muestra al azar de individuos desconectados que responden. Las personas encuestadas deben estudiarse en el contexto de un grupo o de los grupos a los que pertenecen o que ellos "tienen en mente" —y que por lo tanto pueden influir en ellos— cuando formulan sus opiniones, adoptan ciertas actitudes o decisiones, y cuando rechazan o aceptan los intentos de los medios masivos de influir sobre ellos» (Katz y Lazarsfeld, 1955, pág. 131).

nir y usar tanto la actividad como la pasividad, que el producto de una eventual diferencia ontológica entre actividad y pasividad.

Lo individual y lo social

La investigación inicial —y toda investigación— sobre los efectos mediáticos llevada a cabo en los laboratorios de los conductistas y de los demás investigadores, como ya lo señalé antes, inevitablemente descontextualizó al individuo de su ubicación social y, también necesariamente, construyó las relaciones entre los medios y la respuesta a ellos como relaciones que sólo podían explicarse desde el punto de vista psicológico. El poder de los medios debía entenderse en tanto ellos presumiblemente afectaban al individuo aislado. Los sujetos podían clasificarse de acuerdo con su sexo y su edad, pero la clasificación no era un sustituto de la ubicación social, del mismo modo como la medición no sustituía a la comprensión.

El desplazamiento de Katz y Lazarsfeld hacia una idea de sociabilidad supuso no sólo investigar empíricamente fuera del laboratorio, sino también discernir en una esfera más amplia las determinaciones y las mediciones pertinentes para un estudio de la audiencia. De ese modo, las audiencias comenzaron a ser consideradas miembros de grupos, y se entendió que en la relación activa que establecían con los medios seleccionaban, trasformaban o rechazaban la información y las ideas que estos les suministraban. Por entonces, el modelo era aún predominantemente cognitivo. Los miembros de las comunidades se comportaban racionalmente y su relación con los medios se basaba en cierta idea (más o menos articulable) de necesidad, así como en un sentido de función.

Pero este tipo de indagación dejaba de lado una cantidad de aspectos. El primero era la ausencia de lo que James Carey (1975) llamó la visión «consumatoria» de la comunicación: una visión de la comunicación que, si bien se basaba razonablemente en el individuo, reconocía la no racionalidad, la autorreferencia y el carácter impredecible como partes constitutivas de la experiencia de ver televisión. Un segundo aspecto se dejaba de lado: en ningún momento se consideraba al individuo situado dentro de un mundo político, económico e ideológico que no era necesariamente visible ni se expresaba en las pautas cotidianas de interacción. Un tercer aspecto era la ausencia de una reflexión sobre diferentes órdenes de temporalidad en la relación entre el medio y su audiencia: la importancia de los medios debía definirse en virtud de la experiencia de mirar, aun cuando esa experiencia se concebía como algo más abarcador que el simple hecho de sentarse a ver televisión. En esta corriente de investigación, los efectos que ejercían los medios eran de corto plazo.

No obstante, lo que puede decirse que hicieron Katz y Lazarsfeld fue definir un espacio para la atención crítica y plantear la cuestión de la naturaleza de la relación entre lo social y lo individual como elementos de la dinámica del nexo entre la audiencia y el producto de los medios. Ese espacio ha sido recorrido (y aun lo sigue siendo) muy diversamente. Cuatro de los recorridos más interesantes —interesantes porque representan diferentes posiciones, pero también porque abordan el problema desde diferentes puntos de partida— son las obras relativamente recientes de Janice Radway, Sonia Livingstone, Elihu Katz y Tamar Liebes, y David Morley. Además, estos estudios son interesantes por lo que logran y por lo que no logran dilucidar.

Janice Radway, en *Reading the Romance*, ofrece un relato de ese nexo (sólo que en este caso se trata del nexo literario de lectoras mujeres con la ficción romántica) apelando a un modelo del proceso de lectura basado en lo que podría llamarse un constructivismo contextual. Los lectores construyen los textos que leen, en tanto son miembros de «comunidades interpretativas». El acto de lectura está gobernado, tautológicamente, por «las estrategias de lectura y las convenciones interpretativas que el lector aprendió a aplicar en su condición de miembro de una comunidad interpretativa particular» (Radway, 1984, pág. 11). Aunque, deliberadamente, no se base en una psicología social de la mediación, Radway encuentra en Dot (una empleada de una librería) a una líder de opinión y la figura clave del flujo de información en dos etapas definido inicialmente por Katz y Lazarsfeld. Radway quiere comprender el nexo entre texto y lector a través del trabajo de lectura de los lectores; en este caso, las mujeres de Smithton, para quienes la ficción romántica tiene una enorme importancia. Como escribe en la introducción de su obra:

«el estudio que sigue se basa en el supuesto fundamental de que si pretendemos explicar por qué las novelas románticas se venden tan bien, antes debemos saber qué *es* una novela romántica para la mujer que la compra y la lee. Para saberlo, tenemos que saber primero qué hacen las lectoras de novelas románticas con las palabras que encuentran en las páginas; en suma, tenemos que saber cómo construyen e interpretan las intenciones de los personajes», Radway, 1984, pág. 11.

Este propósito lleva a Radway a investigar la matriz institucional de la lectura de novelas románticas y, sobre todo, a una «etnografía» de las prácticas de lectura de una «comunidad» de mujeres que compran libros de ficción romántica, todas ellas clientes de Dot. Radway produjo un análisis sumamente detallado, y que ejerció gran influencia, de las relaciones entre texto y lector (véanse Moores, 1990; Thompson, 1990, etc.), y ofrece un modelo de ese nexo al que me remitiré varias veces a lo largo del presente capítulo. Sin embargo, lo que pretendo, al mencionarlo aquí, es destacar la importancia de ese análisis para comprender a la audiencia en su carácter tanto social como individual.

Radway muestra —y en realidad esto no debería sorprendernos— que los individuos construyen los sentidos de los textos y las interpretaciones de los personajes, las acciones, las motivaciones y la narrativa como un conjunto traducido a sus propios términos, esto es, ajustado a sus propios sistemas de creencias. Sin embargo, lo que Radway sostiene es que esos sistemas de creencias no son idiosincrásicos, sino que se construyen dentro de una comunidad interpretativa que tiene una realidad empírica, aunque superficial, en la red establecida alrededor de Dot, así como una realidad fenomenológica en la similitud de las lecturas y placeres que sus miembros generan individualmente. Quizá sólo en este sentido el trabajo sea social. Las mujeres investigadas por Radway no comparten entre ellas sus entusiasmos; la lectura continúa siendo solitaria, y la comunidad interpretativa es un constructo analítico. Con todo, cada lectora participa individualmente en una tarea compartida, tarea que se define por una posición compartida también: como mujeres que viven en una sociedad patriarcal, para quienes la novela romántica ofrece un conjunto particular de placeres aceptablemente trascendentes (pero relativamente impotentes).

El trabajo de Radway adquiere importancia sobre todo por su modo de entender la dinámica de la relación entre formas públicas y placeres privados. Representa un progreso respecto de la teoría de los «usos y gratificaciones» por su análisis de las diversas complejidades de los nexos entre textos y lectores, que pone el acento en los textos y en las lecturas en sus mutuas determinaciones. Pero, en el estudio de Radway, las mujeres están descontextualizadas de todo lo que no sea su condición de mujeres (aunque, para su análisis, eso es suficiente) y de lectoras de novelas de ficción románticas. Queda envuelto en el misterio saber cómo deberíamos interpretar a estas mujeres en su condición de seres sociales en algún otro sentido; además, la dinámica de la integración (o la no integración) de sus lecturas en la esfera más amplia del trabajo, de las tareas domésticas o del tiempo libre se plantea sólo como un conjunto de suposiciones generales extraídas de su condición de mujeres, pero no se la investiga de otro modo, ni desde el punto de vista etnográfico ni desde el punto de vista teórico.

Creo que esta observación trae una cantidad de consecuencias para nuestra comprensión del nexo entre lo individual y lo social. Las mujeres investigadas por Radway hablan de su entusiasmo y exhiben una competencia activa como lectoras de sus textos predilectos. Sin embargo, como ya lo señalé antes, no hay ninguna prueba de que esta actividad reactúe (si es que lo hace) en otros aspectos de su vida, ni de que otros aspectos de su vida (o de su posición general en relación con las estructuras dominantes de la vida cotidiana, dejando de lado las del sexo y el patriarcado) reactúen sobre esa actividad. Las lectoras de Radway son individuos sólo en su nexo con los textos y son sociales sólo en una dimensión: la de su condición femenina. Por estas razones, como ella mismo reconoce, su estudio es incompleto.

El estudio de Radway parte de la idea de que la cuestión del sexo, en toda su sutileza, es un marco sociológico decisivo que permite comprender las relaciones texto-lector y es la clave, aún más problemáticamente, para comprender los lazos entre respuestas individuales y determinaciones sociales. Como apuntó Sonia Livingstone (1990, pág. 108), tales suposiciones metodológicas y teóricas pueden resultar deformantes. En su obra, Livingstone examina y procura medir la naturaleza de las relaciones, las interacciones «parasociales» (Horton y Wohl, 1956) entre los espectadores de telenovelas y los propios «culebrones». Lo hace sin partir de ningún supuesto sobre los probables determinantes sociológicos que afectan el modo en que se generan las interpretaciones de textos mediáticos por parte de la audiencia.

Los estudios de Livingstone (1990) también abordan el problema de comprender las relaciones texto-lector y también lo hacen en una perspectiva sociopsicológica que intenta entender la naturaleza de los procesos pertinentes. Las representaciones tanto textuales como sociales se consideran pertinentes porque suministran las bases para el trabajo que la audiencia hace cuando construye su relación con las telenovelas. En este caso, se aplican la escala multidimensional y otras metodologías a pequeños grupos de encuestados (hombres y mujeres, aunque estas últimas predominan) con el fin de tratar de extraer «naturalmente» un sentido de las coherencias y divergencias que manifiestan los grupos entre sí en su capacidad de leer e interpretar significativamente aquellos textos televisivos de los que ya son consumidores consecuentes. Sin embargo, la investigación de Livingstone deja ver algunos supuestos no examinados. El primero es la pretendida coherencia del mundo de las telenovelas y la hipótesis de que esta es en realidad la clave para que los televidentes se involucren. El segundo supuesto es una serie de conjeturas sobre el modo en que los espectadores realizan la práctica de ver televisión. Se invita a los sujetos a clasificar a los personajes como las claves de la estructura y las significaciones de las telenovelas de acuerdo con una serie de aspectos que ellos mismos definen, y como resultado de esa clasificación, Livingstone logra trazar el «mapa» de las consiguientes coincidencias y coherencias de interpretación. La capacidad de hacer esto de una manera que tenga sentido supone un grado de conocimiento de la telenovela en cuestión que quizá posean los espectadores comprometidos con ella, pero que difícilmente pueda extenderse más allá de ellos.

Se demostró así que los telespectadores pueden construir «una representación coherente de los personajes que aparecen en los programas de televisión» (pero como se les pidió que hicieran justamente eso, el resultado no resulta muy sorprendente). Ahora bien, Livingstone da más importancia a las divergencias porque estas le permiten cuestionar las teorías «de arriba abajo» que suponen una respuesta homogénea a la televisión. Cuando Livingstone discierne las bases de la divergencia entre los diferentes espectadores (aunque con una muestra diferente, en un ejercicio separado), se considera en condiciones de clasificarlos de acuerdo con la coherencia con que abordan a los diferentes personajes, y así llega a formar grupos a los que denomina: los cínicos, los románticos, los románticos negociados (o modificados RS) y los cínicos negociados (o modificados). Todo esto la lleva a extraer la siguiente conclusión:

«los resultados apoyan el argumento de Newcomb y Hirsch (1984) de que la televisión representa un "foro cultural" porque muestra la *gama* de respuestas, las lecturas directamente contradictorias del medio, que nos conducen a sus múltiples sentidos" (pág. 68). Descubrimos que los factores determinantes de esta gama no son simplemente sociológicos (sexo y edad), sino también psicológicos (identificación, evaluación, reconocimiento). Por lo tanto no es posible hacer conjeturas directas sobre las interpretaciones partiendo de un conocimiento de la posición sociocultural de los televidentes, porque es preciso conocer también cómo se relacionan los espectadores con los personajes. Esto es sobre todo cierto en el caso de las telenovelas, en las que los telespectadores regulares establecen relaciones sustanciales con los personajes durante años», Livingstone, 1990, pág. 183.

La investigación innovadora y creativa de Livingstone indica que individuos hábiles desde el punto de vista social e instruidos en los medios pueden construir (y en efecto lo hacen) una concreta serie de representaciones interpretativas que son el producto de esa habilidad y esa instrucción. La autora averiguó así los mecanismos psicológicos mediante los cuales los espectadores y las audiencias trabajan con los textos que ven regularmente y ofreció un análisis del posible nexo entre las explicaciones de la actividad de las audiencias basadas en lo social y las explicaciones basadas en el texto.

Pero resta saber si procesos de este tipo, o la aplicación particular de ellos, se aplican igualmente tanto en el caso de otros géneros de la programación televisiva (aunque, desde luego, deben de serlo hasta cierto punto, porque son expresiones de la psicología social de base de la vida cotidiana) como en el caso de espectadores menos comprometidos, incluso de telenovelas. También resta saber si los procesos psicológicos elementales de identificación, evaluación y reconocimiento suministran una definición adecuada de las relaciones psicodinámicas entre espectador, texto y medio. Los cínicos y los románticos claramente ocupan diferentes posiciones en relación con los textos, pero ni unos ni otros parecen subvertirlo y todos operan dentro de un marco definido por los textos mismos. La idea de un foro cultural al cual esta investigación contribuye consiste en reconocer cierta determinación en el texto (porque un foro tiene límites), pero desconoce casi por completo los temas más amplios del poder que no pueden dejar de inspirar cualquier comprensión de las relaciones entre espectadores y textos, así como cualquier comprensión del nexo entre lo individual y lo social.

Entonces, ¿hasta qué punto propone esta investigación un sentido contraintuitivo de la naturaleza de las relaciones entre las dimensiones individual y social de la actividad de la audiencia, así como entre el individuo y el texto? Creo que solamente lo hace de un modo limitado. Porque sujetos y programas quedan descontextualizados de las situaciones en las que miran televisión y de las incertidumbres de la vida cotidiana. Si bien los grupos separados homogéneamente por sexo o por clase social para la entrevista pueden (como sostiene la propia Livingstone) sobredeterminar los resultados, la base desigual y subanalizada, se trate de la clase o del sexo, de las personas que constituyeron la muestra (a pesar del hecho de que aun así no ofrecieron interpretaciones significativamente diferentes) produce un círculo vicioso respecto de aquellas diferencias y su significación. ¿Los espectadores de telenovelas son indistinguibles por edad, clase y cultura? ¿Acerca de la lectura de telenovelas podremos decir algo más que simplemente esto: es en última instancia una cuestión de diferencia individual? Si bien es cierto que Livingstone abrió el espacio entre lo individual y lo social (así como entre el lector y el texto) de un modo interesante y provocativo, aún falta mucho por hacer, desde el punto de vista teórico y también empírico, para que podamos afirmar que se ha llenado ese espacio.

Elihu Katz y Tamar Liebes y, por su lado, David Morley ofrecen un enfoque de inflexión más sociológica sobre la naturaleza de la relación que se establece entre los espectadores y los programas de televisión. Los estudios sobre la audiencia de *Dallas* realizados por Katz y Liebes (Katz y Liebes, 1986; Liebes y Katz, 1988; Liebes y Katz, 1991) se concentran en las diferencias culturales y en el posicionamiento diferencial en relación con el texto. Grupos relativamente homogéneos de tres parejas (casadas), que además eran amigas y se seleccionaron de acuerdo con sus antecedentes étnicos y culturales, fueron invitados a mirar y discutir episodios del programa principalmente en Israel (pero también en los Estados Unidos y en Japón). Katz y Liebes se esfuerzan por comprender la dinámica en virtud de la cual espectadores con diferentes antecedentes culturales se sitúan a sí mismos en relación con las narrativas del programa, pero también por averiguar esas diferencias en tanto se las pudiera definir con arreglo a series discretas de relaciones sociopsicológicas. Los resultados indicaron que la identidad étnica y cultural constituye un significativo factor determinante de relaciones diferenciales con los textos, diferencias que son expresión de la posición cultural y política que ocupan aquellos grupos en la sociedad más amplia, y también de la familiaridad de ellos con la sociedad representada en el programa; además, esas diferencias se expresan a su vez en los diferentes tipos y grados de distancia crítica respecto del texto.

Katz y Liebes distinguen entre la crítica referencial (que implica remitir la lectura de los textos a la propia vida) y la crítica propiamente dicha (en sus primeros artículos, esta era la poética), es decir, una crítica que implica un compromiso, sea sintáctico, sea semántico, con el texto mismo. Los autores también distinguen entre los diferentes grados de intensidad de la distancia, para lo cual emplean los términos «caliente» y «frío». El resultado de estas distinciones es otra matriz de cuatro términos en la que Katz y Liebes distinguen cuatro tipos de «oposición» o distancia crítica: la moral, en la cual de algún modo se objeta profundamente el contenido del programa; la oposición ideológica, en la cual se discierne el encuadre del texto y se lo objeta profundamente; la oposición lúdica, en la cual las identificaciones referenciales se toman con un espíritu más recreativo; y la oposición estética, en la cual se expresa distancia crítica por referencias a la narrativa y a otras dimensiones del texto. Luego mencionan el hecho de que la mayor parte de la discusión fue referencial en la mayoría de los grupos. Y en una referencia cruzada con los descubrimientos de David Morley, Katz y Liebes señalan que ambos estudios reconocen que una distancia crítica (sea de tipo estético, lúdico o aun moral) no implica necesariamente cuestionar la referencialidad básica del texto o su fuerza ideológica. Los telespectadores pueden mostrarse críticos, y aun así aceptar las significaciones básicas, dominantes o estructurales que les ofrece el texto. Esto me parece al mismo tiempo extremadamente importante —porque reconoce los límites del poder «crítico» de la audiencia— y autocontradictorio —porque socava todo el concepto de crítica como algo en cierto sentido liberador.

La referencia a la obra de Morley sugiere que los autores han considerado los grados de convergencia entre la investigación sociológica de Morley (como ya lo mencioné antes, nada tiene que decir este autor sobre los procesos psicológicos, y se esfuerza por alejarse del individualismo y de la investigación llamada «de los usos y gratificaciones») y el enfoque social psicológico de la audiencia. El trabajo de investigación de Morley es, hasta cierto punto, el relato del texto que desaparece, aunque no tan completamente como lo han propuesto críticas recientes (véanse Seaman, 1992; Morley, 1992). El primer proyecto de investigación de la audiencia de *Nationwide* incluía un análisis no sólo de los códigos, sino también de la calidad ideológica de los textos de los programas seleccionados para estudiar la respuesta de la audiencia. Su último trabajo sobre televisión en la familia reestructuró una vez más esa relación en una situación «natural» en la que se pudo identificar una gama más amplia de determinaciones (especialmente de sexo) y de indeterminaciones (las pautas de la práctica de mirar televisión en el seno de la familia). Pero cada paso, por lo menos en un sentido, marcaba un reconocimiento del creciente «poder» del espectador para definir una relación con los programas que se le presentaban en la pantalla.

Basándose en el trabajo de Frank Parkin, Morley, en su estudio sobre *Nationwide*, comprobó, aparentemente con sorpresa, que la clase no era un indicador simple de lectura ni de la capacidad para poner distancia entre las propias lecturas y las supuestamente preferenciales de los textos. Además, aun en el caso de aquellos que podían enunciar una lectura de oposición de los textos de *Nationwide*, no era seguro que esa oposición se extendiera a los marcos ideológicos dominantes del programa en su conjunto. Lo que sostiene finalmente Morley es que los espectadores deben considerarse situados en el lugar donde se superponen una cantidad de discursos bastante contradictorios (algunos de los cuales se originan en los medios) que deben ser explicados para poder comprender la naturaleza específica de las relaciones que se establecen entre texto y lector:

«Tenemos que construir un modelo en el cual el sujeto social aparezca siempre interpelado por una cantidad de discursos, algunos de los cuales se sitúan en paralelo o se fortalecen mutuamente, algunos de los cuales son contradictorios y estorban o difractan la posibilidad de que otros discursos interpelen con éxito a ese sujeto. Positiva o negativamente, siempre hay otros discursos envueltos en la relación de texto y sujeto, aunque la acción de tales discursos simplemente sea más visible cuando resulta negativa o contradictoria, antes que positiva y capaz de reforzar el efecto», Morley, 1980, pág. 162.

Todo esto está (o estaba) muy bien. Pero el modelo no tomó cuerpo, quizás en realidad no podía hacerlo, porque en realidad Morley decía algo razonable pero no novedosísimo: que la práctica de ver televisión (y la relación entre texto y espectador) era una actividad complicada que no podía examinarse sencillamente por el análisis de las supuestas interpelaciones del texto ni por una explicación ultrasencilla de la posición de clase.

En todo caso, en su último trabajo, Morley remplazó en medida bastante significativa la cuestión de la clase por la cuestión del sexo. Morley entrevistó a parejas de una posición de clase más o menos homogénea para hablar sobre sus prácticas de ver televisión. El trabajo se basó en otra investigación, particularmente en algunos estudios culturales feministas que propendían a marcar las diferencias entre las relaciones masculinas y femeninas con el medio y a situar esas diferencias en el contexto de las relaciones de poder diferencial que se dan tanto dentro como fuera de la familia. La práctica de ver televisión se consideró, así, una actividad en gran medida penetrada por la cuestión de los sexos, no sólo en relación con las jerarquías de la política doméstica sino también en la consiguiente calidad diferenciada del uso y el control de los horarios y del espacio (véase Seiter y otros, 1989, pág. 230). La elección del programa, la libertad de mirar los programas favoritos, que a uno se le interrumpa o no el momento de ver televisión, fueron todos temas que se consideraron sujetos a la problemática de los sexos y a la dinámica de la cultura de la familia. Un trabajo posterior realizado por Morley y por mí llevó estas ideas aún más lejos, tanto en el plano metodológico como en el plano teórico, al buscar un abordaje más intensamente etnográfico para el estudio de la vida familiar y el uso de los medios (Morley y Silverstone, 1990). Enseguida me referiré brevemente a este trabajo.

De modo que la investigación de Morley fue, como ya lo apunté antes, resueltamente sociológica. Los placeres descritos por los individuos entrevistados en relación con programas o géneros particulares eran placeres que finalmente debían explicarse por la posición de clase o de sexo, sin variables intervinientes. La dinámica de la relación, los mecanismos de la vinculación o la desvinculación con los programas se dejaban de lado, quedaba allí un espacio vacío. Pero a pesar de este defecto, lo que vincula a este proyecto con otros que se cuentan entre ese amplio grupo de estudios de la recepción que he analizado hasta aquí es la visión dialéctica de la relación entre espectador y texto. Los textos limitan las lecturas y las interpretaciones pero no las confirman. Las audiencias tienen un papel creador pero, como casi dice Marx respecto de la historia, no sobre la base de textos de su propia creación.

Cada uno de los analistas que acabo de considerar enfoca un componente distinto de esa dialéctica, y construye dentro de su propia teoría las especificidades del texto: la cuestión del género en el caso de Radway y Livingstone, los programas individuales en el caso de Katz y Liebes, los programas individuales y luego la «televisión» en el caso de Morley; y también las especificidades de la audiencia: los «*fans*» individuales para Radway; grupos bien precisos para Katz y Liebes y también para Morley; entrevistados individuales para Livingstone; e incluso parejas matrimoniales, como ocurre en el caso de Morley. He apuntado algunos de los componentes metodológicos de estos estudios precisamente porque son sustanciales, es decir, porque definen no sólo el modo en que cada investigador construye el problema, sino también, por supuesto, el modo en que se entiende que fue resuelto el problema.

Todos estos estudios nos ayudan a comprender los elementos esenciales de la actividad de las audiencias (aunque aún no esté muy claro qué quiere decir «actividad») en relación con los textos fragmentados y continuos de la televisión. Las audiencias mismas surgen de estos estudios con un carácter plural y —lo que es muy significativo— esto se advierte sobre todo en los enfoques más sociológicos. Pero ninguno de estos teóricos e investigadores de la recepción nos da explicaciones que nos satisfagan enteramente acerca del nexo entre variables sociológicas y psicológicas en la relación de la audiencia con la televisión. Siguen siendo problemáticos los elementos de la dialéctica del lector situado socialmente, pero aun así individual, y su relación con los textos y las estructuras sociales. La psicología social ha sido incapaz de abrirse camino a través del análisis de las estructuras dentro de las cuales ocurren las interacciones observables (y susceptibles de discurso) de la vida cotidiana. La sociología, a despecho de sus declamaciones, aún debe especificar la manera concreta en que unos individuos, cuya relación con el medio, con sus programas y sus géneros, muy bien puede verse limitada por las realidades materiales de la vida social, empero entran, *en tanto* individuos, en complejos procesos de compromiso con la televisión. Sin comprender lo primero no podemos tener una idea del tipo, la calidad y el poder de las limitaciones que afectan al espectador desde estructuras políticas, económicas y más ampliamente sociales que son extratextuales y además se encarnan en las diversas formas de la textualidad de la televisión. Y si no comprendemos lo segundo no tendremos una explicación de las bases que nos permiten definir las diferencias y la dinámica de las relaciones que establecen las audiencias con el medio.

Pero a despecho de toda su significación, el problema de lo individual y lo social como una base para analizar las audiencias es sólo una parte de la historia. La discusión recién expuesta ciertamente definió otras esferas que siguen siendo problemáticas, que se traslapan, pero que pueden y deben ser estudiadas. La primera es la perspectiva de una audiencia activa presentada por algunos teóricos de la recepción. Y la segunda, a la que ya me referí brevemente, es el problema de la relación entre audiencia y texto. Ahora, aunque más no sea de manera esquemática, trataré de resumir en qué consisten esas cuestiones y hasta dónde hemos llegado en el camino de su resolución.

Versiones de actividad

¿Qué queremos decir cuando afirmamos «los telespectadores son activos»? Como observa Sonia Livingstone:

«El término "actividad" es fuente de muchas confusiones, porque un telespectador activo no tiene que estar necesariamente alerta y atento ni ser original. La actividad puede referirse a una lectura creativa (. . .) pero también puede referirse al proceso más trivial de hacer encajar el texto en los marcos o hábitos familiares», Livingstone, 1990, pág. 193.

¿Es la actividad lo mismo que la acción o lo mismo que la creación? Max Weber distinguió entre diferentes formas de acción según su compromiso con la racionalidad; ellas iban desde la acción tradicional (la conducta, como término genérico) que es el resultado de un compromiso más o menos mecánico con el mundo social, hasta la acción guiada por una racionalidad tanto de los medios como de los fines. En el medio, en alguna parte, están la acción emocional y la acción racional orientada hacia un fin no racional. ¿Qué clase de acción es mirar televisión?

James Curran (1990) señala con acierto que la investigación inicial sobre las audiencias mediáticas, tanto de la radio como de la televisión, reconocía que tales audiencias

253

eran activas y que en virtud de esa actividad discriminaban lo que deseaban oír o ver. Diferentes audiencias, incluso infantiles, se acercan a los medios con características social e individualmente definidas diferentes y se alejan de ellos con diferentes sentidos: «diferentes tipos de niños que, como resultado de procesos de socialización diferentes, aportan al acto de ver los programas diferentes creencias, diferentes actitudes y valores, reciben diferentes efectos» (Meyer, 1976, citado en Curran, 1990, pág. 149). La ecuación de la diferencia y la actividad social o individual ha sido un tema constante en la investigación de la televisión. Se la ha llegado a repetir hasta la absoluta trivialidad (véase Morris, 1990). Es una ecuación que implica que todos los espectadores (¿todos los espectadores?, ¿todos los espectadores por definición?) construyen sus propios sentidos partiendo de sus experiencias individuales de textos comunes. Este concepto de actividad se asocia con la noción de diferencia: diferentes televidentes crean diferentes sentidos. Correlativamente, la idea de que podemos compartir sentidos, o de que los sentidos que hacemos derivar de nuestro compromiso con la televisión son necesariamente comunes (y bajo cierto aspecto determinados) implica un tipo de pasividad.

Por lo tanto, si llego cansado de la oficina a casa, arrojo los zapatos y me siento por el resto de la tarde, con una lata de bebida en la mano frente a la «tele», ¿me vinculo pasivamente con el medio? Y si explico mi quietud (tal vez estuve jugando al fútbol con los muchachos) diciendo que realmente sólo me echo sobre un sillón a ver televisión para relajarme, ¿reafirmo así mi pasividad? Y ver televisión, ¿es una actividad más activa o más pasiva que leer un libro?

Uno puede preguntarse acerca de la fuerza ideológica que subyace bajo la insistencia en que la audiencia es activa, que ofrece resistencia tanto a la derecha como a la izquierda, cuya influencia en los medios es inaceptablemente ilimitada. Pero también puede uno reconocer que esa audiencia activa es, como mínimo, una tautología. Todas las audiencias son por definición activas de un modo o de otro, y uno de los problemas cruciales de estas discusiones es especificar con precisión el tipo de actividad a que se está uno refiriendo.

Diferentes audiencias tienen diferentes necesidades y diferentes habilidades. Ahora ha sido bien documentada su capacidad para discriminar y para obtener sentidos del consumo que hacen de la televisión, sentidos que se trasforman o se negocian de acuerdo con diferencias definidas en el plano psicológico y en el plano sociológico. Evidentemente esto aparece ilustrado de manera más dramática, pero aun así problemática, en estudios sobre la audiencia infantil (Hodge y Tripp, 1986; Palmer, 1986). Ya me he referido a algunas de las investigaciones más recientes y paralelas sobre la audiencia adulta (Livingstone, Katz y Liebes, Morley y otros).

La cuestión clave no es tanto establecer si una audiencia es activa, sino, sobre todo, si esa actividad es significativa. Podemos afirmar que la práctica de mirar televisión es activa en tanto incluye alguna forma de acción más o menos provista de sentido (incluso en su modo más habitual o ritual). En este sentido, no existe la práctica pasiva de ver televisión (una observación que simultáneamente hace que el simple adjetivo «activa» sea redundante). Podemos afirmar que ver televisión ofrece diferentes cosas, diferentes experiencias, a diferentes espectadores. Pero reconocer la diferencia carece de toda utilidad si no somos capaces de especificar las bases de esas diferencias. De modo que podemos preguntarnos: ¿la actividad señala alguna diferencia? ¿Ofrece al espectador una oportunidad para comprometerse de manera creativa o crítica con los mensajes que aparecen en la pantalla? Y si preguntamos esto, también debemos preguntarnos cómo se limita esa actividad, cómo la limitan el ámbito social en el que ocurre así como el potencial (o la falta de potencial) disponible en el texto.

La actividad llega a ser, pues, un término analógico y no binario. Para comprender la relevancia que adquiere en relación con la televisión, debemos entenderla en su mutua dependencia e independencia y debemos poder reconocer las contradicciones y las indeterminaciones potenciales que surgen. Muchos han sostenido que la televisión (como otras formas de cultura popular) ofrece la posibilidad de un compromiso «verdaderamente» activo del tipo que incluye un gran placer e incluso trascendencia. Las teorías del placer o de la fantasía (Burgin y otros, 1986) señalaron una senda para indagar ese potencial. Pero muchos de los que trabajaron en este campo, particularmente en lo tocante al compromiso que establecen las mujeres con el medio como telespectadoras activas, llegaron a la conclusión, de manera bastante ambigua (y hasta pesimista), de que toda la actividad relacionada con la televisión en el mundo no necesariamente lleva a una mayor liberación y que, en realidad (como podría haberse sostenido en relación con las lectoras de novelas románticas de Radway), sólo sirve para ofrecer compensaciones privadas al daño público (véanse Ang, 1986; Geraghty, 1990).

Estos argumentos tienden a poner en perspectiva las declaraciones que hacen, por ejemplo, Hodge y Tripp (1986) o Palmer (1986) o Livingstone (1990) en el sentido de que las personas por ellos investigadas eran activas. Evidentemente lo eran.

Hodge y Tripp ofrecen un sofisticado enfoque piagetiano del desarrollo del niño ante la pantalla pequeña. Marcando una diferencia entre la competencia que tienen los niños a distintas edades para elaborar o trasformar los sentidos del texto televisivo (el estudio de estos autores dependió en gran medida de un trabajo empírico realizado con un extracto de cinco minutos de un programa de dibujos animados), Hodge y Tripp reconocen la creciente presión que ejerce la ideología para influir en esas lecturas con tal que los niños puedan elaborar el texto como un todo. Como lo señaló Rudd (1992), los argumentos de Hodge y Tripp son imperfectos en una cantidad de aspectos, y quizás el más importante sea el hecho de adoptar una versión plenamente cognitiva del desarrollo del niño y de la relación que este establece con la televisión. Rudd sugiere acertadamente que esta visión limita el modelo del individuo a una sola corriente psicológica y, al mismo tiempo, no logra integrar lo social en la dinámica del desarrollo pues lo considera más como un contexto que como una parte integrante de ese desarrollo. En realidad, Hodge y Tripp son más católicos en su percepción general de la relación niño-televisión de lo que supone Rudd. Ellos reconocen, aunque sin advertir que hay una contradicción que exige resolución, no sólo que los sentidos que se alcanzan a través de la televisión «tienen un status y un efecto sociales», sino además que «las formas ideológicas generales producen un efecto determinante general en las interpretaciones de la televisión» (Hodge y Tripp, 1986, pág. 217).

El argumento que presenta Patricia Palmer es muy semejante. Ella también ve en el potencial que ofrece la relativa apertura de los textos televisivos, en las variaciones de la práctica de ver televisión y de los contextos discursivos, así como en la psicología del niño, la posibilidad de que la televisión sea una fuente de estímulo y un recurso para la creatividad. No obstante, la autora prefiere el término «animada» en lugar de «activa», a fin de distinguir un enfoque interaccionista simbólico de uno social psicológico. La palabra «animada» implica una actividad de tipo social y simbólico antes que una actividad cognitiva o psicológicamente funcional:

«Hemos elegido la palabra "animados" para describir a los niños en su condición de audiencia porque comprobamos que al hablar de la televisión y al jugar con temas relacionados con ella e incluso en su conducta ante el televisor, los niños no son espectadores pasivos. Más bien están comprometidos en la tarea humana de infundir estructura y sentido a su propia vida, y para ello emplean lo que tienen a su alcance, dentro de los límites de su desarrollo físico y social. El adjetivo "animado" se refiere a la elección consciente que hacen los niños de sus programas favoritos y a las actividades que despliegan ante el televisor. Una y otra atestiguan una relación con la televisión basada en la aptitud de tomar decisiones entre lo destacado de los programas y el atractivo rival de otras actividades», Palmer, 1986, pág. 139.

El enfoque de Palmer parece demasiado optimista. ¿No pueden los niños equivocarse a veces en sus elecciones? ¿Es importante lo que se les ofrece en la pantalla? ¿Es sólo cuestión de elección consciente y deliberación? ¿Los niños controlan siempre lo que ven? Sería errado decir que Palmer pasa por alto todas estas preguntas, pero digamos que las formula de manera elíptica. La afirmación de que el niño mira activamente televisión y de que la relación entre ambos es activa o «animada» presupone demasiadas cuestiones, me parece, para resultar convincente. La perspectiva de Palmer —y este es un rasgo bien conocido de muchas de las teorías «activas»— idealiza notablemente la naturaleza de la relación audiencia-televisión. Y al hacerlo disfraza las determinaciones muy reales, culturales pero también políticas, que imponen el texto y —a través del texto, pero también por otros caminos— otras realidades institucionales.

257

Si estas discusiones sobre la audiencia infantil activa directamente no logran incorporar lo social como elemento constitutivo antes que contextual, ¿qué puede decirse entonces de aquellas teorías sobre las prácticas adultas de ver televisión que son resueltamente sociales? También en este caso puede observarse una tendencia a la idealización de la audiencia libre y sin restricciones.

El análisis de John Fiske sobre la relación entre televisión y espectador se refiere más precisamente a la relación entre los textos televisivos y los placeres que obtienen las audiencias de ellos. Ni las audiencias ni los textos se han desembarazado por completo del mundo de las relaciones jerárquicas y de los intereses políticos y económicos, pero esas relaciones y esos intereses tampoco son persuasivamente sustantivos en su influjo sobre la que Fiske considera la libertad relativa de los sentidos (¿pero cuán relativa?) para circular por el espacio semiótico. Linda polisemiosis, por cierto.[8] La televisión trasmite experiencias semióticas, no programas, y lo hace de manera heteroglósica (con lo cual supongo que quiere decir que ofrece múltiples textos en múltiples voces para múltiples personas):

«La segmentación de la televisión y su delegación democrática de semiosis la hacen necesariamente heteroglósica, y esa heteroglosia es una condición previa de la democracia semiótica y la segmentación que la caracterizan», Fiske, 1989a, pág. 69.

Y luego agrega:

«El sistema social es el que produce las diferencias sociales, pero los sentidos que tienen esas diferencias son producto de la cultura: el sujeto debe producir y reproducir constantemente el sentido de las diferencias como parte de su experiencia de tales diferencias. Los sentidos que el espectador decide extraer de los textos y los sentidos producidos subculturalmente desde la experiencia social traen consigo el placer de producir los propios sentidos, el placer de no some-

[8] Véase Klaus Bruhn Jensen (1990, pág. 74): «La polisemia de los textos de los medios es sólo un potencial político, y la decodificación opositora de los medios no es todavía una manifestación de poder político».

258

terse a los sentidos impuestos, y permiten mantener una conciencia de esas diferencias sociales deletéreas, incómodas, que el sentido común hegemónico tanto se preocupa por suavizar. Y la televisión desempeña en esta tarea una función esencial», Fiske, 1989a, pág. 75.

Es este un argumento que ve en la televisión una institución de la democracia cultural. Pero, más aún, aquí la televisión llega a constituir una especie de quinta columna: ella genera significaciones públicas que proporcionan elementos discretos para la formación social, al dar la oportunidad de construir sentidos de oposición y, en una acepción amplia, privados, que desafíen a las tiranías dominantes encarnadas y disfrazadas en el sentido común.[9] Aquí es precisamente donde está la ambigüedad esencial de la televisión, pero se trata de una ambigüedad sin tensiones. Aparentemente, la televisión puede ser todas las cosas diferentes para todas las personas diferentes, o algo por el estilo. Fiske parece confundir polisemia con ambigüedad, apertura textual con falta de determinación y libertad sin trabas o desafiante con actividades como las que normalmente se desarrollan en un parque de juegos.

No hay ninguna duda, y lo he estado sosteniendo a lo largo de las páginas de este libro, de que los individuos y los grupos, los sexos y las clases, son activos, es decir, creativos, respecto de lo que se oye y se ve en el televisor. Esto ya no está en cuestión. Lo que importa es especificar en qué circunstancias, cómo, a consecuencia de qué mecanismos y a través de qué tipo de procesos se da esa actividad de la audiencia. Fiske, al finalizar el artículo mencionado, exhorta a «estudiar ejemplos reales en los que se establecen esos lazos», pero al elegir el término «lazos» revela su incapacidad para reconocer la necesidad de una teoría explicativa y su apelación implícita a cierto tipo de extensión de la etno-

---

[9] Es fácil exagerar y parodiar algunos de los escritos de Fiske. El es consciente de tales peligros y también de los lazos que existen entre su versión de la cultura y los enfoques sobre la relación entre lo popular y la elite, y entre lo público y lo privado, que ya han establecido su relación simbiótica y dialéctica mutua. Los términos clave son aquí carnaval y dialogia; y el teórico clave es Bakhtin, aunque conviene ver también a Burke (1978).

grafía al estudio de la audiencia televisiva corre el riesgo de no satisfacer las demandas de esa tarea explicativa.

David Morley ofrece un enfoque más circunspecto, más reflexivo, pero aun así limitado, del televidente activo. Ciertamente se trata de un espectador activo liberado de la fría mano de la determinación de clase (1980) e insertado en lo doméstico (1986) donde, como sostuvo después el propio Morley (1989), tenemos que identificar la variedad de posiciones de sujeto que se pueden adoptar y negociar en relación con la televisión dentro de la política de la familia. Pero no sólo en el caso de la familia; Morley reconoce (como también lo hace Larry Grossberg, 1987) que la televisión cambia su sentido de un contexto a otro. Siguiendo a Herman Bausinger y basándose en estudios sobre la familia así como en las etnografías domésticas pioneras de James Lull, Morley ve el problema de la audiencia como una cuestión no tanto de polisemia cuanto de poliestructura y polisubjetividad:

«así, deberíamos interesarnos precisamente en examinar los modos y las variedades de atención que prestan diversos telespectadores a diferentes tipos de programas, y a distintas horas del día. Justamente debemos examinar con seriedad la actividad de ver televisión en el contexto de todas estas complicaciones domésticas», Morley, 1989, pág. 38.

Morley y yo coincidimos en este punto, y de hecho escribimos juntos una cantidad de artículos que exploraban la domesticidad de la televisión y algunas de las cuestiones metodológicas relacionadas con su estudio.[10] Ambos sostuvimos entonces que era esencial tomar en cuenta el contexto en que se miraba televisión para ofrecer un relato provisto de sentido sobre el vínculo que las audiencias establecen con sus pantallas. Ese contexto podía entenderse tanto desde el punto de vista de su dimensión social (principalmente, el escenario doméstico) como desde el punto de vista de su

[10] David Morley, Eric Hirsch y yo colaboramos en un estudio patrocinado por el ESRC/PICT sobre las tecnologías de la información y la comunicación en el hogar (véanse Silverstone, 1991a; y Silverstone y otros, 1992). Muchos de los argumentos ofrecidos en este libro surgen como resultado de aquel trabajo empírico y de su discusión. Siento un profundo agradecimiento por la participación que tuvieron mis dos colegas en este proyecto.

dimensión tecnológica (el hecho de que la televisión pasa a ser cada vez más sólo una tecnología entre otras que hay en el hogar).

Sin embargo, después de haberlo pensado más detenidamente, creo que debo hacer algunas aclaraciones. La primera es que, al considerar los argumentos elaborados por Morley y por mí (1990) y el trabajo empírico destinado a ilustrarlos, advierto una fuerte y casi irresistible tendencia a pasar por alto o subestimar las condiciones políticas y económicas en las que histórica y actualmente se forjan la domesticidad contemporánea y las construcciones de la televisión dentro de esa domesticidad. Lo que hace falta es, no simplemente describir diferencias, sino también explicar diferencias significativas. La gama de la «diferencia», como ya lo mencioné, es impresionante. Es en sí misma atrayente en el plano empírico, pero distractiva en el plano teórico. En segundo lugar, en nuestro trabajo advierto el problema permanente no tanto del sujeto (porque después de todo el sujeto es una construcción teórica) cuanto del individuo, y también el problema de la relación entre las dimensiones social y psicológica de la práctica de ver televisión. Y finalmente está el problema de la teoría explicativa. La relación que hay entre la práctica de ver televisión y la estructura social no queda explicada, sino que sólo es mediada, por una consideración de domesticidad. También la domesticidad —que en ningún sentido se reduce a ser un mero equivalente de hogar o de abrigo junto al fuego— tiene que ser entendida en su relación con el cambiante equilibrio entre la esfera pública y la esfera privada (pero véase mi discusión al respecto en el capítulo 7).

Al reflexionar sobre mi propio trabajo y también sobre el de otro, llego a una irresistible conclusión: que la idea del televidente activo ya no puede sustentarse, porque ya no tiene un referente lo bastante claro (si es que alguna vez lo tuvo). La palabra «actividad» significa demasiadas cosas diferentes para demasiadas personas. Y no me refiero sólo a las diferencias evidentes; como ya lo ilustré, también hay diferencias complejas. Porque ocultas debajo de las manifestaciones de actividad de la audiencia —cuando interpreta, mira, oye, construye, aprende y obtiene placer— están las conflictivas y contradictorias restricciones de diferentes formas de temporalidad y de múltiples determinaciones so-

261

ciales, económicas y políticas. En vez de un término sencillo, lo que necesitamos en este caso es un relato teóricamente inspirado sobre la dinámica del papel de la televisión en la vida cotidiana; y a esta tarea dedico mi capítulo final.

7. Televisión, tecnología y vida cotidiana

«Hay cierta oscuridad en el concepto mismo de vida coti- *diana. ¿Dónde la encontraremos? ¿En el lugar de trabajo, en los momentos de ocio? ¿En la vida familiar y en los momentos "vividos" fuera de la cultura? Inicialmente la respuesta parece evidente. La vida cotidiana abarca los tres elementos, los tres aspectos. Es la unión de ellos en una totalidad y es lo que determina al individuo concreto. Sin embargo, esta respuesta continúa siendo insatisfactoria. ¿Dónde se produce el contacto vivo entre el hombre individual concreto y otros seres humanos? ¿En el trabajo fragmentado? ¿En la vida familiar? ¿En el tiempo libre? ¿Dónde se lo expresa de manera más concreta? ¿Hay varias formas de contacto? ¿Pueden esos modos esquematizarse como modelos de representación? ¿O deben acaso reducirse a pautas de conducta fijas? ¿Son contradictorios o complementarios? ¿Cómo se relacionan entre sí? ¿Cuál es el sector esencial decisivo? ¿Dónde debemos situar la pobreza y la riqueza de esa vida cotidiana que, como sabemos, es infinitamente rica (potencialmente al menos) e infinitamente pobre, desnuda, alienada; que, como sabemos, debemos revelar y trasformar a fin de que su riqueza pueda actualizarse y desarrollarse en una cultura renovada?».*

Lefebvre, 1991 (1958), pág. 31

Henri Lefebvre, al escribir un prefacio para su *Critique de la vie quotidienne* (1947) en 1958, reflexionó sobre el problema intensamente complejo pero vital de la vida cotidiana: su invisibilidad material; sus contradicciones, su vitalidad y su capacidad de trascendencia. La de Lefebvre fue una de las tantas voces que, dentro de la tradición marxista, hablaron de la vida cotidiana como del sitio donde mejor podía indagarse la alienación, dimensión clave de la vida en las sociedades capitalistas, tanto para la filosofía, la sociología y la historia francesas como para la crítica social alemana. A pesar de —o quizá más a bien causa de— la historia reciente, estos análisis aún nos brindan perspectivas oportunas y aleccionadoras sobre la «problemática» de la vida cotidiana: espina en el costado del neorromanticismo y estímulo para la investigación del tipo de la que he realizado hasta aquí acerca de la relación entre televisión y vida cotidiana.

Esta investigación incluyó consideraciones de una cantidad de dimensiones de esa relación. Pero la discusión sigue estando incompleta. Las paradojas —las tensiones esenciales— se han expresado de múltiples maneras. Aparecen en la relación entre angustia y seguridad; en la relación entre actividad y pasividad; entre creatividad y adicción; entre lo público y lo privado; entre la dependencia y la independencia, y en la relación entre el consumo y la producción. Aparecen en una cantidad de esferas diferentes: en la doméstica, en la suburbana, en el manejo del tiempo y del espacio; en la construcción de tecnologías. Y aunque estas diversas dimensiones del análisis en efecto abordan la problemática de la vida cotidiana del modo en que fue concebida por Lefebvre, no lo hacen de manera directa y coherente. No cotejan la vida cotidiana con la política, no la conciben como un terreno político.

Y esto es lo que intento hacer en este último capítulo. No sé si tendré éxito, si entendemos por éxito llegar a producir una *teoría* de la vida cotidiana. Si algo nos enseñó el posmodernismo, es que ya pasó el tiempo de un proyecto semejante. Pero yo quiero hacer el intento de trazar un rumbo a través de las paradojas. Stephen Heath, a quien cité en el capítulo 1, se refirió a la inconsútil equivalencia que había entre televisión y vida cotidiana. La televisión era más que la totalidad de sus programas trasmitidos: y la televisión coincidía con la vida cotidiana en su carácter extensivo y expansivo, en su inestabilidad, en su rutina aparentemente interminable y en su ubicuidad. Esto está muy bien, y lo llevó a considerar además la televisión como elemento esencial para la política de la vida cotidiana. Heath se pregunta: «¿Puede alguien perteneciente a nuestras sociedades mantenerse más allá de la televisión, más allá de sus compulsiones?» (1990, pág. 283). Ahora bien, hablar de ese carácter inconsútil, esas compulsiones, esa incorporación de la televisión en la vida cotidiana, sigue siendo solamente una manera de volver a plantear el problema con otras palabras, pues sólo podemos empezar a hacer una reflexión crítica sobre la cuestión si tenemos la capacidad de retrazar las costuras y de comprender el proceso de esa incorporación —el entretejimiento de televisión y vida cotidiana—. Está muy bien, igualmente, hablar de la «complejidad» de aquellas relaciones. Lo complejo como lo inconsútil vuelve el problema a su punto de partida: lo confina, una vez más, a lo invisible.

También Michel de Certeau nos recuerda la política de la vida cotidiana, y lo hace con particular claridad y relieve, pues vincula la vida cotidiana con la esfera de lo popular y al propio tiempo concibe lo popular como el asiento de la oposición. Pero su intervención, que resultó muy influyente, debe a su vez entenderse en un contexto histórico más amplio, donde a menudo se trasponen los términos del análisis. Por un lado, nos encontramos con los enfoques definidos por las críticas posluckacsianas de la escuela de Francfort, con versiones del marxismo francés, como las de Lefebvre, Bourdieu y también Foucault, y además con la crítica de la sociedad de masas, de la década de 1950, todas perspectivas que ven en la vida cotidiana una expresión de una política derrotada que confunde el juego con el poder. Por otro lado, De Certeau y otros representantes del neopopulismo ven en ella las posibilidades de una política trascendente aunque quizá limitada, real en sus consecuencias; una política en la que el juego es el poder. Estos autores representan y mantienen un enfoque dicotómico del estudio de la vida cotidiana que tiende a conservar y fortalecer las dicotomías equivalentes, distópicas y utópicas, del sentido común. Estas dicotomías ya no tienen ningún sustento.

Contra estas posiciones quiero interponer un enfoque más mesurado, según espero; un enfoque basado en una comprensión de la política dinámica y desigual de la vida cotidiana; y un enfoque basado en la crítica cultural y en la investigación empírica. Aparentemente, este enfoque exige el derrumbe del binarismo de las teorías contemporáneas y la defensa de una forma de pensar más procesal, quizá más provisional. Para empezar, supone colocar a la audiencia televisiva y la televisión en el centro, para discernir a cada una de ellas como entidades diversamente estructuradas y estructurantes que dan, quitan y vuelven a dar sentido, mientras responden y contribuyen a las vueltas y giros de los cambios tecnológicos y sociales. Comenzaré, pues, con un breve resumen de las preguntas que se formularon y se pueden formular acerca de la vida cotidiana.

Me parece que hay tres modos de enmarcar el problema de la vida cotidiana. El primero toma como punto de partida los primero escritos de Marx (contenidos en los Manuscritos Económico-Filosóficos de 1844), en los cuales el autor ofrece una perspectiva de la vida de la sociedad capitalista en términos de alienación y reificación (Meszaros, 1970). El segundo es abordar el problema desde una teoría de lo popular y de los temas del placer y la resistencia. Y el tercero es un enfoque mucho más incierto, basado en la teoría de las relaciones objetales, que averigua las paradojas fundamentales que subyacen en la esencia de la creatividad.

En realidad está claro que las dos primeras teorías de la vida cotidiana no son sólo dicotómicas, puesto que desde que Marx hizo sus primeras formulaciones en adelante (véase *El capital*, I, págs 487-8, citado en Swingewood, 1975), siempre se reconoció, aunque con diferentes modulaciones, que en el capitalismo la vida cotidiana se construye al mismo tiempo en sus aspectos positivos y en sus aspectos negativos. Los esfuerzos del capitalismo están encaminados a crear una fuerza de trabajo productiva y flexible, pero es una fuerza en la que se alienta al obrero para que, en favor de la «industria moderna», desarrolle sus propias «fuerzas naturales y adquiridas» (Marx, *ibid.*). Las falsas realidades (o las falsedades reales) de la cultura de la vida cotidiana seducen al trabajador y lo atraen hacia sí, haciéndole creer en sus propias libertades y en su propia autenticidad. La realización es una realización motivada y acotada, porque en la sociedad capitalista no es posible escapar de la alienación que habita en su corazón y que se encarna en todos los actos de intercambio y comunicación.

En la base de esta crítica, que en diversos grados constituye una dimensión esencial para cualquier enfoque radical de la vida cotidiana, hay una idea de otra forma de vida, quizá vivida alguna vez, pero que en todo caso no resulta difícil imaginar, y con la cual se pueden comparar y luego juzgar las tragedias del presente. El propio Lefebvre compara lo

«cotidiano» —lo vital y lo auténtico, lo activo y lo original—
con la «vida cotidiana», la vida en la sociedad capitalista, la
vida en una «sociedad burocrática de consumo controlado»
(Lefebvre, 1984, págs. 68 y sigs.). Esta remplazó a aquello,
aunque no se han perdido las esperanzas de que lo cotidiano
recupere su lugar, porque anima a la crítica de la vida cotidiana la esperanza de que trascienda hacia lo cotidiano y así
se realice el potencial festivo, de carnaval, que de ordinario
se negaría (véase Bakhtin, 1984). Aquí hay imágenes inver-
tidas, aún visibles en la vanguardia, en las óperas de Brecht
y en las películas de Chaplin (Lefebvre, 1991, págs. 3-51).

No siempre resulta fácil respaldar este optimismo, por
más que se trate de un optimismo limitado; sin embargo, el
espacio que Lefebvre deja abierto para «la imagen invertida», para la posición alternativa o de resistencia, fue luego
perversamente explotado por otros teóricos (y digo perversamente porque gran parte del análisis desarrollado deja
sin examinar y sin discutir las estructuras básicas de la sociedad). En realidad Lefebvre deja intactas las contradicciones del capitalismo en su propia teoría, en la medida en que
aparentemente reconoce que la vida cotidiana es no sólo el
sitio de una crítica potencial, sino también objeto necesario
de esa crítica; la vida cotidiana es al mismo tiempo genuina
y falsa. Lefebvre sostiene que la vida cotidiana está compuesta por un conjunto de actividades y pasividades, de formas de sociabilidad y de comunicación que

«llevan consigo su propia crítica espontánea de lo cotidiano.
Son esa crítica puesto que son algo *distinto* de la vida cotidiana misma y sin embargo están *en la vida cotidiana*; son
alienación. De modo que pueden tener un contenido real,
pueden corresponder a una necesidad real, pero aún así
mantienen una forma ilusoria y una apariencia engañosa»,
Lefebvre, 1991, pág. 40; las bastardillas son del original.

Una necesidad real falsamente satisfecha. Los argumentos
de la escuela de Francfort son más pesimistas, quizás, y están menos directamente basados en una teoría de la alienación. También ellos reconocen en el progresivo industrialis-
mo de la sociedad capitalista y en la extensión de las formas
de orden y regimentación que se extienden más allá de la esfera de la producción e invaden la esfera del consumo una

creciente y cada vez más irresistible reificación de la cultura (véase también Heller, 1984, págs. 148 y sigs.). Por esta reificación sucede que los objetos se humanizan y la humanidad se objetiviza.[1] La jaula de hierro de una falsa racionalidad esfuma toda originalidad de la vida cotidiana y deja una vaina vacía de dioses falsos, bienes falsos y deseos falsos. Las teorías de Adorno, Horkheimer y Marcuse son familiares e intransigentes. No hay muchas esperanzas de trascendencia sencillamente porque el mundo de la vida cotidiana queda así completamente dominado por las presiones combinadas de la razón burocrática y científica, la tecnología y la cultura de masas. Esenciales para esa dominación son, por supuesto, la televisión (Lodziak, 1986) y las demás tecnologías de la información y la comunicación (Robins y Webster, 1988).

A despecho de que tanto Bourdieu (1984) como Foucault (1977; Gordon, 1980) presentan, implícita y explícitamente, relatos sobre una vida cotidiana dinámica, tanto en el plano del gusto como del poder, ambos la consideran todavía, en medida considerable, como el resultado de procesos sociales y políticos que se desarrollan en alguna otra parte de la estructura social. Michel de Certeau, como ya lo observé antes, cuestiona ambos tipos de teoría totalizadora (1984, págs. 45-60) y ve incluso en un concepto tan sugestivo y sutil como el de *habitus* una forma de cierre contra lo cotidiano, una forma que niega su dinámica, sus contradicciones y sus indeterminaciones. Precisamente fueron las teorías de De Certeau (y sobre todo su atención al potencial de resistencia en el interior de los momentos tácticos de la vida cotidiana) las que habilitaron un espacio intelectual para un populismo más estridente, especialmente sugestivo en el trabajo de John Fiske (1989*a*).

Sin embargo, la obra de De Certeau sigue siendo en realidad muy ambigua y contradictoria, y las metáforas que emplea para encapsular la dinámica de la resistencia popu-

[1] Aquí tenemos que ser cuidadosos, porque el concepto de «objetivación» es en realidad más sutil y menos evaluativo en la teoría marxista, puesto que denota los procesos básicos a través de los cuales las estructuras de la vida social (cotidiana) se definen y mantienen. La discusión sobre la vida cotidiana de Agnes Heller (1984) toma como punto de partida esta acepción más básica de objetivación y deja de lado las connotaciones evaluativas que implica la palabra «reificación».

lar son inconsistentes. Así, dentro de los tiempos hipotecados de la vida cotidiana se nos dice que participamos de una guerra de guerrillas y de una especie de terrorismo (obsérvese que Lefebvre utiliza el término terrorismo para describir las actividades, no de los subordinados, sino de quienes ejercen el poder), pero también se nos dice que sólo alquilamos (De Certeau, 1984, xxi) y que, en nuestra condición de arrendatarios, no somos dueños de la propiedad. Estamos condenados al inmueble alquilado: somos ocupantes temporarios y provisionales. En otra parte, De Certeau describe estas actividades como robar y jugar. Cada una de estas metáforas de la dinámica de lo cotidiano, como formas de conceptualizar los usos que damos en nuestra vida diaria a los objetos y a los espacios estratégicos de la vida social, ofrece una inflexión diferente, y una política diferente, de esa actividad. Aunque de vez en cuando esas actividades puedan ser brillantes (Miller, 1987), no puede decirse que siempre lo sean. Además, con frecuencia se comete el error de considerar como términos semejantes lo popular y lo cotidiano, como ocurre en el caso del análisis de John Fiske:

«La vida cotidiana está constituida por las prácticas de la cultura popular y se caracteriza por la creatividad de los débiles para aprovechar los recursos que les suministra un sistema restrictivo, en tanto se niegan a someterse a ese poder. El mejor modo de describir la cultura de la vida cotidiana es recurrir a metáforas de lucha o antagonismo (. . .) Esos antagonismos, esos enfrentamientos de intereses sociales (. . .) están motivados en primer lugar por el placer: el placer de producir los propios sentidos de experiencia social y el placer de evadir la disciplina impuesta por el bloque de poder», Fiske, 1989a, pág. 47.

Esto es al mismo tiempo una ultrasimplificación de los argumentos de De Certeau y una tergiversación de la política de la vida cotidiana.[2] Sin embargo, a pesar de sus propias ambigüedades y contradicciones, el trabajo de Fiske per-

[2] Da la casualidad de que Fiske también interpreta mal a Lefebvre en el mismo capítulo, al ofrecer una cita modificada de *Everyday Life in the Modern World*, que excluye, en un párrafo continuo, la referencia que hace Lefebvre a la tarea que realiza y el poder que tiene la ideología (Fiske, 1989a, pág. 37; Lefebvre, 1984, págs. 31-2).

mite identificar ese otro espacio, el de la vida cotidiana, donde se construye lo popular y donde la vida cotidiana puede considerarse estetizada en virtud de los productos y las mercancías de la cultura de masas. Otro crítico (Featherstone, 1991, pág. 27)[3] discernió también esta estetización, aunque en su caso lo hizo atendiendo a una libertad más sutilmente controlada.

No sostengo que haya que remplazar un análisis por el otro. No es que pueda hacerse una elección entre utopismo y distopismo, entre control y libertad, o entre ideología y cultura popular. Tampoco se trata de decidir de manera terminante, como ya lo he apuntado, entre actividad y pasividad en el contexto de las relaciones que establecen las audiencias con los medios. En cierto sentido, estas cuestiones están planteadas de manera falsa y esas dicotomías son engañosas. Lefebvre ofrece una crítica de la dominación que ve en lo «cotidiano» la esperanza que el capitalismo negó en su dominación de la «vida cotidiana». Horkheimer y Adorno nos ofrecen aún menos. Fiske, por su parte, propone un análisis de lo popular que lo valora sólo por su capacidad de resistencia y trascendencia. De Certeau nos pide considerar lo cotidiano como un sitio donde se desarrolla una acción significante. Esa acción es significante porque en lo cotidiano nuestra vida adquiere sentido, y sin esos sentidos, y sin comprender estos, y situarlos adecuadamente en el espacio social, quienes participamos (y también observamos) pasaríamos por alto la dinámica de lo social y no lograríamos aprehender su política.

Sin embargo, ninguno de ellos planteó la cuestión de manera satisfactoria. Ninguno aceptó por completo la paradoja de lo cotidiano, una paradoja que Winnicott discierne con elegancia en el contexto de la significación simbólica del objeto transicional:

«quisiera recordar aquí que el rasgo principal en el concepto de objetos y fenómenos transicionales (. . .) es *la paradoja y la aceptación de la paradoja*: el bebé crea el objeto, pero el

[3] «La cultura del consumidor no representa hoy ni una falta de control ni la institución de controles más rígidos, sino más bien su apuntalamiento por parte de una flexible estructura generativa subyacente que puede tanto manejar el control formal y el descontrol como facilitar un "cambio de velocidades" entre ellos» (Featherstone, 1991, pág. 27).

objeto estaba presente a la espera de ser creado y de convertirse en un objeto catectizado. Traté de llamar la atención sobre este aspecto de los fenómenos transicionales afirmando que en las reglas del juego todos sabemos que nunca desafiaremos al niño a que responda a la pregunta: ¿tú creaste eso o lo encontraste?», Winnicott, 1974, pág. 104, las bastardillas son del original; y véase el capítulo 1, *supra*, pág. 36.

«¿Tú creaste eso o lo encontraste?». Desde mi punto de vista, esta es la pregunta clave que se sitúa en el centro de la problemática de la vida cotidiana, pero es la única pregunta que Winnicott aconseja no formular. Si hubiera que responderla —y la cultura popular la responde a su manera—, la respuesta sería «las dos cosas» o «ni lo uno ni lo otro». La cultura cotidiana es, en este sentido y dentro de esta paradoja, transicional. La vida cotidiana adquiere su forma en el uso, en la práctica, como se esfuerza por sostener De Certeau, pero ese uso está condicionado en sí mismo por una «capacidad», en los términos (psicodinámicos) de Winnicott, por el capital simbólico, en los términos (sociológicos) de Bourdieu: en este caso, una competencia y una facilidad no menos pertinente para el individuo que para el grupo. Y los términos de esa paradoja: el objeto encontrado y el objeto creado; los sentidos impuestos y los sentidos seleccionados; la conducta controlada y la conducta libre; lo insignificante y lo significativo; lo pasivo y lo activo, están en tensión constante. Estas tensiones pueden observarse en la conducta cotidiana y pueden esbozarse a través del estudio del individuo y del grupo. Pueden descifrarse mediante estudios de casos etnográficos o psicoanalíticos, estudios que deben fundarse firmemente en el carácter recíproco de conocimiento empírico y conocimiento teórico. Porque sólo en la dinámica de lo particular podremos discernir (aunque difícilmente podamos comprender por completo) las fuerzas de la estructura social: las fuerzas de dominación y las fuerzas de resistencia.

En este sentido, la problemática de la vida cotidiana no es una problemática de estrategias y tácticas opuestas (aunque desigualmente). Por el contrario, lo importante aquí son las expresiones de actividad y creatividad que se dan *dentro* (y son parte constitutiva) de las fuerzas móviles de la estructura social. Si esto es lo que quiere decir Giddens cuando habla de estructuración, puedo decir que mi argumento sigue muy de cerca los modelos investigados por él. De modo que la vida cotidiana llega a ser el lugar donde se elabora la significación, y es el producto de esta elaboración. Los sentidos que producimos, las representaciones que repudiamos o que aceptamos, las identidades que tratamos de asegurarnos, los ritos que reconocemos, han sido todos creados y encontrados en el interior de un espacio social compartido, a menudo disputado y siempre en alto grado diferenciado. En la paradoja de encontrar y crear —y en las tensiones constantes que resultan de ella— simultáneamente aceptamos, aprovechamos y cuestionamos las estructuras. Allí reside la posibilidad —en realidad la necesidad y la inevitabilidad— del cambio. Allí está la esencia de las ambigüedades propias de lo popular, y la fuente de las tensiones fundamentales que señalé en tantas dimensiones de mi análisis sobre el papel de la televisión en la vida cotidiana.

Quizá podamos conservar una de las dicotomías, siempre que reconozcamos que también ella sólo es significativa en los mismos términos de la tensión esencial que señalé repetidamente respecto de las otras. Me refiero a la dicotomía seguridad-angustia. Tanto el psicoanálisis como la sociología destacaron la importancia fundamental de ambas. Y también yo comencé esta argumentación tratando de situar el papel de los medios en la articulación de la relación entre ambas, tanto en el plano individual como en el plano social. Hablar de la angustia existencial y de la seguridad ontológica, como lo hice yo, no implica ofrecer un relato reductor de lo social o lo cotidiano, sino que es ofrecer una perspectiva de los fundamentos, de las condiciones previas, de la posibilidad, de lo social y, lo que es más sustancial, de la importancia creciente de los medios en la dinámica de esa posibilidad. Nuestra vida cotidiana es la expresión, en su condición de cosa que se da por descontada, así como (en la cultura popular) en su pusilanimidad, de nuestra capacidad de mantenernos firmes contra la angustia generalizada y la amenaza del caos que es condición *sine qua non* de la vida social. En este sentido, la vida cotidiana es un logro permanente (Garfinkel, 1967; Goffman, 1969) más o menos ritualizado, que se da más o menos por sentado, más o menos frágil, ante lo desconocido, lo inesperado o lo catastrófico.

En realidad, lo catastrófico es, por definición, aquello que irrumpe a través de la línea que limita la ansiedad y contiene la confianza (Doane, 1990). Y puesto que la confianza es aquello que surge (o no surge) en virtud de las experiencias mediadas de la vida social, en la dinámica del desarrollo del niño y en los logros permanentes de la interacción cotidiana, cualquier análisis de la función de los medios en la vida cotidiana debe interesarse por las condiciones previas y las posibilidades de esa confianza.

Ahora quisiera avanzar un poco por la senda que marca este razonamiento concentrando más el interés en la televisión y los demás medios. De modo que ofreceré un relato sobre la dinámica de la relación entre los medios y la vida cotidiana que, según espero, evita todas las dicotomías salvo la fundamental y se concentra en las tres dimensiones alrededor de las cuales gira esa relación y que yo llamaré: el hacer creador (referente al proceso), la modernidad (referente al contenido) y la domesticidad (referente al contexto).

El hacer creador

Anthony Giddens (1984) define su sociología, *inter alia*, por la centralidad de la acción, con lo cual se refiere a la capacidad de tener una conducta deliberada, reflexiva y situada históricamente. El trabajo de Giddens se inscribe en una sociología sostenida y movilizada en el interior de una crítica de las implicaciones de pasividad ontológica presentes en los pesimismos de Christopher Lasch (1977) y de Richard Sennett (1986) (un pesimismo que tiene su equivalencia en los trabajos de algunos de los autores que ya mencioné en este capítulo). La acción incluye los actos individuales y colectivos, cuyas consecuencias no están limitadas, según Giddens, sólo a las situaciones microsociales:

«Si no advertimos que todos los agentes humanos se hallan en una situación de apropiación en relación con el mundo social que ellos constituyen y reconstituyen con sus acciones, seremos incapaces de aprehender, en el nivel empírico, la naturaleza del hacer humano por su derecho propio. La vida social moderna empobrece la acción individual; sin embargo, abre nuevas posibilidades para la apropiación; es alienante, pero al mismo tiempo es característico que los seres humanos reaccionen contra circunstancias sociales que consideran opresivas», Giddens, 1991, pág. 175.

Evidentemente esta caracterización plantea más cuestiones de las que puede resolver (cuestiones relacionadas con las características particulares de la modernidad, con el sentido y el alcance del hacer por derecho propio). Sin embargo, quizá valga la pena observar que si esa reciprocidad de acción y ese hacer por derecho propio son una parte constitutiva fundamental de la vida social *sui generis*, no tiene sentido sostener que son un producto particular de ciertas formas de mediación o cultura popular. Del mismo modo podemos decir que si la vida social es, por definición, el producto de la acción, no tiene sentido hablar de pasividad respecto de la conducta de los espectadores.

Pero, ¿qué está realmente en juego? Me parece que podría resumirse en lo que una generación anterior de sociólogos habría llamado «lo que se da por descontado» en la vida social y que yo, a falta de una expresión mejor, llamaré su condición «ordinaria».[4] Cuando hablo de «ordinario» me refiero a esa normalidad más o menos segura de la vida cotidiana y a nuestra capacidad de manejarla día a día. Como sostuvieron Scannell y Cardiff, esa condición ordinaria (que se diferencia cultural o sociológicamente por región o por nación) es algo que debe ser reconocido, a lo que debemos referirnos y que se encarna en las *formas* cada vez más democratizadas del habla gradualmente trasmitidas por la BBC. Estos autores afirmaron que esa normalidad se había incorporado en el lenguaje radial y televisivo en virtud de un *ethos* comunicativo novedoso pero insistente y que a través de ese lenguaje la normalidad había vuelto a inscribirse en la cultura de lo cotidiano (Scannell y Cardiff, 1991, pág. 178). Pero las *formas* del habla son sólo un elemento en la mediación de lo ordinario que la emisión en particular consumó con tanto éxito (aunque nunca completo). Detrás de las formas del habla están las formas del pensamiento, el

[4] «Ordinario» se puede oponer a «popular» (Fiske) y a «mediocre» (Lefebvre) cuando se trata de caracterizar la vida cotidiana. A mí me parece más exacto desde el punto de vista sociológico y menos extremo desde el punto de vista evaluativo.

orden y la expresión que suministran el contenido de los medios y suministran las bases para la acción, para nuestra capacidad de actuar en esa normalidad de la vida cotidiana.

En varias ocasiones sostuve que el carácter «ordinario» de la vida cotidiana se sustenta en nuestra sociedad, como en otras, mediante formas de cultura que ha sido más fácil llamar mitos (lo cual sigue siendo intensamente problemático) (Silverstone, 1981, 1988). Podemos discernir estructuras y funciones míticas en las comunicaciones contemporáneas, y podemos aducir argumentos en favor de su importancia, con tal de reconocer que los mitos, como tantas otras cosas en la cultura, tienen dos rostros. En sus narrativas y en las formalidades de su trasmisión dentro de ritos o en ocasiones no ritualizadas, proporcionan un marco para crear y mantener la seguridad ontológica. Estas narrativas indagan, en virtud de su forma y de su contenido, los aspectos fundamentales de la existencia humana: los orígenes, la condición mortal, las relaciones entre cultura y naturaleza, las relaciones entre los sexos. Pero reconocer esto también exige un reconocimiento equivalente de que la forma y el contenido de una mitología de una determinada sociedad sólo pueden sustentarse dentro de una ideología y que los valores particulares de dominación codificados-decodificados-disfrazados habrán de representarse a través de una ideología (véase Hall y otros, 1981).[5]

Las formas míticas de comunicación, a menudo relatadas en momentos y espacios en alto grado ritualizados, destacaron claramente en esa normalidad, en esa rutina ordinaria de la vida cotidiana, los momentos más o menos sagrados. Sin embargo, son momentos que podían considerarse, como siempre, partes de lo cotidiano, en virtud de su capacidad para reflejar (y reflexionar sobre) lo cotidiano. Y esto ocurre a pesar de (y hasta por) esa diferencia marcada más o menos intensamente con el resto de la vida cotidiana (véase Bakhtin sobre las fiestas de carnaval, por ejemplo). Pero esas formas míticas también formaban parte de lo coti-

_____

[5] En mi primera incursión en estas cuestiones (Silverstone, 1981), de manera casi desdeñosa e incorrecta opuse mito a ideología, como un intento de poner distancia entre mi enfoque antropológico y estructuralista de la cultura contemporánea y el enfoque más politizado y, por lo menos al principio, literario. Fue un error.

diano porque generaban las formas de cultura que podían considerarse entonces incorporadas en el ámbito habitual a través de actitudes y conductas más prácticas o mundanas. Los espacios «sagrados» ocupados por los medios tienen esa cualidad, y las relaciones que establecemos con ellos la refuerzan. Las narrativas relatadas y exhibidas por la televisión tienen su equivalente y su extensión en las narrativas vivas de la vida diaria y, por supuesto, ambas adquieren su sentido precisamente en virtud de esa yuxtaposición constante (Ricoeur, 1984).

Una vez más, De Certeau reconoce la persistencia de esto y también la disyunción que expresa, porque los mitos de los textos públicos y la cultura estratégica no se reducen a ser reproducidos en la narrativa de la vida cotidiana. Las retóricas tácticas disyuntivas de la vida cotidiana salen al encuentro de las retóricas de lo que domina en sitios estratégicos, las indagan y las aprovechan. En un pasaje en el que menciona el ejemplo específico de la televisión, De Certeau parece reconocer esta tensión, porque la televisión tiene la capacidad —y en el momento de la recepción la consuma («El televidente no puede escribir nada en la pantalla de su televisor»)— de trasformar al televidente en un «receptor puro», y así se convierte en una «máquina célibe». Pero, en realidad, el consumo de la televisión no es diferente de otros actos de consumo, que en su *uso* revelan la capacidad contraria de montar algunos buenos trucos con los objetos y la lógica de una «producción racionalizada, expansionista, centralizada, espectacular y glamorosa» (De Certeau, 1984, pág. 31).

Los trucos que se montan, en el chismorreo, en la retórica y en los rumores de la vida cotidiana, las metáforas y los mitos que constituyen el sustrato de la experiencia y los discursos habituales, dependen de manera esencial de la materia prima (aunque se trate de una materia prima altamente refinada) que producen los medios, tanto en sus textualidades primarias como en sus textualidades secundarias. En la médula misma de la experiencia de la vida cotidiana hay una forma de racionalidad práctica que conocemos como el «sentido común», en el que se encarnan y expresan las formas y el orden de nuestra aptitud para manejar la normalidad de la vida cotidiana. Agnes Heller (1984; véase Bourdieu, 1977) describe el sentido común como *doxa* y lo diferencia de la racionalidad científica (*epis-teme*):

«Ciertos aspectos de nuestro conocimiento cotidiano pueden ser mucho más firmes, pueden estar menos sujetos al cambio, ser más "eternos" que nuestro caudal de información científica (. . .) Hemos sabido desde hace varios centenares de años que podemos comprar cosas a cambio de dinero; la teoría monetaria se modificó muchas veces durante ese mismo período (. . .) la *doxa* es inseparable de la actividad práctica: sólo en la actividad práctica y en ninguna otra parte puede verificarse la *doxa* (. . .) La *doxa* es el conocimiento en virtud del cual resultan obvios o por sí evidentes la información y los valores contenidos en el mundo del conocimiento cotidiano», Heller, 1984, págs. 203-4.

Y la *doxa* es el producto no sólo de una experiencia directa sino también de una experiencia mediata, porque nuestro conocimiento del mundo, y especialmente todo lo que damos por descontado, está condicionado por nuestro consumo de la información, las ideas y los valores que nos suministran la televisión y los demás medios. En esto no hay ningún misterio ni se trata de algo que deba condenarse, puesto que ese conocimiento también debe ser confirmado en la práctica, a través de las formas de comunicación que a su vez definen nuestra capacidad de actuar: nuestra condición de agentes del manejo de nuestras vidas diarias. La vida cotidiana tiene la paradójica característica de ser creativa y al mismo tiempo ciega a esa creatividad, particularmente en la mayor parte de las formas de la cultura popular (normalmente el análisis es lo único que hace que la cultura popular «vea»).

Ahora bien, la condición ordinaria de la vida cotidiana (esa condición de lo que se da por sentado) no es homogénea. No sólo está profundamente diferenciada por la cultura —la cultura étnica, religiosa, de clase, de nación o de sexo—, sino que también es desigual en su calidad formal. La vida cotidiana está marcada por una serie continua, predecible e impredecible, de oscilaciones entre lo marcado y lo no marcado, lo sagrado y lo profano. La vida diaria está tachonada de momentos y espacios rituales en los cuales (y a través de los cuales) se deja momentáneamente de lado la rutina habitual. Momentos robados ante la pantalla del televisor. Los ritos programados del calendario anual hoy se basan (y se deciden) en las emisiones. En cada uno de estos eventos y en nuestra participación en ellos (con o sin los medios) pasamos perceptiblemente de un terreno de la vida cotidiana a otro, cruzamos una frontera o un umbral y penetramos en un espacio ritual claramente (aunque a menudo débilmente) marcado: un espacio en el que la intensa condición ordinaria de lo cotidiano se remplaza por un tipo diferente de intensidad, una intensidad realzada y con una gran carga simbólica. En estos espacios rituales se fortalece la cultura de la vida cotidiana. Por nuestra participación en ellos, y especialmente en aquellas actividades ritualizadas que la mayor parte de nosotros puede compartir gracias a la producción masiva —por ejemplo, leer el diario por las mañanas (Anderson 1983; Bausinger, 1984) o mirar nuestra telenovela favorita—, se definen simbólicamente simbólicamente el lugar y la posición que ocupamos en el mundo. Y reforzamos esa definición por las actividades que llevamos a cabo al regresar a lo mundano y cotidiano, a través de las charlas y el chismorreo, cuando compartimos información: en nuestra construcción mutua de las noticias del mundo.

Algunos autores vieron en este entrar y salir de lo mundano una forma y una expresión de juego, y uno por lo menos (Stephenson, 1988) llegó hasta el punto de construir una teoría de la comunicación masiva que la define como un juego de fuerzas. La teoría en sí misma no llega a ninguna conclusión y decepciona, pero en su desarrollo va haciendo un repaso de la obra de una cantidad de teóricos del juego (Huizinga, 1959; Callois, 1961) quienes, cada uno a su manera, encuentran en el juego una (la) fuente de cultura. El juego se desarrolla en un espacio social y cultural distinto y distinguible. Está gobernado por reglas, pero también está protegido y se lo diferencia de la normalidad regida por reglas de otros espacios (principalmente los relacionados con el trabajo) del resto de la vida cotidiana. Muchas de estas teorías presentan problemas, entre los cuales quizá sea el más frecuente la tendencia a confundir juego con ocio, pero lo que las hace colectivamente sugestivas (y deberíamos recordar que las teorías del propio Winnicott sobre el desarrollo infantil también ponen el acento en el juego como componente central de la experiencia cultural) es que todas insisten en los tipos privilegiados de creatividad que pueden desarrollarse en los momentos y espacios más o menos claramente diferenciados que a su vez hacen posible el juego. Durante el juego se suspenden las «realidades» para dar lugar a las fantasías, puesto que las reglas del juego no son las que gobiernan la vida cotidiana ordinaria. En realidad también De Certeau se basa en la teoría del juego, sólo que a él lo guía el propósito de defender la trascendencia de «jugar el juego» (las tácticas) por encima de las «reglas del juego», por encima del juego mismo (las estrategias). Si bien el juego se define en virtud de las normas que lo gobiernan y lo hacen «jugable», el juego mismo cobra vida, y esa vitalidad adquiere su carácter único y su importancia cuando se lo practica.

Implícita en estos argumentos, especialmente en los referidos a los límites del juego y, en realidad, en la averiguación, a través de la vida diaria, de la noción de obrar creador, así como de *doxa*, se esconde una crítica a esos otros argumentos que sostienen que en la vida cotidiana y, en particular, a través de la vida cotidiana en alto grado «massmediatizada» de las sociedades contemporáneas, se hacen cada vez menos claros los límites que dividen fantasía de realidad. Estaríamos inclinados a pensar que, ciertamente, esos límites ya no son tan claros como solían ser, y que la costumbre de la televisión —tanto en su textualidad primaria como en su textualidad secundaria— de fundir lo real con lo imaginario lo confirma. Sin embargo, las pruebas empíricas, así como el tipo de argumentos teóricos que ya presenté, indican que la mayor parte de nosotros aún mantiene firmes esos límites, y la teoría exige que sea así, porque las prácticas de la vida cotidiana también lo exigen y dependen de esos límites.

De modo que el hacer creador, nuestra capacidad de hacer dentro de la normalidad en permanente movimiento de la vida cotidiana, es una condición previa para que podamos involucrarnos con la televisión y con los demás medios. Presentar así el argumento hace que la idea de un telespectador pasivo sea un disparate, y que la dicotomía actividad-pasividad, como ya dije, sea redundante. Lo que tenemos ante nosotros, en cambio, es un problema empírico, un problema que no consiste en descubrir la presencia o la ausencia, la actividad o la pasividad, sino, al contrario, en comprender el compromiso que se establece entre televisión y espectador. Ese compromiso puede ser débil o fuerte, positivo o negativo en sus consecuencias. Pero siempre es, en el sentido en que lo he caracterizado, dinámico, y también es dinámico en el sentido sociológico específico del obrar creador. Nos comprometemos con la televisión a través de las mismas prácticas que definen nuestra involucración con el resto de la vida cotidiana, prácticas que están contenidas en las estructuras básicas simbólicas, materiales y políticas —que hacen posible cualquier acción social— y que también son parte constitutiva de dichas estructuras.

La modernidad, etcétera

Pero el carácter y el contenido particulares de ese obrar creador aún deben ser analizados más prolijamente. La sociedad en que vivimos está cambiando, algunos dirán que lo hace rápida y fundamentalmente, y esos cambios se expresan de manera más significativa en las prácticas de la vida cotidiana. En sí misma, la noción de obrar creador es una abstracción conceptual, y esto nos obliga a pensar en lo que puede querer decir en la sociedad en alto grado mediatizada de los tiempos contemporáneos. ¿Marca la televisión una diferencia? ¿La televisión «significa»?

Quiero abordar esta cuestión haciendo ciertas reflexiones sobre el modernismo y el posmodernismo, en su condición de estéticas diferentes, y sobre la modernidad y la posmodernidad como supuestas nuevas formas de la organización social y cultural, y en particular quiero examinar la estrecha identificación tanto del modernismo como del posmodernismo con la experiencia urbana, con la ciudad. No pretendo participar en el debate sobre la distinción entre la posmodernidad o el posmodernismo y la modernidad o el modernismo, aunque considero axiomático, en cuestiones de vida social y cultural, que las revoluciones y las grandes rupturas epistemológicas y estéticas se suelen encontrar con más frecuencia en la teoría que en la experiencia. Ciertamente puedo comenzar por señalar que uno de los análisis clásicos de las paradojas de la experiencia de modernidad (Berman, 1983) llama la atención sobre la significación que adquiere la ciudad para la definición y, más todavía, para el colapso de la cultura modernista. Esta preocupación por la materialidad y la cultura del espacio *urbano* vuelve a aparecer en muchos estudios sobre el posmodernismo (Harvey, 1989; Lash, 1990; *Zone 1/2*), en los que se insiste en la significación de la experiencia urbana metropolitana, no importa cuán diversamente se la conciba y se la tiña con una estética posmoderna emergente, pretendidamente novedosa.

Tanto para Harvey como para Lash (aunque cada uno ponga el acento en aspectos diferentes), la ciudad es el sitio donde el modernismo y también el posmodernismo se forjan y encuentran dramáticamente su más clara expresión. El modernismo, su orden, su funcionalismo estandarizado, se expresan en la trama urbana, una trama que hace que «el modernismo ocurra» (Lash, 1990, pág. 31), pero que también lo expresa. El modernismo está encarnado en la confianza del diseño urbano, en los boulevards de Huyssmans, en las avenidas urbanas de Moses, en la cuadrícula de las calles y en las unidades estandarizadas de los edificios de oficinas y las torres de viviendas. Pero como nos lo recuerda Berman, también hay un modernismo del subdesarrollo (expresado en la edificación y en el modo de vida de San Petersburgo), y, de modo más dramático, hay en el modernismo una autodestrucción, una construcción en obsolescencia de la ciudad misma (Berman, 1983, esp. pág. 307). En la raíz de la afinidad electiva del modernismo y la ciudad están las cambiantes relaciones con el espacio y el tiempo que ambos expresan y que ambos interpelan.[6] Y de manera similar, el posmodernismo, en su dirección y expresión, definió una estética más fragmentada, diversa, humana y supuestamente democrática, que es el producto colectivo de los cambios tecnológicos, industriales y culturales. Antes y ahora, las ciudades son el sitio no sólo de la expresión arqui-

[6] «La forma urbana ya no está delimitada por una línea de demarcación entre aquí y allá, pero ha llegado a ser sinónimo de la programación de un "horario" (. . .) En este terreno de apariencias engañosas, en el que la población del tiempo de trasmisión y trasporte suplanta a la población de espacio y habitación, cierta inercia revive un antiguo sedentarismo (la persistencia de los sitios urbanos). Con la aparición de las comunicaciones instantáneas (. . .) la llegada suplanta a la partida: todo llega sin haber tenido necesariamente que partir» (Virilio, sin fecha, pág. 19).

tectónica o espacial, sino también de distintas formas de vida social. Las ciudades proporcionan la infraestructura para que se produzca el «crisol», la mezcla y el movimiento de pueblos y culturas forzadas, aunque sólo sea temporariamente, a adaptarse al molde de los efectos combinados de la ideología y el diseño urbano.

Contra la autoridad de la ciudad modernista, los críticos identifican a la ciudad de Los Angeles como el ámbito urbano posmoderno ejemplar, un ámbito que se libera de las grandes narrativas y de las ideologías surpraordenadas del modernismo, a través de su *collage* móvil de *malls*, autopistas y extensión (sub)urbana, un *collage* diverso y fragmentario, disperso y desplazado. Los Angeles no es tanto un crisol de fundición como un crisol que se está fundiendo, según volvieron a recordárnoslo los recientes sucesos ocurridos en Watts.

«Es una ciudad de adaptación pragmática a los innumerables microórdenes urbanos diferenciados que la constituyen y que, colectivamente, trazan un megaespacio no proyectado (. . .) que amenaza los principios metanarrativos sobre los cuales se basaron durante milenios la teoría y la práctica de la planificación y del diseño urbano occidentales. Finalmente, Los Angeles es una ciudad que no puede reducirse a un único principio: ni al automóvil, ni a las autopistas, ni al sistema de ferrocarriles que las precedió, ni a su falta de historia (. . .) ni a Hollywood con su fábrica de sueños, ni a las corporaciones gigantescas, ni a las empresas de alta tecnología, ni a la playa, ni a la contaminación del ambiente, ni al sol», Boyne y Rattansi, 1990, pág. 20.

Aunque Los Angeles puede haberse entendido como la encarnación de todo lo que representa el posmodernismo para la ciudad, sin embargo expresa además otra historia, una historia que es tanto la imagen invertida de la de la ciudad como una historia a la que los medios, primero la radio y luego la televisión, hicieron contribuciones imborrables. Esta es una historia de lo suburbano y es una historia, no sólo de una forma particular de espacio social y material, sino de una formación cultural emergente. El suburbio representa la suave parte indefensa de la modernidad, una especie de talón de Aquiles, porque, con persistencia y con una perentoriedad cada vez mayor, se ha ido convirtiendo en el ambiente en el cual vivimos o en el cual aspiramos vivir. El suburbio es esa parte indefensa porque surgió, tanto por accidente como por diseño, como una forma de vida que el modernismo creó casi para escapar de sí mismo. Los escritos de Ebenezer Howard y el posterior movimiento Garden City constituyeron un catalizador para una visión de alternativa de la modernidad; una visión capaz de congelar la utopía atávica del idilio rural y de trasplantarla al cuerpo de la ciudad. Los suburbios llegaron a representar ese extraño híbrido (que podrá considerarse estéril, aunque nunca enteramente) que de manera simultánea negaba sus orígenes y sus compromisos y pregonaba, como lo pregonaban los residentes de Crestwood Heights, que quienes vivían en su interior gozaban de lo mejor de los dos mundos. Por supuesto que no obtenían lo mejor de los dos mundos, pero tampoco lo peor. Lo que obtenían era un estilo de vida, notablemente persistente en su atracción y que, en el nivel de la vida cotidiana, de algún modo parecía producir la transición de la modernidad a la posmodernidad, al proporcionar, como precisamente proporciona, esa mezcla de producción masiva estratégica y apropiación táctica (véase Miller, 1988) que las nuevas formas del consumismo estimulan y de la que al mismo tiempo dependen.[7]

El suburbio, ubicuo pero invisible, deseado pero ridiculizado, doméstico y defensivo, encarna muchas de las contradicciones de la modernidad —particularmente aquellas de la inclusión y la exclusión—, pero además agrega algunas que le son propias. El orden funcional de un Levittown o un Milton Keynes, creado con el fin de borrar la desafiante complejidad y confusión, así como la agobiante pobreza y la suciedad social de la vida de la ciudad; las viviendas estandarizadas del desarrollo producido entre las dos guerras: hogar, techo, propiedad; la lógica de una vida comunitaria sustitutiva recién descubierta, que ponía distancia y al mismo tiempo se conectaba en virtud del interés personal; todos

---

[7] Con todo, vale la pena observar que el autor de una historia reciente del suburbio norteamericano señala que el suburbio ha llegado a parecerse cada vez más a la ciudad: más diversificado en el plano social y más amenazado por las inestabilidades culturales y ambientales que antes estaban confinadas únicamente a la ciudad (Marsh, 1990, pág. 187).

estos elementos marcaron una nueva forma de orden social que contenía, dominaba y también liberaba a sus habitantes. Para no mencionar su capacidad de excluir a aquellos a quienes no les sentaba bien el ajustado traje del ideal suburbano.

Como sostuve en el capítulo 3, las contradicciones que trabajan el corazón del suburbio son las que se concentran en la relación entre los espacios y culturas públicos y privados. Pero el ideal suburbano muestra un proceso cultural mucho más profundo que, siguiendo a Marilyn Strathern, describí como un proceso de hibridización. Como sugiere esta autora, «los suburbios no son ni rurales ni urbanos» (1993, pág. 191). Y la unión de ambos llega a representar un nuevo tipo de realidad fusionada y fusionante, en la cual los límites (los límites entre naturaleza y cultura, entre campo y ciudad, y quizá también entre fantasía y realidad) se hacen indistintos e impropios. En realidad, para Strathern, los suburbios, precisamente en esa hibridización, se convierten en el precursor, símbolo y crisol de lo posmoderno antes que de lo moderno. El suburbio, como todos los buenos mitos, es útil en una multiplicidad de aspectos, y los suburbios llegaron a ser el mito articulador del modernismo y el posmodernismo, por lo menos en muchos de sus aspectos más significativos.

La privacidad iluminada del suburbio fue sustentada y difundida por la televisión. El rápido desarrollo del suburbio experimentado en los Estados Unidos después de la Segunda Guerra Mundial fue apoyado por la insistencia con que la televisión, mediante las comedias de situación y las telenovelas, afirmaba que los ideales de la vida suburbana —ideales que difícilmente quedaban satisfechos cuando los recién llegados descubrían bastante menos del idilio rural y bastante más de la realidad estandarizada y claustrofóbica— eran en verdad sustentables. Lynn Spigel, si bien exageró bastante la sensación de horror que despertaron los suburbios en sus primeros habitantes, reconoció, sin embargo, correctamente la ideología de la televisión de aquella época: «suministrar una ilusión del vecindario ideal, tal como se suponía que era» (Spigel, 1992, pág. 129).

La experiencia británica de la rápida suburbanización fue más temprana y diferente y es bastante significativo que, en varios sentidos, fuera la radio, como tecnología domesticada (Forty, 1986) y como medio (Lewis, 1942, citado en Frith, 1983), y no la televisión, lo que proporcionó el soporte para su expansión durante la década de 1930. Y también en este caso, el ideal fue menos un modelo del vecindario privatizado y, podría sostenerse, más un ideal expansivo de familia nacional (Scannell y Cardiff, 1991). En realidad, como señalan Oliver y otros (1981), el suburbio mismo fue notable principalmente porque no tuvo una presencia material ni en la programación de la radio ni en el cine, por lo menos hasta después de finalizada la Segunda Guerra Mundial.

Con todo, tanto en la década de 1930 en Gran Bretaña como en las décadas de 1940 y 1950 en los Estados Unidos (y por supuesto también en otras partes), los medios electrónicos cumplieron una tarea central en cuanto a articular una cultura de los suburbios y para los suburbios: principalmente para las clases medias blancas y para aquellos que podían aspirar a alcanzar ese status. El oxímoron suburbano, tan bien captado por la descripción que hace Williams de lo que llama la «privatización móvil» —a pesar del hecho de que esta se refiere más exactamente a las consecuencias del automóvil y el trasporte público—, tiene una dimensión sociológica y una dimensión cultural. Las poblaciones estaban en realidad distanciadas y conectadas al mismo tiempo; eran al mismo tiempo sedentarias y móviles. Pero también se las presentaba con (y gradualmente iban incorporándose en) una cultura producida públicamente que se materializaba en el fluir programado pero interrumpible de las emisiones.

Esta cultura era suburbana en otro sentido, más significativo. Producía una cultura fundamentalmente hibridizada. Una cultura que no era ni una cosa ni la otra y al mismo tiempo era una cosa y la otra; una forma de experiencia mediata que conocía pocas ataduras y tenía pocos límites; una cultura abarcadora y con una característica de inclusión cada vez mayor, que lo alcanzaba todo, en la que todo era posible y todo estaba conectado, en la que todo se explicaba, aunque sólo fuera por un instante, sólo por ahora. Lynn Spigel, una vez más, registra que un elemento de esa hibridización se expresó en una forma emergente de televisión: en la fusión de dos tradiciones de la cultura popular norteamericana —lo vivido y lo narrado; lo teatral y el vaudeville—, y en la producción de lo que la autora identifica como una estética de base intermedia:

«Mezclando la espontaneidad natural de la realización vaudevillesca con los aspectos más refinados —y decididamente no controvertidos— del realismo teatral, este género [la comedia de situación] llegó a ser la forma preferida por los canales para captar una audiencia familiar», Spigel, 1992, pág. 144.

Es posible que esta estética intermedia se haya basado también en la fuerza de los medios —primero el sonido y luego el sonido y la imagen— para fusionar la realidad y la ilusión, aunque, como ya dije antes, la novedad de esto no debería exagerarse, si bien difícilmente pueda negarse su insistencia. Lo que hizo, evidentemente, es dejar cada cosa en su lugar. En semejante híbrido, la ilusión no podía desafiar la realidad y esta no podía punzar la ilusión. La cultura suburbana de las emisiones es, a pesar de su hibridización radical, fundamentalmente —en todos los sentidos del término— conservadora. Quizá pueda considerársela, por un lado, opuesta al cine urbano, y por el otro, cada vez más vulnerable al impulso privatizador de la emisión restringida de cable o satélite.

He estado tratando de sugerir que la cultura de emisiones que surgió con la radio y la televisión fue un componente clave de una nueva realidad social, política y geográfica encarnada, desde el punto de vista tanto material como simbólico, físico como ideológico, en los suburbios. Correlativamente, en lo suburbano surgió una nueva forma de cultura, diferente de los desafíos corrosivos y de las incertidumbres propias de la ciudad y opuesta a ellos; una nueva forma que, verosímilmente, fue incluso más significativa que la ciudad para la formación de la cultura moderna y posmoderna. En este sentido, la pregunta que formulé al principio de esta sección puede responderse afirmativamente. Sí, la televisión es significativa. La televisión significa, pero lo hace como parte de un sistema tele-tecnológico en el que el componente esencial es su forma de emisión. Aquí la modernidad y la posmodernidad se expresan en el contenido de la televisión y en su hibridización activa de una cultura público-privada. Hasta qué punto la privatización de los medios, expresada con mayor fuerza en el video, pero también en la fragmentación de las emisiones por el satélite y el cable, habrá de amenazar todo esto es algo que aún no está del todo claro, aunque quedan pocas dudas de que la hibridización suburbana de la cultura de las emisiones ya no es tan segura como pudo serlo alguna vez.

Domesticidad

El hacer creador y la modernidad (y la posmodernidad) se encuentran en lo doméstico, y ese encuentro se expresa en la ideología y en la actividad de consumo. El carácter particular de la vida cotidiana, como esta se vive en el capitalismo contemporáneo, exige finalmente una consideración de este tercer término.

La domesticación es un proceso que implica domar lo salvaje o silvestre y cultivar lo domado. Es el proceso por el que la naturaleza se trasforma en cultura. También puede concebirse la domesticación como un proceso en virtud del cual nos apropiamos de las cosas, las dominamos, las sometemos a nuestro control, les grabamos nuestra identidad y hacemos que sean expresión de ella; y también se la puede concebir como un principio del consumo de masas en el cual los productos se preparan en los foros públicos del mercado. En cierto sentido la mercancía es algo que ya está domesticado y precisamente es esa «anticipación de domesticidad» encarnada por la mercancía la que nos permite comprender el contexto de nuestra propia domesticidad y el papel que cumple la televisión en cuanto a crearlo y mantenerlo. Como sugiere Igor Kopytoff:

«en toda sociedad, el individuo con frecuencia se encuentra atrapado entre la estructura cultural de la mercantilización y sus propios intentos personales de establecer un orden de valores en el universo de las cosas», Kopytoff, 1986, pág. 76.

De modo que, en cierto sentido, la mercancía está ya predigerida. El consumo nos pone, no ante el objeto alienado (Miller, 1987), sino ante el objeto ya pasteurizado, pasteurizado contra la amenaza de indigeribilidad. El consumo es siempre un proceso de participación y sólo algunas veces es un proceso trascendente, aunque esto no significa que no podamos apropiarnos de objetos producidos masivamente e incorporarlos en nuestra propia imagen y en nuestra propia expresión particular de domesticidad. Sin embargo, sí significa que esa domesticidad, como gran parte de la vida cotidiana, es algo que encontramos y creamos simultáneamente y que las identidades que construimos mediante nuestra participación activa en el consumo ya están allí, en alguna parte, disponibles, aun en su unicidad. Por ejemplo, decimos que descubrimos «una tiendita increíble» o «un restaurante» en una ciudad que no nos es familiar. Luego sentimos un placer perverso y contradictorio si descubrimos que esa tienda o ese restaurante ya son bien conocidos, como si ese conocimiento previo garantizara nuestro buen gusto (aunque también podemos sentirnos ofendidos porque esta comprobación minó nuestra aptitud y pericia individual y privada).

Dentro de esa domesticidad, la televisión es objeto y también medio. Elegir la tecnología e incorporarla a los espacios, a las prácticas y a los momentos privados de nuestros hogares son decisiones que pueden considerarse paralelas al mismo tipo de elecciones que practicamos respecto de los programas y la elaboración que hacemos de ellos tanto dentro del espacio doméstico como fuera de él: las hacemos nuestras. Pero debido a esa especie de domesticación previa (los objetos son «fáciles de usar» [*user-friendly*]) que permite apropiarse de los objetos y los textos de manera más o menos fácil, queda claro que ni los actos de apropiación ni lo doméstico en sí son exclusivamente parte de la esfera privada ni de la esfera pública. Tampoco el consumo es siempre simplemente una actividad privada. Depende de una cantidad de sentidos públicos, de un lenguaje público, que cambia constantemente pero conserva, como el lenguaje escrito, una estructura mucho más flexible y material. Por consiguiente, nuestros actos individuales de consumo, por más privados que los imaginemos, son expresiones elocuentes que obtienen su significación no sólo en declaraciones privadas, sino también a través de la atención de las audiencias públicas. El *shopping mall* avanza un paso más en esa extensión de la domesticidad al ofrecer espacios protegidos, simultáneamente públicos y privados, dentro de los cuales es posible demostrar (a nosotros mismos y a los demás) las aptitudes que caracterizan la plena participación en el mundo suburbano.[8]

De modo que hay una dimensión que se agrega a nuestra domesticidad. Las mercancías predigeridas de la cultura contemporánea aún deben ser seleccionadas, compradas y convertidas en propiedad personal. Esas mercancías entran en un espacio social, en una economía moral, que luego las usa para ayudarse a definir su propia identidad y su propia integridad. Está claro que las mercancías no son las únicas cosas que cumplen esa función, y las familias y los hogares pueden no hallar en ellas ningún valor simbólico. Sin embargo, es en ese proceso de traer cosas y significaciones a casa donde se produce y se mantiene la diversidad empírica de nuestra propia domesticidad. Y es en esta lucha con o contra las mercancías —los objetos y también los textos— del mercado masivo donde se revelan muchas de las estructuras de la vida cotidiana. Es en lo cotidiano (que por supuesto no es lo mismo que lo doméstico como tampoco es el equivalente de popular) donde operan la dimensión funcional y la dimensión cultural de los medios. Las nuevas tecnologías y las antiguas formas sociales: ambas cosas evidentemente están cambiando, aunque de manera desigual y a diferente velocidad. La vida cotidiana en general y la domesticidad en particular pueden resistir, pero tal resistencia es, como tantas otras cosas de la vida cotidiana, paradójica. A través de ella se expresan las señales de la diferencia y —en su significación— el deseo de que esas señales sean reconocidas y compartidas por otros.

La audiencia de la televisión concuerda con todo esto. La audiencia es, y siempre fue, un consumidor. Y es la economía política de los medios, que está cada vez más globalizada, más integrada y es más diversa en el plano tecnológico la que establece, aunque no determina, los términos de negociación —los términos materiales y simbólicos de la negociación—. La indiscutida época de la emisión de aire

[8] John Fiske (1989a) y otros sugirieron que los *shopping malls* también proporcionan espacios para su reapropiación a través de tácticas empleadas por los jóvenes o por los menos aventajados. Tales actividades, si bien pueden significar la expresión de libertades de alternativa y oposición, no alteran la importancia estratégica de los *malls* como templos domésticos, como altares del consumo.

puede haber terminado. En ese caso las audiencias serán cada vez más —literalmente— consumidoras, comprarán *software* y *hardware* y pagarán por los servicios de telecomunicación que deseen recibir. Evidentemente aquí hay también una cuestión política: una política de acceso y equidad (Golding y Murdock, 1991), una política que tal vez la emisión de aire dio por sentada. Sin embargo, la posición de la audiencia y nuestra capacidad para dar sentido a esa posición en un mundo cambiante dependen todavía del lugar que ocupen dentro de las estructuras públicas y privadas de la vida cotidiana. Y para comprender el proceso de los medios y la comunicación masiva tenemos que comprender, como condición previa, aquellas estructuras y las prácticas que las conservan y las modifican.

Por lo tanto, la política de la vida cotidiana consiste en la relación desigual que se da entre la esfera pública y la privada: entre el hacer creador, la modernidad y la domesticidad. Es una política vehiculizada y traducida a través del consumo. Nicholas Garnham no tiene muchas dudas respecto de su calidad.

«La comunicación política está obligada a canalizarse a través de medios comerciales (. . .) La comunicación pública se trasforma así en la política del consumismo. Los políticos apelan a sus votantes potenciales, no considerándolos seres racionales preocupados por el bien público, sino tal como lo hacen los anunciantes publicitarios, es decir, como si los consideraran criaturas de apetitos pasajeros y en gran medida irracionales, cuyo interés individual ellos deben comprar (. . .) Los políticos se dirigen al ciudadano en su condición de individuo privado antes que en su condición de miembro de un público, a un individuo que se halla en un espacio doméstico privatizado antes que en la vida pública», Garnham, 1991, pág. 111.

De modo semejante habla Stephen Heath de la despolitización de la comunicación política. Se ha sostenido que en la mercantilización de la esfera pública los ciudadanos fueron trasformados en consumidores (véase Elliott, 1982, pág. 244). Otros, por el contrario (Giddens, Scannell y Cardiff, Thompson), sostienen que la política contemporánea de la vida cotidiana fue trasformada por los medios y que surgió una nueva clase de esfera pública (véase especialmente Thompson, 1990, págs. 246, y el análisis que expuse en el capítulo 3 de este libro). ¿Hemos completado el círculo? ¿Cómo resolvemos esta dicotomía final?

Quizá no podamos hacerlo. Hay una diferencia entre una política domesticada y una política de lo doméstico. Garnham y otros lamentan la aparición de la primera; Thompson celebra la llegada de la segunda. Todos coinciden en afirmar que la mediación televisiva de la vida política es el factor más significativo en lo que todos ven como un cambio más o menos dramático. Describí esta situación atendiendo a la suburbanización de la esfera pública que, entre otras cosas, implica no sólo una ampliación, por obra de los medios, del poder del Estado centralizado, sino también, en esa ampliación, y como resultado de los mismos mecanismos, su posible debilitamiento intermitente. La televisión extiende en vez de profundizar, y su capacidad para vehiculizar la política implica un adelgazamiento tal de la malla de control dentro de la esfera pública que pueden llegar a aparecer roturas: desafíos, oposiciones, movilizados a través de los mismos medios que primero sirvieron para contenerlos con éxito, pero que ofrecen un objetivo para la participación tanto focalizada como no focalizada, y ocasionalmente lograda, de los ciudadanos consumidores en los asuntos públicos.

Es cierto que las políticas contemporáneas libran sus batallas en los medios, en las pantallas de los televisores y en las páginas de los periódicos. También es cierto que el sistema político se mantiene, en general, protegido, inalcanzable (aunque indudablemente no dondequiera). Pero es igualmente cierto que la política de la vida cotidiana no se ve enteramente acotada por esta apropiación de los medios, que los consumidores intermitentemente también son ciudadanos y que, profundizando nuestra comprensión de las tensiones esenciales que caracterizan la interrelación que se da entre televisión, tecnología y vida cotidiana, estaremos en mejores condiciones para participar en ellas.

Referencias bibliográficas

Adams, John (ed.) (1980) *Institutional Economics: Contributions to the Development of Holistic Economics*, Boston: Martinus Nijhoff.

Adorno, Theodor (1957) «Television and the patterns of mass culture», en Bernard Rosenberg y David Manning White, eds., *Mass Culture: The Popular Arts in America*, Nueva York: Free Press, págs. 474-88.

— (1991) *The Culture Industry*, J. M. Bernstein, ed., Londres: Routledge.

Alexander, Jeffrey C. (1986) «The "form" of substance: the senate Watergate hearings as ritual», en Sandra Ball-Rokeach y Muriel Cantor, eds., *Media Audiences and Social Structure*, Newbury Park: Sage, págs. 243-51.

Anderson, Benedict (1983) *Imagined Communities: Reflections on the Origin and Spread of Nationalism*, Londres: Verso.

Ang, Ien (1986) *Watching Dallas: Soap Opera and the Melodramatic Imagination*, Londres: Methuen.

— (1991) *Desperately Seeking the Audience*, Londres: Routledge.

Appadurai, Arjun (1986) *The Social Life of Things: Commodities in Cultural Perspective*, Cambridge: Cambridge University Press.

Appelby, Sam (1990) «Crawley, a space mythology», *New Formations*, 11, págs. 19-44.

Archer, Margaret S. (1988) *Culture and Agency: The Place of Culture in Social Theory*, Cambridge: Cambridge University Press.

Bakhtin, Mikhail (1984) *Rabelais and his World*, Bloomington: Indiana University Press.

Barnes, Gill Gorell (1985) «Systems theory and family theory», en M. Rutter y L. Herzov, eds., *Child and Adolescent Psychiatry: Modern Approaches* (2ª ed.), Oxford: Blackwell, págs. 216-29.

Barrett, Michele (1980) *Women's Oppression Today: Problems in Marxist Feminist Analysis*, Londres: Verso.

Barthes, Roland (1972) *Mythologies*, Londres: Jonathan Cape.

293

Bastide, Roger (1978) *The African Religions of Brazil: Towards a Sociology of the Interpretation of Civilizations*, Baltimore: Johns Hopkins University Press.

Baudrillard, Jean (1981) *For a Critique of the Political Economy of the Sign*, St. Louis: Telos Press.

(1983) *Simulations*, Nueva York: Semiotex(e).

(1988) *Selected Writings*, Mark Poster, ed., Cambridge: Polity Press.

Baumgartner, M. P. (1988) *The Moral Order of a Suburb*, Nueva York: Oxford University Press.

Bausinger, Hermann (1984) «Media, technology and daily life», *Media, Culture and Society*, 6(4), págs. 343-52.

Bayley, Stephen (1986) *Sex, Drink and Fast Cars*, Londres: Faber.

Benjamin, Walter (1970) *Illuminations*, Londres: Fontana.

(1976) *Charles Baudelaire: A Lyric Poet in the Era of High Capitalism*, Londres: Verso.

Berger, Peter, Berger, Brigitte y Kellner, Hansfried (1974) *The Homeless Mind: Modernization and Consciousness*, Harmondsworth: Penguin.

Berger, Peter y Luckmann, Thomas (1967) *The Social Construction of Reality*, Harmondsworth: Penguin. [*La construcción social de la realidad*, Buenos Aires: Amorrortu editores, 1968.]

Berman, Marshall (1983) *All That is Solid Melts into Air: The European Experience of Modernity*, Londres: Verso.

Bernardes, Jon (1986) «In search of "the family". Analysis of the 1981 United Kingdom Census: a research note», *Sociological Review*, 34(4), págs. 828-36.

Bernstein, Basil (1971) *Class, Codes and Control*, vol. 1, Londres: Routledge & Kegan Paul.

Betteridge, Jennifer (1992) «The settlement of modernity», tesis de doctorado, Brunel University.

Boddy, William (1986) «The shining centre of the home», en Phillip Drummond y Richard Paterson, eds., *Television in Transition*, Londres: British Film Institute, págs. 125-34.

Born, Georgina (1993) «Against negation: for a politics of cultural production: Adorno, aesthetics, the social», *Screen*, 34(4), págs. 223-42.

Bott, Elizabeth (1971) *Family and Social Network* (2ª ed.), Londres: Tavistock.

Bourdieu, Pierre (1977) *Outline of a Theory of Practice*, Cambridge: Cambridge University Press.

(1984) *Distinction: A Social Critique of the Judgement of Taste*, Londres: Routledge & Kegan Paul.

Boyd-Barrett, Oliver (1977) «Media imperialism: towards an international framework for the analysis of media systems», en

James Curran, Michael Gurevitch y Janet Woollacott, eds., *Mass Communication and Society*, Londres: Edward Arnold, págs. 116-40.

Boyd-Barrett, Oliver y Thussu, D. K. (1992) *Contra-Flow in Global News: International and Regional News Exchange*, Londres: John Libbey.

Boyne, Roy y Rattansi, Ali (eds.) (1990) *Postmodernism and Society*, Londres: Macmillan.

Brodsly, David (1981) *LA Freeway: An Appreciative Essay*, Berkeley: University of California Press.

Brody, Gene H. y Stoneman, Zolinda (1983) «The influence of television viewing on family interaction: a contextualist framework», *Journal of Family Issues*, 4(2), págs. 329-66.

Brunsdon, Charlotte (1991) «Satellite dishes and the landscapes of taste», *New Formations*, 15, págs. 23-42.

Brunsdon, Charlotte y Morley, David (1978) *Everyday Television: «Nationwide»*, Londres: British Film Institute.

Bryce, Jennifer (1987) «Family time and television use», en Tom Lindlof, ed., *Natural Audiences*, New Jersey: Norwood Ablex, págs. 121-38.

Burgelin, Olivier (1972) «Structural analysis and mass communication», en Denis McQuail, ed., *Sociology of Mass Communications*, Harmondsworth: Penguin, págs. 313-28.

Burgin, Victor, Donald, James y Kaplan, Cora (eds.) (1986) *Formations of Fantasy*, Londres: Methuen.

Burke, Peter (1978) *Popular Culture in Early Modern Europe*, Londres: Maurice Temple Smith.

Buttimer, Anne (1980) «Home, reach and the sense of place», en Anne Buttimer y David Seamon, eds., *The Human Experience of Space and Place*, Londres: Croom Helm, págs. 166-87.

Byng-Hall, John (1982) «Family legends: their significance for the family therapist», en A. Bentovim, G. Gorell-Barnes y A. Cooklin, eds., *Family Therapy: Complementary Frameworks of Theory and Practice*, Londres: Academic Press, págs. 213-28.

Callois, Roger (1961) *Man, Play and Games*, Glencoe: Free Press.

Callon, Michel (1986) «The sociology of an actor-network: the case of the electric vehicle», en Michel Callon, John Law y Arie Rip, eds., *Mapping the Dynamics of Science and Technology*, Londres: Macmillan, págs. 19-34.

(1987) «Society in the making: the study of technology as a tool for sociological analysis», en W. E. Bijker, T. P. Hughes y T. J. Pinch, eds., *The Social Construction of Technological Systems*, Cambridge: MIT Press, págs. 83-103.

295

Carey, James W. (1975) «A cultural approach to communication», *Communication*, 2(2), págs. 1-22.

(1989) *Communication as Culture: Essays on Media and Society*, Londres: Unwin Hyman.

Carrier, James (1990) «The symbolism of possession in commodity advertising», *Man*, 25(4), págs. 693-706.

Caughie, John (1991) «Adorno's reproach: repetition, difference and television genre», *Screen*, 32(2), págs. 127-53.

Cockburn, Cynthia (1985) *Machinery of Dominance: Women, Men and Technical Knowhow*, Londres: Pluto Press.

Comstock, George, Chafee, Steven, Katzman, Natan, McCombs, Maxwell y Roberts, Donald (1978) *Television and Human Behaviour*, Nueva York: Columbia University Press.

Cowan, Ruth Schwartz (1987) «The consumption junction: a proposal for research strategies in the sociology of technology», en W. E. Bijker, Thomas P. Hughes y Trevor Pinch, eds., *The Social Construction of Technological Systems: New Directions in the Sociology and History of Technology*, Cambridge: MIT Press.

(1989) *More Work for Mother* (2ª ed.), Londres: Free Associations Press.

Curran, James (1990) «The "new revisionism" in mass communication research», *European Journal of Communication*, 5(2/3), págs. 135-64.

Czikszentmihalyi, Mihaly y Rochberg-Halton, Eugene (1981) *The Meaning of Things: Domestic Symbols and the Self*, Cambridge: Cambridge University Press.

Cheal, David (1988) *The Gift Economy*, Londres: Routledge.

Dayan, Daniel y Katz, Elihu (1992) *Media Events: The Live Broadcasting of History*, Cambridge: Harvard University Press.

Debord, Guy (1977) *The Society of the Spectacle*, Londres: Practical Paradise Productions.

(1990) *Comments on the Society of the Spectacle*, Londres: Verso.

De Certeau, Michel (1984) *The Practice of Everyday Life*, Berkeley: California University Press.

Dittmar, Helga (1992) *The Social Psychology of Material Possessions*, Hemel Hempstead: Harvester Wheatsheaf.

Doane, Mary Ann (1990) «Information, crisis, catastrophe», en Patricia Mellencamp, ed., *Logics of Television: Essays in Cultural Criticism*, Londres y Bloomington: BFI Publishing e Indiana University Press, págs. 222-39.

Donzelot, Jacques (1979) *The Policing of Families*, Londres: Hutchinson.

Douglas, Mary (1973) *Natural Symbols*, Harmondsworth: Penguin.

Douglas, Mary e Isherwood, Baron (1980) *The World of Goods: Towards an Anthropology of Consumption*, Harmondsworth: Penguin.

Dunn, Robert (1986) «Television, consumption and the commodity form», *Media, Culture and Society*, 3(1), págs. 49-64.

Durkheim, Emile (1971) *The Elementary Forms of the Religious Life*, Londres: George Allen & Unwin.

Eco, Umberto (1972) «Towards a semiotic enquiry into the television message», *Working Papers in Cultural Studies*, University of Birmingham, 3.

(1979) *The Role of the Reader: Explorations in the Semiotics of Texts*, Bloomington: Indiana University Press.

Eisenstein, Elizabeth (1979) *The Printing Press in an Age of Social Change*, 2 vols., Cambridge: Cambridge University Press.

Elliott, Philip (1982) «Intellectuals, the "information society" and the disappearance of the public sphere», *Media, Culture and Society*, 4(3), págs. 243-53.

Ewen, Stuart (1984) *All Consuming Images*, Nueva York: Basic Books.

Ewen, Stuart y Ewen, Elizabeth (1982) *Channels of Desire*, Nueva York: McGraw Hill.

Featherstone, Mike (1990) «Global culture: and introduction», *Theory, Culture and Society*, 7(2/3), págs. 1-14.

(1991) *Consumer Culture and Postmodernism*, Londres: Sage.

Fejes, Fred (1984) «Critical mass communications research and media effects: the problem of the disappearing audience», *Media, Culture and Society*, 6(3), págs. 219-32.

Ferguson, Marjorie (1990) «Electronic media and the redefining of time and space», en Marjorie Ferguson, ed., *Public Communication: The New Imperatives. Future Directions for Media Research*, Londres: Sage, págs. 152-72.

Feuer, Jane (1992) «Genre study and television», en Robert C. Allen, ed., *Channels of Discourse Reassembled*, Londres: Routledge.

Fiske, John (1989a) «Moments of television: neither the text nor the audience», en Ellen Seiter, Hans Borchers, Gabrielle Kreutzner y Eva-Maria Warth, eds., *Remote Control: Television, Audiences and Cultural Power*, Londres: Routledge, págs. 56-68.

(1989b) *Reading the Popular*, Londres: Unwin Hyman.

Flink, James L. (1988) *The Automobile Age*, Cambridge: MIT Press.

Fontaine, J. S. (1988) «Public of private?: the constitution of the family in anthropological perspective», *International Journal of Moral and Social Studies*, 3(3).

Forty, Adrian (1986) *Objects of Desire: Design and Society 1750-1980*, Londres: Thames and Hudson.

Foucault, Michel (1977) *Discipline and Punish*, Harmondsworth: Penguin.

Frith, Simon (1983) «The pleasures of the hearth», en *Formations of Pleasure*, Londres: Routledge & Kegan Paul, págs. 101-23.

Galtung, J. y Ruge, M. (1965) «The structure of foreign news», en Jeremy Tunstall, ed., *Media Sociology*, Londres: Constable.

Gane, Mike (1991) *Baudrillard: Critical and Fatal Theory*, Londres: Routledge.

Gans, Herbert (1967) *The Levittowners: Ways of Life and Politics in a New Suburban Community*, Londres: Allen Lane.

Garfinkel, Harold (1967) *Studies in Ethnomethodology*, Englewood Cliffs: Prentice Hall.

Garnham, Nicholas (1986) «The media and the public sphere», en Peter Golding, Graham Murdock y Philip Schlesinger, eds., *Communicating Politics: Mass Communications and the Political Process*, Leicester: Leicester University Press, págs. 37-53.

(1991) *Capitalism and Communication: Global Culture and the Economics of Information*, Londres: Sage.

Gell, Alfred (1986) «Newcomers to the world of goods: consumption among the Muria Gonds», en Arjun Appadurai, ed., *The Social Life of Things: Commodities in Cultural Perspective*, Cambridge: Cambridge University Press, págs. 110-38.

(1988*a*) «Technology and magic», *Anthropology Today*, 4(2), págs. 6-9.

(1988*b*) «Anthropology, material culture and consumerism», *Journal of the Anthropological Society of Oxford*, 19(1), págs. 43-8.

Geraghty, Christine (1990) *Women and Soap Opera*, Cambridge: Polity Press.

Gerbner, George *et. al.* (1986) «Living with television: the dynamics of the culturation process», en J. Bryant y D. Zillman, eds., *Perspectives on Media Effects*, Hillside, N. J.: Lawrence Erlbaum, págs. 17-40.

Gershuny, Jonathan (1982) «Household tasks and the use of time», en Sandra Wallman *et al.*, eds., *Living in South London*, Aldershot: Gower, págs. 149-81.

Giddens, Anthony (1984) *The Constitution of Society: Outline of the Theory of Structuration*, Cambridge: Polity Press. [*La constitución de la sociedad. Bases para la teoría de la estructuración*, Buenos Aires: Amorrortu editores, 1995.]

(1989) «A reply to my critics», en David Held y John B. Thompson, eds., *Social Theory of Modern Societies*, Cambridge: Cambridge University Press, págs. 249-302.

(1990) *The Consequences of Modernity*, Cambridge: Polity Press.

(1991) *Modernity and Self-Identity: Self and Society in the Late Modern Age*, Cambridge: Polity Press.

Gill, Roger (1984) «In England's green and pleasant land», en Peter Alexander y Roger Gill, eds., *Utopias*, Londres: Duckworth, págs. 109-18.

Girouard, Mark (1985) *Cities and People: A Social and Architectural History*, Londres y New Haven: Yale University Press.

Goffman, Erving (1969) *The Presentation of Self in Everyday Life*, Harmondsworth: Penguin Books. [*La presentación de la persona en la vida cotidiana*, Buenos Aires: Amorrortu editores, 1981.]

Golding, Peter y Murdock, Graham (1991) «Culture, communications and political economy», en James Curran y Michael Gurevitch, eds., *Mass Media and Society*, Londres: Edward Arnold, págs. 15-32.

Goldthorpe, John H., Lockwood, David, Bechofer, Frank y Platt, Jennifer (1969) *The Affluent Worker in the Class Structure*, Cambridge: Cambridge University Press.

Goodhardt, G. J., Ehrenberg, A. S. C. y Collins, M. A. (1975) *The Television Audiences: Patterns of Viewing* (2ª edición, 1986), Farnborough: Saxon House.

Goodman, Irene F. (1983) «Television's role in family interactions: a family systems perspective», *Journal of Family Issues*, 4 (2), págs. 405-24.

Gordon, Colin (ed.) (1980) *M. Foucault: Power/Knowledge*, Nueva York: Pantheon.

Gray, Anne (1987) «Behind closed doors: women and video», en Helen Baehr y Gillian Dyer, eds., *Boxed in: Women on and in Television*, Londres: Tavistock Books, págs. 38-54.

(1992) *Video Playtime: The Gendering of a Leisure Technology*, Londres: Routledge.

Grossberg, Larry (1987) «The in-difference of television», *Screen*, 28 (2), págs. 28-46.

Gunter, Barry y Svennevig, Michael (1987) *Behind and in Front of the Small Screen: Television's Involvement with Family Life*, Londres: John Libbey.

Habermas, Jürgen (1989) *The Structural Transformation of the Public Sphere: An Inquiry into a Category of Bourgeois Culture*, Cambridge: Polity Press.

Haddon, Leslie (1988) «The home computer: the making of a consumer electronic», *Science as Culture*, 2, págs. 7-51.

(1992) «Explaining ICT consumption: the case of the home computer», en Roger Silverstone y Eric Hirsch, eds., *Consuming Technologies: Media and Information in Domestic Spaces*, Londres: Routledge, págs. 82-96.

Hall, Edward T. (1973) *The Silent Language*, Nueva York: Anchor Press.

Hall, Stuart (1977) «Culture, the media and the ideological effect», en James Curran *et al.*, eds., *Mass Communication and Society*, Londres: Edward Arnold, págs. 315-48.

(1981) «Encoding/decoding in television discourse», en Stuart Hall, Dorothy Hobson, Andrew Lowe y Paul Willis, eds., *Culture, Media, Language*, Londres: Hutchinson, págs. 128-38.

Hannerz, Ulf (1988) «American culture: creolized, creolizing», en Erik Asard, ed., *American Culture: Creolized, Creolizing and Other Lectures from the NAAS Biennial Conference in Uppsala, mayo 28-31, 1987*, Uppsala: Swedish Institute for North American Studies.

(1990) «Cosmopolitans and locals in word culture», *Theory, Culture and Society*, 7(2/3), págs. 237-51.

Haralovich, Mary Beth (1988) «Suburban family sitcoms and consumer product design: addressing the social subjectivity of homemakers in the 1950s'», en Phillip Drummond y Richard Paterson, eds., *Television and its Audience: International Research Perspectives*, Londres: British Film Institute, págs. 38-60.

Hartley, John (1987) «Invisible fictions: television audiences, paedocracy, pleasure», *Textual Practice*, 2, págs. 121-38.

Harvey, David (1989) *The Condition of Postmodernity*, Oxford: Blackwell.

Haug, W. F. (1986) *Critique of Commodity Aesthetics: Appearance, Sexuality and Advertising in Capitalist Society*, Cambridge: Polity Press.

Hawkins, R. P. y Pingree, S. (1983) «Television's influence on social reality», en Ellen Wartella y D. C. Whitney, eds., *Mass Communication Review Yearbook*, 4, Londres: Sage, págs. 53-76.

(1990) «Divergent psychological processes in constructing social reality from mass media content», en Nancy Signorielli y Michael Morgan, eds., *Cultivation Analysis: New Directions in Media Effects Research*, Londres: Sage, págs. 207-24.

Hayden, Dolores (1984) *Redesigning the American Dream: The Future of Housing, Work and Family Life*, Nueva York: W. W. Norton.

Heath, Stephen (1990) «Representing television», en Patricia

Mellencamp, ed., *Logics of Television*, Bloomington: Indiana University, págs. 267-302.

Heath, Stephen y Skirrow, Gillian (1977) «Television: a world in action», *Screen*, 18(2), págs. 7-60.

Hebdige, Dick (1988) *Hiding in the Light*, Londres: Routledge.

Heidegger, Martin (1977) *The Question Concerning Technology and Other Essays*, Londres: Garland.

Heller, Agnes (1984) *Everyday Life*, Londres: Routledge & Kegan Paul.

Hill, Stephen (1988) *The Tragedy of Technology*, Londres: Pluto Press.

Himmelweit, H. T., Vince, P. y Oppenheim, A. N. (1958) *Television and the Child*, Oxford: Oxford University Press.

Hirsch, Eric (1989) «Households and the domestication process: some preliminary thoughts on family culture and ICT», Brunel University, trabajo mimeografiado.

Hobson, Dorothy (1982) *«Crossroads»: The Drama of a Soap Opera*, Londres: Methuen.

 (1989) «Soap operas at work», en Ellen Seiter, Hans Borchers, Gabrielle Kreutzner y Eva-Maria Warth, eds., *Remote Control: Television, Audiences and Cultural Power*, Londres: Routledge, págs. 150-67.

Hodge, Bob y Tripp, David (1986) *Children and Television*, Cambridge: Polity Press.

hooks, bell (1991) *Yearning: Race, Gender and Cultural Politics*, Londres: Turnaround.

Horkheimer, Max y Adorno, Theodor (1972) *The Dialectic of Enlightenment*, Nueva York: Seabury Press.

Horton, Donald y Wohl, R. Richard (1956) «Mass communication and para-social interaction», *Psychiatry*, 19(3), págs. 215-29.

Hughes, Thomas P. (1989) *American Genesis: A Century of Invention and Technological Enthusiasm*, Nueva York: Viking.

Huizinga, Jan (1959) *Homo Ludens: A Study of the Play Element in Culture*, Londres: Routledge & Kegan Paul.

Hunt, Pauline (1989) «Gender and the construction of home life», en Graham Allen y Graham Crow, eds., *Home and Family: Creating the Domestic Sphere*, Londres: Macmillan, págs. 102-21.

Ignatieff, Michael (1984) *The Needs of Strangers*, Londres: Chatto & Windus.

Innis, Harold A. (1972) *Empire and Communications*, Toronto: Toronto University Press.

Jensen, Klaus Bruhn (1990) «The politics of polysemy: television news, everyday consciousness and political action», *Media, Culture and Society*, 12(1), págs. 57-78.

Kantor, David y Lehr, William (1975) *Inside the Family*, San Francisco: Jossey-Bass.

Katz, Elihu y Dayan, Daniel (1985) «Media events: on the experience of not being there», *Religion*, 15, págs. 305-14.

Katz, Elihu y Lazarsfeld, Paul F. (1955) *Personal Influence: The Part Played by People in Mass Communication*, Nueva York: Free Press.

Katz, Elihu y Liebes, Tamar (1986) «Mutual aid in the decoding of Dallas: preliminary notes from a cross-cultural study», en Phillip Drummond y Richard Paterson, eds., *Television in Transition*, Londres: British Film Institute, págs. 187-98.

Keen, Ben (1987) «"Play it again sonny": the double life of home video technology», *Science as Culture*, 1, págs. 7-42.

Kellner, Douglas (1989) *Jean Baudrillard: From Marxism to Postmodernism and Beyond*, Cambridge: Polity Press.

Kerr, Paul (1984) «Drama at MTM: Lou Grant and Hill Street Blues», en Jane Feuer, Paul Kerr y Tise Vahimagi, *MTM: «Quality Television»*, Londres: British Film Institute, págs. 132-65.

King, Anthony (1980) *Buildings and Society: Essays on the Social Development of the Built Environment*, Londres: Routledge & Kegan Paul.

Kohon, Gregorio (ed.) (1986) *The British School of Psychoanalysis: The Independent Tradition*, Londres: Free Association Books.

Kopytoff, Igor (1986) «The cultural biography of things: commoditization as process», en Arjun Appadurai, ed., *The Social Life of Things: Commodities in a Cultural Perspective*, Cambridge: Cambridge University Press, págs. 64-91.

Langer, Suzanne (1951) *Philosophy in a New Key*, Oxford: Oxford University Press.

Laplanche, L. y Pontalis, J.-B. (1973) *The Language of Psychoanalysis*, Londres: The Hogarth Press.

Lasch, Christopher (1977) *Haven in a Heartless World*, Nueva York: Basic Books.

Lash, Scott (1990) *Sociology of Postmodernism*, Londres: Routledge.

Lash, Scott y Urry, John (1987) *The End of Organized Capitalism*, Cambridge: Polity Press.

Laslett, Peter (1965) *The World We Have Lost*, Londres: Methuen.

Law, John (1987) «Technology and heterogeneous engineering: the case of the portuguese expansion», en W. E. Bijker, T. P. Hughes y T. J. Pinch, eds., *The Social Construction of Technological Systems*, Cambridge: MIT Press, págs. 111-34.

Leal, Ondina Faschel (1990) «Popular taste and erudite reper-toire: the place and space of television in Brazil», *Cultural Studies*, 4(1), págs. 19-29.

Lefebvre, Henri (1984) *Everyday Life in the Modern World*, New Brunswick: Transaction Publishers.

(1991) *Critique of Everyday Life*, Londres: Verso.

Leiss, William, Kline, Stephen y Jhaly, Sut (1990) *Social Communication in Advertising: Persons, Products and Images of Well-Being*, Londres: Routledge.

Lévi-Strauss, Claude (1968) *Structural Anthropology*, Harmondsworth: Penguin Books.

(1969) *The Raw and the Cooked: Introduction to a Science of Mythology*, vol. 1, Londres: Jonathan Cape.

Lewis, C. A. (1942) *Broadcasting from Within*, Londres.

Liebes, Tamar y Katz, Elihu (1986) «Patterns of involvement in american fiction: a comparative analysis», *European Journal of Communication*, 1(2), págs. 151-71.

(1988) «Dallas and genesis: primordiality and seriality in popular culture», en James W. Carey, ed., *Media, Myths and Narratives: Television and the Press*, Londres: Sage, págs. 113-25.

(1991) *The Export of Meaning*, Oxford: Oxford University Press.

Lindlof, Thomas A. (1988) «Media audiences as interpretive communities», en J. A. Anderson, ed., *Communication Year Book 11*, Londres: Sage.

Lindlof, Thomas y Meyer, Timothy (1987) «Mediated communication as ways of seeing, acting and constructing culture», en Thomas Lindlof, ed., *Natural Audiences: Qualitative Research of Media Uses and Effects*, Nueva Jersey: Ablex Horwood.

Lindlof, Thomas A. y Traudt, Paul (1983) «Mediated communication in families: new theoretical approaches», en Mary S. Mander, ed., *Communications in Transition*, Nueva York: Praeger, págs. 260-78.

Livingstone, Sonia M. (1990) *Making Sense of Television: The Psychology of Audience Interpretation*, Oxford: Pergamon.

(1992) «The meaning of domestic technologies: a personal construct analysis of familial gender relations», en Roger Silverstone y Eric Hirsch, eds., *Consuming Technologies: Media and Information in Domestic Spaces*, Londres: Routledge, págs. 113-30.

Lodziak, Conrad (1986) *The Power of Television: A Critical Appraisal*, Londres: Frances Pinter.

Lull, James (1980a) «The social uses of television», *Human Communication Research*, 6(3), págs. 197-209.

(1980b) «Family communication patterns and the social uses of television», *Communication Research*, 7(3), págs. 319-34.

303

(1988) *World Families Watch Television*, Londres: Sage.
(1990) *Inside Family Viewing*, Londres: Routledge.

Mackenzie, Donald (1987) «Missile accuracy: a case study in the social processes of technological change», en W. E. Bijker, Thomas P. Hughes y Trevor Pinch, eds., *The Social Construction of Technological Systems*, Cambridge: MIT Press, págs. 195-222.

Mander, Jerry (1978) *Four Arguments for the Elimination of Television*, Brighton: Harvester Press.

Marsh, Margaret (1990) *Suburban Lives*, New Brunswick: Rutgers University Press.

Martin, Bernice (1981) *A Sociology of Contemporary Cultural Change*, Oxford: Blackwell.

Martinet, André (1969) *Elements of General Linguistics*, Londres: Faber & Faber.

Marvin, Carolyn (1988) *When Old Technologies Were New: Thinking about Communications in the Late Nineteenth Century*, Oxford: Oxford University Press.

Mason, Jennifer (1989) «Reconstructing the public and the private: the home and marriage in later life», en Graham Allen y Graham Crow, eds., *Home and Family: Creating the Domestic Sphere*, Londres: Macmillan, págs. 102-21.

Massey, Doreen (1992) «A place called home?», *New Formations*, 17, págs. 3-15.

Mattelart, Armand, Delcourt, Xavier y Mattelart, Michelle (1984) *International Image Markets: In Search of Alternative Perspective*, Londres: Comedia.

Mayer, M. (1977) «The telephone and the uses of time», en Ithiel de Sola Pool, ed., *The Social Impact of the Telephone*, Cambridge: MIT Press, págs. 225-45.

McKracken, Grant (1988) *Culture and Consumption*, Bloomington: Indiana University Press.

McLuhan, Marshall (1964) *Understanding Media*, Londres: Routledge & Kegan Paul.

McQuail, Denis (1987) *Mass Communication Theory: An Introduction*, Londres: Sage.

Mellencamp, Patricia (1990) «TV time and catastrophe: or beyond the pleasure principle of television», en Patricia Mellencamp, ed., *Logics of Television*, Bloomington y Londres: Indiana University Press y British Film Institute, págs. 240-66.

(ed.) (1990) *Logics of Television: Essays in Cultural Criticism*, Bloomington y Londres: Indiana University Press y British Film Institute.

Meszaros, Istvan (1970) *Marx's Theory of Alienation*, Londres: Merlin Press.

Meyrowitz, Joshua (1985) *No Sense of Place: The Impact of Electronic Media on Social Behaviour*, Nueva York: Oxford University Press.

Miller, Daniel (1987) *Material Culture and Mass Consumption*, Oxford: Blackwell.

  (1988) «Appropriating the state on the Council Estate», *Man*, NS 23, págs. 353-72.

  (1992) «The young and the restless in Trinidad: a case of the local and the global in mass consumption», en Roger Silverstone y Eric Hirsch, eds., *Consuming Technologies: Media and Information in Domestic Spaces*, Londres: Routledge, págs. 163-82.

Minuchin, Salvador (1974) *Families and Family Therapy*, Londres: Tavistock.

Modleski, Tania (1983) «The rhythms of reception: daytime television and women's work», en E. Ann Kaplan, ed., *Regarding Television*, Los Angeles: AFI, págs. 67-75.

  (1984) *Loving with a Vengeance: Mass Produced Fantasies for Women*, Londres: Methuen.

Moore, Sally Falk y Myerhoff, Barbara (1977) (eds.) *Secular Ritual*, Amsterdam: Van Gorcum.

Moores, Shaun (1988) «"The box on the dresser": memories of early radio and everyday life», *Media, Culture and Society*, 10(1), págs. 23-40.

  (1990) «Texts, readers and contexts of reading: developments in the study of media audiences», *Media, Culture and Society*, 12(1), págs. 9-31.

  (1993) «Satellite TV as cultural sign: consumption, embedding and articulation», *Media, Culture and Society*, 15(4), págs. 621-40.

Morgan, Michael y Signorielli, Nancy (eds.) (1990) *Cultivation Analysis: New Directions in Media Effects Research*, Londres: Sage.

Morley, David (1980) *The «Nationwide» Audience*, Londres: British Film Institute.

  (1986) *Family Television: Cultural Power and Domestic Leisure*, Londres: Comedia.

  (1989) «Changing paradigms in audience studies», en Ellen Seiter, Hans Borchers, Gabrielle Kreutzner y Eva-Maria Warth, eds., *Remote Control: Television, Audiences and Cultural Power*, Londres: Routledge, págs. 16-43.

  (1992) *Television, Audiences and Cultural Studies*, Londres: Routledge. [*Televisión, audiencias y estudios culturales*, Buenos Aires: Amorrortu editores, 1996.]

Morley, David y Silverstone, Roger (1990) «Domestic communication. Technologies and meanings», *Media, Culture and Society*, 12(1), págs. 31-56.

Morris, Lydia (1990) *The Workings of the Household*, Cambridge: Polity Press.

Morris, Meaghan (1988) «At Henry Parkes Motel», *Cultural Studies*, 2(1), págs. 1-16.

(1990) «Banality in cultural studies», en Patricia Mellencamp, ed., *Logics of Television*, Bloomington y Londres: Indiana University Press y British Film Institute, págs. 14-43.

Morse, Margaret (1990) «An ontology of everyday distraction: the freeway, the mall and television», en Patricia Mellencamp, ed., *Logics of Television*, Bloomington y Londres: Indiana University Press y British Film Institute, págs. 193-221.

Moyal, Ann (1989) «The feminine culture of the telephone: people, patterns and policy», *Prometheus*, 7(1), págs. 5-31.

(1992) «The gendered use of the telephone: an australian case study», *Media, Culture and Society*, 14(1), págs. 51-72.

Mumford, Lewis (1938) *The Culture of Cities*, Londres: Martin Secker & Warburg.

Murdock, Graham (1982) «Large corporations and the control of the communication industries», en Michael Gurevitch, Tony Bennett, James Curran y Janet Woollacott, eds., *Culture, Society and the Media*, Londres: Methuen, págs. 118-50.

(1990) «Redrawing the map of the communications industries: concentration and ownership in the era of privatisation», en Marjorie Ferguson, ed., *Public Communication: The New Imperatives. Future Directions for Media Research*, Londres: Sage, págs. 1-15.

Murphy, Robert F. (1972) *The Dialectics of Social Life*, Londres: George Allen & Unwin.

Newcomb, Horace (1982) «Toward a television aesthetic», en Horace Newcomb, ed., *Television: A Critical View* (3ª ed.), Nueva York: Oxford University Press, págs. 478-94.

Newcomb, Horace y Hirsch, P. M. (1984) «Television as a cultural forum: implications for research», en W. D. Rowland y B. Watkins, eds., *Interpreting Television: Current Research Perspectives*, Beverly Hills: Sage, págs. 58-73.

Oakley, Anne (1974) *The Sociology of Housework*, Londres: Allen Lane.

Oliver, Paul, Davis, Ian y Bentley, Ian (1981) *Dunroamin': The Suburban Semi and its Enemies*, Londres: Barrie & Jenkins.

Ong, Walter J. (1971) *Rhetoric, Romance and Technology: Studies in the Interaction of Expression and Culture*, Ithaca: Cornell University Press.

(1977) *Interfaces of the Word: Studies in the Evolution of Consciousness and Culture*, Ithaca: Cornell University Press.

(1982) *Orality and Literacy: The Technologizing of the Word*, Londres: Methuen.

Pahl, Jan (1989) *Money and Marriage*, Londres: Macmillan.

Pahl, R. E. (1984) *Divisions of Labour*, Oxford: Blackwell.

Palmer, Patricia (1986) *The Lively Audience: A Study of Children Around the TV Set*, Londres: Allen & Unwin.

Park, Robert (1940) «News as a form of knowledge», en R. H. Turner, ed., *On Social Control and Collective Behaviour*, Chicago: Chicago University Press, págs. 32-52.

Parkin, Frank (1972) *Class, Inequality and the Political Order*, Londres: Paladin.

Parry, Jonathan y Bloch, Maurice (1989) *Money and the Morality of Exchange*, Cambridge: Cambridge University Press.

Philo, Greg (1990) *Seeing and Believing: The Influence of Television*, Londres: Routledge.

Piore, M. y Sabel, C. (1984) *The Second Industrial Divide*, Nueva York.

Pitkin, D. S. (1985) *The House that Giacomo Built*, Cambridge: Cambridge University Press.

Pool, Ithiel de Sola (ed.) (1977) *The Social Impact of the Telephone*, Cambridge: MIT Press.

Postman, Neil (1987) *Amusing Ourselves to Death*, Londres: Methuen.

Putnam, Tim y Newton, Charles (1990) *Household Choices*, Londres: Futures Publications.

Radway, Janice (1984) *Reading the Romance: Women, Patriarchy and Popular Literature*, Chapel Hill: University of North Carolina Press.

Rakow, Lana (1988) «Women and the telephone: the gendering of a communications technology», en Ceris Kramarae, ed., *Technology and Women's Voices*, Londres: Routledge & Kegan Paul, págs. 209-28.

Real, Michael R. (1982) «The super bowl: mythic spectacle», en Horace Newcomb, ed., *Television: The Critical View*, Nueva York: Oxford University Press, págs. 206-39.

Redfield, Robert (1960) *The Little Community, and Peasant Society as Culture*, Chicago: Chicago University Press.

Reiss, David (1981) *The Family's Construction of Reality*, Cambridge: Harvard University Press.

Relph, Edward (1976) *Place and placelessness*, Londres: Pion.

Ricoeur, Paul (1984) *Time and Narrative*, vol. 1, Chicago: Chicago University Press.

Richards, Lyn (1990) *Nobody's Home: Dreams and Realities in a New Suburb*, Melbourne: Oxford University Press.

Roberts, Robert (1973) *The Classic Slum: Salford Life in the First Quarter of the Century*, Harmondsworth: Penguin.

Robins, Kevin y Cornford, James (1992) «What is flexible about independent producers?», *Screen*, 33(2), págs. 190-200.

Robins, Kevin y Webster, Frank (1988) «Cybernetic capitalism: information, technology everyday life», en V. Mosco y J. Wasko, eds., *The Political Economy of Information*, Madison, Wisc., págs. 44-75.

Robinson, John P. y Converse, Philip E. (1972) «The impact of television on mass media usages: a cross-national comparison», en Alexander Szalai, ed., *The Use of Time: Daily Activities of Urban and Suburban Populations in Twelve Countries*, La Haya: Mouton, págs. 197-212.

Rogge, Jan-Uwe y Jensen, Klaus (1988) «Everyday life and television in West Germany: an empathetic-interpretive perspective on the family as system», en James Lull, ed., *World Families Watch Television*, Londres: Sage, págs. 8-115.

Rudd, David (1992) «Children and television: a critical note on theory and method», *Media, Culture and Society*, 14(2), págs. 313-20.

Sahlins, Marshall (1974) *Stone Age Economics*, Londres: Tavistock.

  (1976) *Culture and Practical Reason*, Chicago: Chicago University Press.

Saunders, Peter y Williams, Peter (1988) «The constitution of home: towards a political agenda», *Housing Studies*, 3(2), págs. 81-93.

Scannell, Paddy (1988) «Radio times: the temporal arrangements of broadcasting in the modern world», en Phillip Drummond y Richard Paterson, eds., *Television and its Audience: International Research Perspectives*, Londres: British Film Institute, págs. 15-31.

  (1989) «Public service broadcasting and modern public life», *Media, Culture and Society*, 11(2), págs. 135-66.

Scannell, Paddy y Cardiff, David (1991) *A Social History of British Broadcasting*, vol. 1, *1922-1939: Serving the Nation*, Oxford: Blackwell.

Schiller, Herbert (1989) *Culture Inc.: The Corporate Takeover of Public Expression*, Nueva York: Oxford University Press.

Schneider, David M. (1980) *American Kinship: A Cultural Account*, Chicago: Chicago University Press.

Schramm, Wilbur, Lyle, Jack y Parker, Edwin B. (1961) *Television* in the Lives of Our Children, Stanford: Stanford University Press.

Schutz, Alfred (1973) «On multiple realities», Collected Papers, vol. 1, La Haya: Martinus Nijhoff, págs. 207-59.

Schwach, Victor (1992) «L'integration des objects techniques dans la vie quotidienne», en Sociologie des techniques de la vie quotidienne, París: Editions l'Harmattan, «Logiques sociales», págs. 103-8.

Seaman, William R. (1992) «Active audience theory: pointless populism», Media, Culture and Society, 14 (2), págs. 301-12.

Seamon, David (1979) A Geography of the Life World, Londres: Croom Helm.

Seeley, J. R., Sim, R. A. y Loosley, E. W. (1956) Crestwood Heights, Londres: Constable.

Seiter, Ellen, Borchers, Hans, Kreutzner, Gabrielle y Warth, Eva-Maria (eds.) (1989) Remote Control: Television, Audiences and Cultural Power, Londres: Routledge.

Sennett, Richard (1986) The Fall of Public Man, Londres: Faber & Faber.

Sheldon, Roy y Arens, Egmont (1932) Consumer Engineering: A New Technique for Prosperity, Nueva York.

Shields, Rob (ed.) (1992) Lifestyle Shopping: The Subject of Consumption, Londres: Routledge.

Shils, Edward y Young, Michael (1953) «The meaning of the coronation», Sociological Review, 1 (2), págs. 63-82.

Shotton, Margaret (1989) Computer Addiction? A Study of Computer Dependency, Londres: Taylor & Francis.

Silj, Alessandro (1988) East of Dallas: The European Challenge to American Television, Londres: British Film Institute.

Silverstone, Roger (1981) The Message of Television: Myth and Narrative in Contemporary Culture, Londres: Heinemann Educational Books.

(1988) «Television, myth and culture», en James Carey, ed., Media, Myths and Narratives: Television and the Press, Newbury Park: Sage, págs. 20-47.

(1990) «Television and everyday life: towards an anthropology of the television audience», en Marjorie Ferguson, ed., Public Communication: The New Imperatives. Future Directions for Media Research, Londres: Sage, págs. 170-89.

(1991a) «Beneath the bottom line: households and information and communication technologies in an age of the consumer», PICT Policy Papers 17, Swindon: ESRC.

(1991b) «Television, rhetoric and the return of the unconscious in secondary oral culture», en Bruce E. Gronbeck, Thomas J. Farrell y Paul A. Soukup, eds., Media, Consciousness, and

Culture: Explorations of Walter Ong's Thought, Newbury Park: Sage, págs. 147-59.

— (1993) «Time, information and communication technologies and the household», *Time and Society*, 2(3), págs. 283-311.

Silverstone, Roger y Hirsch, Eric (eds.) (1992) *Consuming Technologies: Media and Information in Domestic Spaces*, Londres: Routledge, págs. 15-31.

Silverstone, Roger, Hirsch, Eric y Morley, David (1992) «Information and communication technologies and the moral economy of the household», en Roger Silverstone y Eric Hirsch, eds., *Consuming Technologies: Media and Information in Domestic Spaces*, Londres: Routledge, págs. 15-31.

Silverstone, Roger y Morley, David (1990) «Families and their technologies: two ethnographic portraits», en Tim Putnam y Charles Newton, eds., *Household Choices*, Londres: Futures Publications, págs. 74-83.

Siune, Karen y Truetzschler, Wolfgang (eds.) (1992) *Dynamics of Media Politics: Broadcast and electronic Media in Western Europe*, Londres: Sage.

Sixsmith, Judith y Andrew (1990) «Place in transition: the impact of life events on the experience of home», en Tim Putnam y Charles Newton, eds., *Household Choices*, Londres: Futures Publications, págs. 20-4.

Smith, Anthony (1976) *The Shadow in the Cave*, Londres: Quartet.

Sorenson, Knut (1990) «The norwegian car: the cultural adaptation and integration of an imported artefact», en Knut H. Sorenson y Anne-Jorunn Berg, eds., *Technology and Everyday Life: Trajectories and Transformations*, Oslo: NORAS, págs. 109-30.

Spigel, Lynn (1990) «Television in the family circle: the popular reception of a new medium», en Patricia Mellencamp, ed., *Logics of Television*, Bloomington y Londres: Indiana University Press y British Film Institute, págs. 73-97.

— (1992) *Make Room for TV: Television and the Family Ideal in Post-War America*, Chicago: Chicago University Press.

Sreberny-Mohammadi, Annabelle (1991) «The global and the local in international communications», en James Curran y Michael Gurevitch, eds., *Mass Media and Society*, Londres: Edward Arnold, págs. 118-38.

Stephenson, William (1988) *The Play Theory of Mass Communication*, New Brunswick: Transaction Books.

Stirratt, R. L. (1989) «Money, men and women», en Jonathan Parry y Maurice Bloch, eds., *Money and the Morality of Exchange*, Cambridge: Cambridge University Press, págs. 94-116.

Strathern, Marilyn (1987) «Producing difference: connections and disconnections in two New Guinea highland systems», en Ja-

310

ne Fishburne Collier y Sylvia Junko Yanagisako, eds., *Gender and Kinship: Essays Toward an Unified Analysis*, Stanford, Calif.: Stanford University Press, págs. 271-300.

— (1993) «Future kinship and the study of culture», en A. Cohen y K. Fukui, eds., *Humanising the City? Social Contexts of Life at the Turn of the Milliennium*, Edinburgh: Edinburgh University Press, págs. 184-200.

Swingewood, Alan (1975) *Marx and Modern Social Theory*, Londres: Macmillan.

Taylor, Ella (1989) *Prime Time Families: Television Culture in Postwar America*, Berkeley: University of California Press.

Thomas, W. I. (1966) *On Social Organization and Social Personality* (editado por Maurice Janowitz), Chicago: Chicago University Press.

Thompson, E. P. (1968) *The Making of the English Working Class*, Harmondsworth: Penguin.

— (1971) «The moral economy of the English crowd in the eighteenth century», *Past and Present*, 50, págs. 76-136.

Thompson, John B. (1990) *Ideology and Modern Culture: Critical Social Theory in the Era of Mass Communication*, Cambridge: Polity Press.

Thorns, David C. (1972) *Suburbia*, Londres: McGibbon & Kee.

Thrall, Charles A. (1982) «The conservative use of modern household technology», *Technology and Culture*, 23(2), págs. 175-94.

Tomlinson, Alan (1990*a*) «Home fixtures: doing-it-yourself in a privatised world», en Alan Tomlinson, ed., *Consumption, Identity and Style: Marketing, Meaning and the Packeting of Pleasure*, Londres: Routledge, págs. 57-63.

— (ed.) (1990*b*) *Consumption, Identity and Style: Marketing, Meaning and the Packeting of Pleasure*, Londres: Routledge.

Tunstall, Jeremy (1977) *The Media are American*, Londres: Constable.

Turkle, Sherry (1986) *The Second Self: Computers and the Human Spirit*, Londres: Granada.

Turner, Ralph *et al.* (1986) *Waiting for Disaster: Earthquake Watch in California*, Berkeley: California University Press.

Turner, Victor W. (1969) *The Ritual Process*, Londres: Routledge & Kegan Paul.

Ure, A. (1835) *Philisophy of Manufacturers*, Londres.

Vaihinger, Hans (1924) *The Philosophy of As-If*, Londres: Kegan Paul Trench Trubner.

Veblen, Thorstein (1925) *The Theory of the Leisure Class: An Economic Study of Institutions*, Londres: George Allen & Unwin.

Virilio, Paul (s. f.) «The overexposed city», *Zone*, 1/2, págs. 14-31.

Voloshinov, V. (1973) *Marxism and the Philosophy of Language*, Nueva York: Academic Press.

Wallman, Sandra (1984) *Eight London Households*, Londres: Tavistock.

White, Mimi (1992) «Ideological analysis and television», en Robert C. Allen, ed., *Channels of Discourse Reassembled*, Londres: Routledge, págs. 161-202.

Whyte, William A. (1956) *The Organization Man*, Harmondsworth: Penguin.

Williams, Raymond (1974) *Television: Technology and Cultural Form*, Londres: Fontana.

(1986) *Keywords*, Londres: Fontana.

Willmott, Peter y Young, Michael (1960) *Family and Class in a London Suburb*, Londres: Routledge & Kegan Paul.

Wilson, Patricia y Pahl, Ray (1988) «The changing sociological construct of the family», *The Sociological Review*, 36(2), págs. 233-72.

Winner, Langdon (1985) «Do artifacts have politics?», en Donald Mackenzie y Judy Wajcman, eds., *The Social Shaping of Technology: How the Refrigerator Got its Hum*, Milton Keynes: Open University Press, págs. 26-38.

Winnicott, D. W. (1965) *The Maturational Processes and the Facilitating Environment: Studies in the Theory of Emotional Development*, Londres: The Hogarth Press.

(1974) *Playing and Reality*, Harmondsworth: Penguin.

(1975) *Through Paediatrics to Psycho-analysis*, Londres: The Hogarth Press.

Wober, J. Mallory (1990) «Does television cultivate the British? Late 80s evidence», en Nancy Signorielli y Michael Morgan, eds., *Cultivation Analysis: New Directions in Media Effects Research*, Londres: Sage, págs. 207-24.

Wober, J. M. y Gunter, B. (1987) *Television and Social Control*, Aldershot: Gower.

Woolgar, Steve (1988) *Science: The Very Idea*, Chichester: Ellis Horwood.

Wright, Charles R. (1968) «Functional analysis and mass communication», en Lewis Dexter y David Manning White, eds., *People, Society and Mass Communication*, Nueva York: Free Press, págs. 91-109.

(1974) «Functional analysis and mass communication revisited», en Jay Blumler y Elihu Katz, eds., *The Uses of Mass Communication*, Beverly Hills: Sage, págs. 197-221.

Young, Robert M. (1986) «Life among the mediations: labour, groups, breasts», trabajo presentado ante el Departamento de Historia y Filosofía de la Ciencia, University of Cambridge, febrero.

Zelizer, Viviana (1989) «The social meaning of money: "Special monies"», *American Journal of Sociology,* 95(2), págs. 342-77.
Zone, 1/2 (s. f.) Nueva York: Urzone Inc.

Young, Robert M. (1990) state simple the mechanisms of brain, mind, memory. Edinburgh: oxford university press. Historia... El sociale de la Obra... University of... 1965. P.

Allen, Walter (1969). The social meaning of science. Special dimension... American Journal of Sociology, 74(2), pags. 1971. (Cast. 1974: P.) Buenos Aires: Urano, Inc.

Biblioteca de comunicación, cultura y medios

Iain Chambers, Migración, cultura, identidad
Aníbal Ford, Navegaciones. Comunicación, cultura y crisis
David Morley, Televisión, audiencias y estudios culturales
Lucien Sfez, Crítica de la comunicación
Roger Silverstone, Televisión y vida cotidiana

Obras en preparación

Denis McQuail, La acción de los medios
Tim O'Sullivan, John Hartley, Danny Saunders, Martin Montgomery y John Fiske, Conceptos clave en comunicación y estudios culturales
Eliseo Verón, Conducta, estructura y comunicación

Impreso en los Talleres Gráficos Color Efe, Paso 192, Avellaneda, provincia de Buenos Aires, en julio de 1996.